영원한 희년으로 가는
믿음의 정로

영원한 희년으로 가는 믿음의 정로

지은이 김나사로
발행일 2022년 6월 27일

펴낸이 이민영
펴낸곳 진리의 방주
주소 부산광역시 동구 중앙대로260번길 3-11
전화 051-803-0691
등록번호 제 2020-000009호.(2020.12.22)

본서는 『비느하스가 던진 질투의 창』(2009, 도서출판 등과빛)의 개정판입니다.
본서는 저자와의 협약에 의하여 인지를 생략합니다.

영원한 희년
으로 가는
믿음의 정로

김나사로 지음

진리의방주

머리말

이스라엘의 한 족장이 미디안 여인을 데리고 이스라엘 진중으로 나아왔다. 그때 제사장 아론의 손자 엘르아살의 아들 비느하스가 회중 가운데서 분연히 일어나 손에 창을 들고 그 족장의 장막 가운데서 남자와 그 미디안 여인의 배를 꿰뚫어 죽였다(민 25:6~15). 처참하고 끔찍한 광경이다.

비느하스가 동족 이스라엘 남자를 죽여야 했던 것은 그가 연쇄살 인마여서도 아니고, 자기에게 사기를 쳐서도 아니고, 자기 재물에 손궤를 가해서도 아니고, 자기 딸을 성추행해서도 아니고, 오로지 그가 하나님의 명령을 어기고 이방의 여인을 취했기 때문이다.

이때 하나님께서는 비느하스를 가리켜 '내 질투심으로 질투한 자' 라고 하셨다(민 25:11). 그리고 하나님께서는 비느하스에게 영원한 제사장 직분을 약속하셨다(민 25:12~13). 세상의 법으로 하면 비느하스는 분명히 끔찍한 살인을 범한 자이지만 하나님의 법은 그를 의인이라 선언한다.

하나님의 나라는 하나님의 법이 지배하는 곳이다. 그러므로 안식일에 나무를 했던 이스라엘 남자는 안식일을 범한 최초의 사람이 되어 처참한 말로를 경험해야 했다(민 15:32~36). 아론의 두 아들인 나답과 아비후는 하나님의 제단에 하나님께서 명하시지 않은 다른 불을 드리다가 그 자리에서 죽었다(레위기 10:1~7). 이들이 죽임을 당한 것은 세상 법을 어겼기 때문이 아니라 하나님의 법을 어겼기 때문이다.

사도 베드로는, 폭군 네로는 용서할지언정 성령을 속인 아나니아와 삽비라는 용서할 수 없었다(행 5:1~11). 사도 바울도 폭군 네로는 용서할지언정 다른 복음을 전하는 자들을 용서할 수 없었다. 비록 그는 관대하고 원수를 사랑하는 사람이었지만 다른 복음을 전하는 자들을 향해서는 저주를 선언했다. "그러나 우리나 혹은 하늘로부터 온 천사라도 우리가 너희에게 전한 복음 외에 다른 복음을 전하면 저주를 받을지어다 우리가 전에 말하였거니와 내가 지금 다시 말하노니 만일 누구든지 너희가 받은 것 외에 다른 복음을 전하면 저주를 받을지어다"(갈 1:8~9). 이에 더해 고린도 교회를 향해 "주를 사랑하지 않는 자는 저주를 받을지어다"라고 선언하기까지 했다(고전 16:22).

오늘날 교회 안에서 값싼 꿈을 매매하는 설교자들, 떨어지는 꽃의 쇠잔함에 불과한 인생의 부요와 성공을 장담하는 설교자들, 그들은 정녕 다른 복음을 전하는 자들이며, 하나님의 제단에 다른 불을 드리고 제일 처음으로 죽어야 했던 나답과 아비후의 죄와 동일한 죄를 범하는 자들이다.

교회는 할 수 있다는 구호를 외치는 자동차영업소도 아니며, 교회는 꿈은 이루어진다는 구호를 외치는 보험영업소도 아니다. 하나님의 말씀의 제단에 세속의 불을 올리고, 교회 안에 세속의 교훈을 퍼뜨리는 그들은 세상의 법이 아니라 하나님의 법 아래에서는 반드시 저주를 받고 반드시 죽을 것이다.

　　교회 안에 세속의 교훈을 끌어들인 그들은 세상 법을 어겼기 때문이 아니라 하나님의 법을 어겼기 때문에 반드시 저주를 받게 될 것이다. 이들은 순수해야 할 하나님의 복음에 이방의 여인과 같은 세속의 교훈을 이스라엘 진중에 끌어들인 하나님의 원수이다. 이들은 주의 이름으로 아무리 선지자 노릇을 해도 마귀와 그의 사자들을 위해서 예비된 영영한 불 못에 들어가게 것이다(마 7:23). 이것이 영원한 예언이다.

　　이제, 그 옛날 비느하스가 이방의 여인을 취한 세속화된 이스라엘의 족장을 향해 하나님의 질투심으로 분노의 창을 던졌듯이 다른 복음과 다른 예수와 다른 영을 매매하는 자들을 향해 하나님의 질투의 창을 던지고자 한다.

2009년 1월 11일 김나사로 목사

차례

01

인내와 소망의 결국은
이 땅의 축복인가 생명의 영광인가

세상을 살아가는 동안 우리는 참 많은 인생의 장애물을 만나게 된
다. 그래서 때로는 원치 않는 시련을 겪어야 할 때가 종종 있다. 그러
나 성경은 인내를 온전히 이루라고 말씀한다. "인내를 온전히 이루라
이는 너희로 온전하고 구비해 조금도 부족함이 없게 하려 함이라"(약
1:4).

그러면 인내는 어떻게 만들어지는 것인가? 이에 대해 야고보 선
생은 인내는 믿음의 시련을 통해서 이루어진다고 했다. "이는 너희
믿음의 시련이 인내를 만들어 내는 줄 너희가 앎이라"(약 1:3). 이처
럼 믿음과 인내는 함께 하는 것이다. 그리고 믿음에는 시련이 필수이
다. 그러므로 믿음의 시련으로 인내를 이루게 된다.

주님께서는 '믿는 자', 즉 세상 가운데서 하나님께 택함을 받은 신
앙인들에게는 세상에서의 칭찬과 명성과 영향력이 따라오는 것이 아
니라 미움이 따라올 것이라고 예언하셨다. "너희가 세상에 속했으면
세상이 자기의 것을 사랑할 것이나 너희는 세상에 속한 자가 아니요
도리어 내가 너희를 세상에서 택했기 때문에 세상이 너희를 미워하
느니라"(요 15:19). 그렇다. 우리는 세상에서 하나님에 의해 택함 받

은 사람들이다. '택함 받은 것' 바로 이것은 하나님의 사랑을 받았음을 의미한다.

그러면 하나님의 사랑을 받은 우리에게 이 세상은 살 만한 곳인가? 아니다! 그것은 하나님으로부터 택함을 받았다는 이유로, 하나님으로부터 사랑을 받았다는 이유로 세상이 우리를 미워할 것이기 때문이다. 우리는 하나님의 사랑을 받았기 때문에 이 땅에서 물질 축복을 받고 영향력 있는 성공한 삶을 살게 되는 것이 아니라, 오히려 시련과 어려움에 봉착하게 될 것이다.

그런데 오늘 우리는 주님의 이 예언의 말씀은 무시하고 오히려 세상 가운데서 너무 편안하게 살려고 하지 않는가? 너무 안전하게 살려고 하지 않는가? 너무 잘살아 보려고 하지 않는가? 너무 칭찬받으려 하지 않는가? 그래서 세상과 벗하고 짝해 살지는 않는가?

오늘 우리는 주님께서 예언하신 신앙의 길과는 너무나 다른 길을 걸어가려 하기 때문에 믿음의 본질을 왜곡하고 믿음과 함께 움직이는 인내의 본질도 왜곡한다. 그래서 믿음의 목적과 소망이 세속화되고, 믿음의 길이 십자가의 좁은 길에서 이탈해 세상의 넓은 대로를 활보한다. 따라서 인내도 인생 역전을 이루기 위한 인내, 물질 문제 해결 받기 위한 인내, 사업 문제 해결 받기 위한 인내로 전락하고 말았다.

그러나 이와 같은 인내는 세상에서 예수 믿지 않고도 성공하고, 예수 믿지 않고도 부자 되고, 예수 믿지 않고도 스타가 된 사람들도 가졌던 인내이다. 그들도 성공하기 위해 멸시받았던 세월을 참아 내었고, 부자가 되기 위해 가난했던 시절을 참아 내었고, 스타가 되기 위해 무명의 시절을 참아 내었다.

신앙인이 소유해야 하는 인내는 실패 가운데서 성공을 일구어내는 인내, 가난 가운데서 부를 창출해 내는 인내, 스타가 되기 위해서 무명의 설움을 견뎌야 하는 인내와는 차원이 다른 것이다.

주님께서는 우리에게 인내하라고 말씀하셨다. "너희의 인내로 너희 영혼을 얻으리라"(눅 21:19). 여기서 영혼을 얻는다는 것은 영생을 얻는 것을 의미한다. 곧 종국적인 구원에 이름을 의미한다. 영생을 얻기 위해서는, 영혼을 얻기 위해서는 인내해야 한다. 그리고 인내는 인생의 꿈을 이루기 위해서가 아니라 영혼을 얻기 위해서, 영생을 얻기 위해서 즉 영원한 구원에 이르기 위해서 하는 것이다.

주님의 이 말씀의 의미를 사도 베드로는 그의 서신에서 다음과 같이 전하고 있다. "믿음의 결국 곧 영혼의 구원을 받음이라"(벧전 1:9). 믿음의 결국은 영혼 구원이고, 인내의 결국도 영혼을 얻는 것이다. 그러므로 우리는 인생의 꿈을 이루기 위해서가 아니라, 영생을 얻기 위해서 믿음도 가져야 하고, 인내도 이루어야 한다. 믿음은 긍정적 사고와 긍정적 입술을 통해서 성숙하는 것이 아니라 인내의 삶을 통해서 성숙하게 된다.

인내는 하나님의 말씀을 지키기 위한 인내이고, 인내의 말씀을 지키는 것은 오로지 말씀대로 사는 순종의 삶을 통해 결실된다. 그러나 이 세상은 유혹 많은 세상이다. 그래서 하나님의 말씀을 지키기 위해서는, 하나님의 말씀대로 살기 위해서는 포기하고, 양보하고, 버리고, 못 박고, 죽여야 하는 아픔이 반드시 수반된다. 이 신앙의 인내는 결단코 꿈을 이루고 축복 응답을 받기 위한 인내가 아니다.

그리스도인은 세상에 속한 욕심을 가지고 신앙할 수 없다. 하늘에 속한 욕심을 가져야 인내의 신앙을 결실할 수 있다. 그러면 하늘에 속한 욕심은 무엇일까? 사도 베드로는 우리가 하늘에 속한 욕심을 가지고 더욱더 힘써서 쟁취해야 할 것이 있다고 했다. "그러므로 너희가 더욱 힘써 너희 믿음에 덕을, 덕에 지식을 지식에 절제를, 절제에 인내를, 인내에 경건을 경건에 형제 우애를, 형제 우애에 사랑을 더하라"(벧후 1:5~7).

세상 사람들은 돈 벌려는 욕심을 가지고, 성공할 욕심을 가지고, 더 크고 넓은 집에 살고 싶은 욕심을 가지고, 더 크고 비싼 차를 소유할 욕심을 가지고, 남들보다 더 멋있는 인생을 살고 싶은 욕심을 가지고 더욱더 힘써 일한다. 그러나 신앙인은 더욱더 큰 믿음을 가지고자, 더욱더 큰 덕을 소유하고자, 더욱더 예수 그리스도를 아는 지식을 가지고자, 더욱더 절제하고자, 더욱더 인내하고자, 더욱더 경건을 이루고자, 더욱더 온전한 사랑을 성취하고자 힘써 신앙해야 한다.

믿음, 덕, 지식, 절제, 인내, 경건, 형제 우애, 사랑은 하늘에 속한 신령한 욕심이다. 그러므로 이와 같은 아름다운 성품을 소유하고자 하는 것이 우리 신앙의 꿈이 되어야 한다.

사도 베드로는 베드로후서 1장 6절에서 인내를 통해 경건을 힘써 이루라고 당부했다. 그러면 성경이 말씀하는 경건이 무엇인가? 흔히 우리는 이 경건을 사람의 겉모습으로 쉽게 판단한다. 교회에서 점잖은 옷을 입고 점잖은 태도를 보이면 경건하다고 여긴다. 그러나 성경이 규정하는 경건은 외모가 아니라 거룩한 행실이고, 사랑의 실천이라고 말씀한다. "하나님 아버지 앞에서 정결하고 더러움이 없는 경건은 곧 고아와 과부를 그 환난 중에 돌보고 또 자기를 지켜 세속에 물들지 아니하는 그것이니라"(약 1:27). 그러므로 우리는 세속에 물들지 않으려는 신령한 욕심을 가지고, 고아와 과부를 더욱 사랑하려는 신령한 욕심을 가지고 힘써 신앙의 산에 올라가야 한다. 이를 위해서는 물질을 사랑하고, 세상을 사랑하고, 내 부모만을 사랑하고, 내 처자만을 사랑하는 정과 욕심을 날마다 십자가에 못 박는 단절의 시간을 인내해야 한다.

주님께서는 인내의 결국은 영혼을 얻는 것(눅 21:19)이라고 말씀하셨고, 사도 바울은 인내의 결국을 소망이라고 했다. "인내는 연단을, 연단은 소망을 이루는 줄 앎이로다"(롬 5:4). 그러므로 영혼을 얻을 소망 때문에 인내하는 것이지 이 세상 영광을 소유하기 위해 인내하는 것이 아니다.

영혼을 얻는 것은 영생을 소유함을 의미한다. 성경은 하나님께서 우리를 향해 영원 전부터 약속하신 최고의 축복이 영생이라고 말씀하신다. "헐몬의 이슬이 시온의 산들에 내림 같도다 거기서 여호와께서 복을 명령하셨나니 곧 영생이로다"(시 133:3). 그러므로 사도 바울은 이 소망의 길을 따라 다음과 같이 고백한다. "하나님의 종이요 예수 그리스도의 사도인 나 바울이 사도 된 것은 하나님이 택하신 자들의 믿음과 경건함에 속한 진리의 지식과 영생의 소망을 위함이라 이 영생은 거짓이 없으신 하나님이 영원 전부터 약속하신 것인데"(딛 1:1~2). 이처럼 사도 바울은 자신이 사도 된 것이 영생의 소망을 이루기 위함이고, 영생의 소망을 가르치기 위함이라고 했다.

영생의 소망! 바로 이것이 영원 전부터 약속된 하나님의 불변의 약속이며 축복이다. 그러므로 사도 바울은 그의 서신에서 성도들에게 오늘날 목회자들처럼 인생의 꿈을 이루고, 인생의 꿈과 비전을 위해 긍정적 사고와 긍정적 입술을 가지라고는 단 한 번도 말하지 않았다. 그것은 인생의 꿈과 비전에 속한 모든 것이 썩어질 세상의 영광이기 때문이다. 오로지 사도 바울은 교회의 성공과 교회의 영향력과 교회의 부한 삶을 위해서 목회했던 것이 아니라, 오로지 영혼 구원을 위해서 목회했다. "나의 자녀들아 너희 속에 그리스도의 형상을 이루기까지 다시 너희를 위하여 해산하는 수고를 하노니"(갈 4:19).

주님께서는 우리가 무엇 때문에 성경을 읽어야 하는가에 대해서 말씀하신다. "너희가 성경에서 영생을 얻는 줄 생각하고 성경을 연구하거니와 이 성경이 곧 내게 대해 증언하는 것이니라"(요 5:39). 그런데 오늘 우리는 영생을 얻기 위해 성경을 상고하는 것이 아니라 어떻게 보면 인생의 꿈을 이루고, 인생 문제를 해결 받고, 소원 기도를 응답받기 위해서 성경을 상고한다.

인생을 살아가기 위해 성경을 상고하는 것과 영생을 이루기 위해 성경을 상고하는 것은 차원이 다른 것이다. 그러나 지금 교회는 성경에서 인생 문제와 관련된 처세술을 배운다. 기도 응답법을 배운다.

목회자가 성경을 인생 해법으로 해석하면, 내 자녀 명문대학 보내는 법 설교, 내 인생 꿈꾸는 법 설교, 내 꿈을 이루기 위한 긍정적 사고법 설교, 내 꿈을 이루기 위한 입술 시인법 설교가 나온다. 심지어 물질 문제 해결법, 사업 문제 해결법 설교가 나온다. 이런 종류의 설교는 교회 강단에서 듣지 않더라도 세상에서도 얼마든지 들을 수 있는 처세술과 관련된 교훈들이다.

언젠가 TV에서 "최고의 스타들이 대종상 시상식장에 레드카펫을 밟고 입장하는데 그 레드카펫의 길이가 몇 미터일까요?"라는 퀴즈가 나왔다. 그러나 한번 생각해 보자. 그런 최고의 스타들이 과연 몇 년이나 그 레드카펫을 밟아볼 수 있겠는가? 영원히 그 레드카펫을 밟을 수 있겠는가? 아니다. 길어야 일이 십 년이다. 그런데 우리는 레드카펫을 밟고 지나가는 이 세상의 스타들은 부러워하면서도 주님이 걸어가신 좁은 십자가의 가시밭길을 부모와 처자와 소유를 버리면서까지 걸어갔던 믿음의 선진들의 일생은 전혀 부러워하지 않는다.

세상의 레드카펫은 밟아보려 하면서도 주님께서 걸어가신 십자가의 가시밭길을 과연 몇 미터나 걸어가 보았는가? 이제 우리 모두 잠시 잠깐이면 지나가 버리고 사라져 버릴 이 세상 가운데서 주님이 걸어가신 십자가의 좁은 가시밭길을 자기를 부인하는 십자가를 지고 열심히 걸어간 후 저 천국에서 수정같이 맑은 황금 길을 영원히 걸어가는 영생의 축복을 누리기 위해 남은 생을 헌신해야 한다.

02.
우리가 고민하고 슬퍼해야 하는 것

    지금 우리는 처절한 죄의 탄식과는 너무나 거리가 먼 곳에서 신앙하고 있다. 그래서 인생살이 어렵고 힘든 문제로는 탄식하면서도 죄의 문제로는 슬퍼하지 않는다. 아파하지 않는다. 눈물 흘리지 않는다. 고민하지 않는다. 염려하지 않는다.

    오늘 우리는 너무나도 의인이 되어 있다. 그래서 자신의 신앙에 대해 너무나 잘난 사람들이 되어 있다. 스스로 부요하여 부족한 것이 없다고 한다(계 3:17). 그러나 자기 자신을 가리켜 '저주받은 사람'이라고 처절하게 죄를 고백했던 사람은 놀랍게도 다른 사람이 아닌 신앙 역사상 가장 위대했던 믿음의 의인 사도 바울이다. "우리가 율법은 신령한 줄 알거니와 나는 육신에 속해 죄 아래에 팔렸도다 내가 행하는 것을 내가 알지 못하노니 곧 내가 원하는 것은 행하지 아니하는 도리어 미워하는 것을 행함이라"(롬 7:14~15). "내 속 곧 내 육신에 선한 것이 거하지 아니하는 줄을 아노니 원함은 내게 있으나 선을 행하는 것은 없노라"(롬 7:18). "그러므로 내가 한 법을 깨달았노니 곧 선을 행하기 원하는 나에게 악이 함께 있는 것이로다"(롬 7:21). "오호라 나는 곤고한 사람이로다 이 사망의 몸에서 누가 나를 건져내랴"(롬 7:24).

바로 이것이 사도 바울의 처절한 슬픔이고, 아픔이고, 눈물이고, 고민이고, 괴로움이고, 절규이고 탄식이었다. 사도 바울의 삶 어디에서도 인생의 가난이나 실패로 슬퍼하거나 괴로워한 흔적은 찾아볼 수 없다. 그런데 우리에게는 사도 바울과 같은 슬픔, 사도 바울과 같은 아픔, 사도 바울과 같은 눈물, 사도 바울과 같은 고민, 사도 바울과 같은 괴로움, 사도 바울과 같은 절규, 사도 바울과 같은 탄식이 없다. 오로지 우리는 성공하지 못한 인생, 부자 되지 못한 인생, 만사형통치 못한 인생 문제로 절규하고 탄식하고 부르짖는다.

사도 바울에 훨씬 미치지 못하는 우리는 믿기만 하면 구원받았다고 착각한 채 희희낙락하고 있다. 그러나 구원은 두렵고 떨림으로 이루어 가는 것이다. "그러므로 나는 달음질하기를 향방 없는 것같이 아니하고 싸우기를 허공을 치는 것같이 아니하며 내가 내 몸을 쳐 복종하게 함은 내가 남에게 전파한 후에 자신이 도리어 버림을 당할까 두려워함이로다"(고전 9:26~27). "그러므로 나의 사랑하는 자들아 너희가 나 있을 때뿐 아니라 더욱 지금 나 없을 때에도 항상 복종해 두렵고 떨림으로 너희 구원을 이루라"(빌 2:12).

우리가 구원의 문제로 고민하지 않고 육신의 문제로 고민하는 것은 우리가 영혼의 문제로 하나님을 갈망하는 것이 아니라 육신의 문제로 하나님을 갈망하기 때문이다. 그래서 믿음조차도 육신의 문제를 해결하려는 긍정적 사고와 입술의 신념으로 전락하고 말았다. 그러나 믿음의 결국은 인생의 꿈을 이루기 위함이 아니라 영혼 구원을 받기 위함이다(벧전 1:9).

다윗은 영혼의 문제로 하나님을 갈망하며 하나님 안에서의 영혼의 배부름과 만족에 대해서 다음과 같이 그 놀라운 즐거움을 노래했다. "하나님이여 주는 나의 하나님이시라 내가 간절히 주를 찾되 물이 없어 마르고 황폐한 땅에서 내 영혼이 주를 갈망하며 내 육체가 주를 앙모하나이다 내가 주의 권능과 영광을 보기 위해 이와 같이 성소에서 주를 바라보았나이다 주의 인자하심이 생명보다 나으므로 내 입술이 주를 찬양할 것이라 이러므로 나의 평생에 주를 송축하며 주의 이름으로 말미암아 나의 손을 들리이다 골수와 기름진 것을 먹음과 같이 나의 영혼이 만족할 것이라 나의 입이 기쁜 입술로 주를 찬송하되 내가 나의 침상에서 주를 기억하며 새벽에 주의 말씀을 작은 소리로 읊조릴 때에 하오리니"(시 63:1~6).

다윗의 몸과 마음은 하나님을 갈망했다. 그것도 물이 없어 마르고 곤핍한 땅에서 물을 찾는 간절함으로! 그래서 성소에서 하나님을 바라보았다. 그리고 서원했다. 영원히 하나님 한 분만을 찬양할 것을! 다윗의 영혼은 마치 세상 사람들이 골수와 기름진 것을 먹으므로 배가 부름같이 하나님 한 분만으로 만족했다.

이 시로 하나님을 찬양할 당시 다윗은 사랑하는 아들 압살롬의 칼을 피해 유대 광야에 숨어 있었다. 그런데도 그의 관심은 왕궁의 보좌와 안락한 침실에 있었던 것이 아니라, 하나님의 성소에 있었다. 그가 배반과 반역의 칼 앞에서도 그의 영혼이 골수와 기름진 것을 먹어 배부름같이 만족했던 것은 하나님을 너무나 사랑했기 때문이고 하나님께 예배할 수 있었기 때문이다. 결국, 그는 초막이나 궁궐이나 내 주 예수 그리스도를 모신 곳을 천국으로 알았던 사람이다. 그는 육신의 배부름으로 만족하는 사람이 아니라 하나님이 함께하시는 영혼의 부유함으로 만족했던 사람이다.

그런데 우리는 영혼의 배부름을 갈망하는 것이 아니라 육신의 배부름을 갈망하고 있다. 그것은 우리가 육신의 배부름으로만 만족하려 하는 탐욕의 신앙인들이기 때문이다. 그래서 우리는 영혼의 가난을 돌아보지 않고, 영혼의 빈 곳간을 채우려 하지 않는다. 지금 교회 세대의 신앙 상태는 '스스로 부요하여 부족한 것이 없다'고 하지만, 하나님 보시기에는 벌거벗은 수치를 가릴 옷조차 없는 영혼의 가난뱅이들이다. "네가 말하기를 나는 부자라 부요하여 부족한 것이 없다 하나 네 곤고한 것과 가련한 것과 가난한 것과 눈먼 것과 벌거벗은 것을 알지 못하는도다"(계 3:17).

사도 바울은 우리와 차원이 다른 신앙인이었음에도 자신의 죄를 보고 탄식했던 사람이다. 그러나 우리는 너무나 값싼 은혜에 도취해 인생 미래의 꿈과 비전에 대해서는 생각해도 하나님의 말씀 앞에 너무나 동떨어진 자기 신앙의 모습을 뉘우치지 않고 가슴 아파하지 않는다.

천국 가는 유일한 길을 위해서 필요한 것은 인생의 꿈과 비전과 긍정적 사고와 긍정적 입술이 아니라 부모와 처자와 소유보다도 예수 그리스도를 더욱더 사랑하는 헌신이다. 그런데 우리는 부모와 처자를 미워하면서까지 하나님을 사랑하려는 것이 아니라, 부모를 너무 사랑하고 처자를 너무 사랑하느라 예수 그리스도를 업신여길 때가 얼마나 많이 있는가? 우리는 부모와 처자를 위해서는 피와 땀을 쏟아도 주를 위해서는 눈물 한 방울조차 흘리기 싫어한다. 부모와 처자를 위해서는 아무리 많은 돈을 써도 아깝지 않으면서 하나님의 나라와 복음을 위해서 써야 하는 물질적 헌신에는 너무나 인색한 불의한 청지기들이다.

예수 그리스도의 종, 즉 하나님의 청지기는 부모와 처자를 공양하기 위해서 사는 사람이 아니라 예수 그리스도의 나라와 복음을 위해서 사는 사람이다. 주를 위해 살지 않는 우리의 모든 삶은 죄이다. 주를 위하지 않는 모든 생각과 목적도 죄이다. 어느 청지기가 주인을 위해서 살지 않고 부모와 처자를 위해서 산다는 말인가? 그러므로 사도 바울은 성도들을 향해 그들의 존재 목적을 다음과 같이 말했다. "우리 중에 누구든지 자기를 위하여 사는 자가 없고 자기를 위하여 죽는 자도 없도다 우리가 살아도 주를 위하여 살고 죽어도 주를 위하여 죽나니 그러므로 사나 죽으나 우리가 주의 것이로다"(롬 14:7~8).

오늘날 많은 신앙인이 다가올 새 하늘과 새 땅을 바라보는 것이 아니라 인생의 앞날만을 바라본다. 그러나 새 하늘과 새 땅을 바라보고 신앙하는 것과 인생의 앞날을 바라보고 신앙하는 것은 그 차원이 다르다. 새 하늘과 새 땅을 바라보고 신앙하는 사람은 그 날에 흠도 점도 없이 예수 그리스도 앞에 나타나기 위해 힘을 쓰는 신앙의 길을 가지만(벧후 3:13~14), 인생의 앞날을 바라보고 신앙하는 사람은 자기 인생의 잘된 미래나 디자인하면서 꿈은 이루어진다며 주문이나 외우며 산다. 긍정적 생각으로 꿈이나 먹고 산다.

오늘날은, 긍정적 사고와 긍정적 입술의 시인이 마치 믿음생활인 양 가르쳐지고 있다. 그러다 보니 입술로만 "주여! 주여!" 하는 많은 사람이 첫사랑을 잃어버린 신앙생활을, 행위의 온전한 열매를 맺지 못하는 신앙생활을, 차지도 않고 덥지도 않은 미지근한 신앙생활을 돌아보지 않는다.

인생의 앞날을 바라보며 꿈이라는 마차를 타고 신바람 나게 달려는 가면서, 신앙의 앞날을 바라보며 자기 부인(自己否認)의 십자가를 지고 힘들게 구원의 좁은 문으로 들어가려고는 하지 않는다. 기독교는 값싼 은혜나 팔며 만사형통이나 빌어주는 기복 종교가 아니다. 자기 신앙의 자리를 철저히 돌아보고 결단하는 종교이다.

다윗은 자기의 죄를 돌아보며 밤마다 눈물로 자신의 침상을 띄우고 요를 적셨다. "여호와여 주의 분노로 나를 책망하지 마시오며 주의 진노로 나를 징계하지 마옵소서 여호와여 내가 수척했사오니 내게 은혜를 베푸소서 여호와여 나의 뼈가 떨리오니 나를 고치소서 나의 영혼도 매우 떨리나이다 여호와여 어느 때까지니이까 여호와여 돌아와 나의 영혼을 건지시며 주의 사랑으로 나를 구원하소서"(시 6:1~4). "내가 탄식함으로 피곤하여 밤마다 눈물로 내 침상을 띄우며 내 요를 적시나이다"(시 6:6). 이처럼 다윗은 자신의 죄에 대한 하나님의 분노가 그쳐지기를 눈물로 탄원했다. 그래서 흐르는 회개의 눈물이 밤마다 그의 요를 적셨던 것이다. 과연 우리는 무엇 때문에 밤마다 고민하고 슬퍼하는가? 그 슬픔과 고민이 인생 문제 때문인가? 아니면 영혼 문제 때문인가?

신앙인에게 있어 처음 사랑의 행위를 잃어버리는 것, 행위의 온전한 열매를 맺지 못하는 것, 신앙의 행위가 지근한 것은 천국 가지 못할 죽을 죄악이다(계 2:5; 3:2, 16). 이제 우리는 하나님의 말씀대로 살지 못한 세속화된 두 마음, 곧 하나님과 세상을 겸하여 섬기는 두 마음으로 하나님을 사랑한다고 했던 위선의 신앙을 돌아보며 밤마다 회개의 눈물을 흘려야 한다. "하나님을 가까이하라 그리하면 너희를 가까이하시리라 죄인들아 손을 깨끗이 하라 두 마음을 품은 자들아 마음을 성결하게 하라 슬퍼하며 애통하며 울지어다 너희 웃음을 애통으로, 너희 즐거움을 근심으로 바꿀지어다"(약 4:8~9).

중생한 자와 중생하지 못한 자의 차이는 다른 것이 아니다. 중생하지 못한 자는 하나님의 말씀대로 살지 않는 자신의 삶에 대해서 가슴 아파하지 않고, 애통해하지 않고, 괴로워하지 않는다. 그러나 중생한 자는, 그래서 말씀의 물과 성령으로 씻음 받은 자는 날마다 시간마다 세상 가운데서 더러워지는 자신의 삶을 돌아보며 가슴 아파하고 애통해하고 괴로워한다.

　이제, 하나님의 말씀대로 살지 못한 우리의 삶을 돌아보며 고민하고 염려하고 슬퍼해야 한다. 이 같은 슬픔으로 밤이 맞도록 운다는 것은 깨끗해지고 새로워지겠다는 신앙의 결단이다. 바로 이 결단의 자리가 하나님의 은혜의 통로가 되고 구원의 통로가 될 것이다.

03

십자가의 영광을 세속의 영광으로 회칠한 잘못된 교훈들

요한계시록은 편지의 수신을 일곱 교회라고 분명히 말씀한다. "나 요한은 너희 형제요 예수의 환난과 나라와 참음에 동참하는 자라 하나님의 말씀과 예수를 증언했음으로 말미암아 밧모라 하는 섬에 있었더니 주의 날에 내가 성령에 감동되어 내 뒤에서 나는 나팔 소리 같은 큰 음성을 들으니 이르되 네가 보는 것을 두루마리에 써서 에베소, 서머나, 버가모, 두아디라, 사데, 빌라델비아, 라오디게아 등 일곱 교회에 보내라 하시기로"(계 1:9~11). 성령께서 요한에게 네 보는 것을 책에 써서 에베소, 서머나, 버가모, 두아디라, 사데, 빌라델비아, 라오디게아 일곱 교회에 보내라고 하신다. 그러므로 요한계시록은 세상 사람에게 보낸 편지가 아니라 교회 교인들에게 보낸 편지이다.

여기서 일곱은 7이라는 수를 말하는 것이 아니라 하나님의 완전수를 상징한다. 그러므로 요한계시록 2장과 3장에서 성령이 교회들에게 하시는 말씀을 들어야 하는 일곱 교회는 지상의 모든 교회이다. 그런데 성령께서는 일곱 교회 중 서머나 교회와 빌라델비아 교회를 제외한 다섯 교회에는 칭찬과 함께 책망도 하셨다. 따라서 다섯 교회를 향한 성령의 책망은 모든 교회 세대가 받을 책망이다.

그렇다면 에베소, 버가모, 두아디라, 사데, 라오디게아 다섯 교회는 무엇 때문에 책망을 받았는가? 교회에 헌금하지 않아서인가? 수요 예배, 금요 예배, 주일 예배에 출석하지 않아서인가? 기도하지 않아서인가?

그 옛날 구약 이스라엘 백성은 오늘 우리가 헌금하고, 예배 출석하고, 기도드리는 것처럼 많은 헌물을 하나님께 바쳤고, 성회와 절기와 월삭과 안식일을 준수했고, 성전에서 손을 들고 많은 기도를 했다. 그런데도 그들은 하나님께 소돔의 관원들과 고모라의 백성으로 책망을 받았다. "너희 소돔의 관원들아 여호와의 말씀을 들을지어다 너희 고모라의 백성아 우리 하나님의 법에 귀를 기울일지어다 여호와께서 말씀하시되 너희의 무수한 제물이 내게 무엇이 유익하뇨 나는 숫양의 번제와 살진 짐승의 기름에 배불렀고 나는 수송아지나 어린 양이나 숫염소의 피를 기뻐하지 아니하노라 너희가 내 앞에 보이러 오니 이것을 누가 너희에게 요구했느냐 내 마당만 밟을 뿐이니라 헛된 제물을 다시 가져오지 말라 분향은 내가 가증히 여기는 바요 월삭과 안식일과 대회로 모이는 것도 그러하니 성회와 아울러 악을 행하는 것을 내가 견디지 못하겠노라 내 마음이 너희의 월삭과 정한 절기를 싫어하나니 그것이 내게 무거운 짐이라 내가 지기에 곤비했느니라 너희가 손을 펼 때에 내가 내 눈을 너희에게서 가리고 너희가 많이 기도할지라도 내가 듣지 아니하리니 이는 너희의 손에 피가 가득함이라"(사 1:10~15).

지금 요한계시록 2장과 3장의 다섯 교회 교인들도 헌금하고, 교회에 출석하고, 기도도 드리고 있다. 그러면 그들이 꿈이 없어서, 긍정적 사고가 없어서, 긍정적 입술이 없어서, 문제 해결을 위한 금식기도 새벽기도가 철야기도가 없어서 책망을 받고 있는가? 아니다. 요한 계시록 2장과 3장의 다섯 교회는 잘못된 교훈을 용납하고, 거짓 선지자를 용납하고, 처음 사랑의 행위가 없어서, 행위의 온전한 열매가 없어서, 차지도 뜨겁지도 않은 미지근한 신앙을 하고 있어서 책망을 받았다.

버가모 교회는 잘못된 교훈을 용납했기 때문에 책망을 받았다. "버가모 교회의 사자에게 편지하라 좌우에 날 선 검을 가지신 이가 이르시되 네가 어디에 사는지를 내가 아노니 거기는 사탄의 권좌가 있는 데라 네가 내 이름을 굳게 잡아서 내 충성된 증인 안디바가 너희 가운데 곧 사탄이 사는 곳에서 죽임을 당할 때에도 나를 믿는 믿음을 저버리지 아니했도다 그러나 네게 두어 가지 책망할 것이 있나니 거기 네게 발람의 교훈을 지키는 자들이 있도다 발람이 발락을 가르쳐 이스라엘 자손 앞에 걸림돌을 놓아 우상의 제물을 먹게 했고 또 행음하게 했느니라"(계 2:12~14). 버가모 교회는 순교자를 배출한 뼈대 있는 교회였다. 그런데 지금 순교의 전통을 자랑하던 버가모 교회가 잘못된 교훈을 용납하고 있다.

두아디라 교회는 거짓 선지자를 용납했기 때문에 책망을 받았다. "두아디라 교회의 사자에게 편지하라 그 눈이 불꽃 같고 그 발이 빛난 주석과 같은 하나님의 아들이 이르시되 내가 네 사업과 사랑과 믿음과 섬김과 인내를 아노니 네 나중 행위가 처음 것보다 많도다 그러나 네게 책망할 일이 있노라 자칭 선지자라 하는 여자 이세벨을 네가 용납함이니 그가 내 종들을 가르쳐 꾀어 행음하게 하고 우상의 제물을 먹게 하는도다"(계 2:18~20). 두아디라 교회는 사업과 사랑과 믿음과 섬김과 인내가 넘쳐 나서 오히려 나중 행위가 처음보다 많았다.

그런데도 두아디라 교회 안에 거짓 선지자가 있다. 두아디라 교회가 사업과 사랑과 믿음과 섬김과 인내를 아무리 많이 결실했다 할지라도 거짓 선지자와 그들의 잘못된 교훈을 용납한 것은 하나님 앞에서 용서받을 수 없는 죄악이다. 주님께서 종말 강화(마 24장)에서 그토록 경계하셨던 거짓 그리스도와 거짓 선지자의 미혹이 지금 사업과 사랑과 믿음과 섬김과 인내가 탁월한 두아디라 교회 안에 있다.

에베소 교회는 처음 사랑의 행위가 없어서 책망을 받는다. "에베소 교회의 사자에게 편지하라 오른손에 있는 일곱 별을 붙잡고 일곱 금 촛대 사이를 거니시는 이가 이르시되 내가 네 행위와 수고와 네 인내를 알고 또 악한 자들을 용납하지 아니한 것과 자칭 사도라 하되 아닌 자들을 시험하여 그의 거짓된 것을 네가 드러낸 것과 또 네가 참고 내 이름을 위하여 견디고 게으르지 아니한 것을 아노라 그러나 너를 책망할 것이 있나니 너의 처음 사랑을 버렸느니라"(계 2:1~4). 에베소 교회는 행위와 수고와 인내가 있었고 주의 이름을 위해 참고 견디는 신앙의 헌신이 있었다. 문제는, 그들에게 탁월한 신앙의 행위는 있었지만, 처음 사랑의 행위가 없어서 책망을 받았다.

사데 교회는 행위의 온전한 열매를 결실하지 못해서 책망받았다. "사데 교회의 사자에게 편지하라 하나님의 일곱 영과 일곱 별을 가지신 이가 이르시되 내가 네 행위를 아노니 네가 살았다 하는 이름은 가졌으나 죽은 자로다 너는 일깨어 그 남은바 죽게 된 것을 굳건하게 하라 내 하나님 앞에 네 행위의 온전한 것을 찾지 못했노니"(계 3:1~2). 사데 교회는 교회를 출석하며 "주여! 주여!"는 하고 있었지만, 그들에게는 하나님의 뜻에 합당한 행위가 없었다. 주님과 동행하는 흰옷 입은 신앙의 정절자가 불과 몇 명뿐이었다(계 3:4).

라오디게아 교회는 차지도 덥지도 않은 미지근한 신앙 때문에 책망을 받았다. "라오디게아 교회의 사자에게 편지하라 아멘이시요 충성되고 참된 증인이시요 하나님의 창조의 근본이신 이가 이르시되 내가 네 행위를 아노니 네가 차지도 아니하고 뜨겁지도 아니하도다 네가 차든지 뜨겁든지 하기를 원하노라 네가 이같이 미지근해 뜨겁지도 아니하고 차지도 아니하니 내 입에서 너를 토하여 버리리라"(계 3:14~16). 라오디게아 교회의 심각한 문제는 이처럼 미지근한 신앙으로 책망을 받고 있으면서도 그들 스스로 신앙의 부요한 자로 착각한 데 있다(계 3:17).

지금 교회 안에도 잘못된 교훈들이 범람하고 있고, 잘못된 교훈을 퍼뜨리는 거짓 선지자들이 여기저기 있고, 처음 사랑의 행위를 잃어 버리고도, 행위의 온전한 열매를 맺지 못하고도, 미지근한 신앙을 차면서도 천국 갈 것처럼 착각하는 교인들이 너무나 많이 있다.

특히 잘못된 교훈과 거짓 선지자는 밀접한 관계가 있다. 오늘날 교회 안에 횡행하는 잘못된 교훈들을 한번 살펴보자.

첫째, 십자가 없는 축복론이다. 오늘 우리는 믿음으로 승리하는 법, 믿음으로 꿈을 이루는 법, 믿음으로 문제 해결 받는 법은 즐겁게 가르치고 신나게 배운다. 그러나 믿음으로 죽는 법은 가르치지 않고 배우려 하지 않는다. 그래서 예수 그리스도를 믿어 죄 사함받고, 구원받고, 영생을 선물로 축복받아서 승리자 이스라엘(야곱)의 후예가 되었기에 오히려 물질과 명예의 환도뼈가 부러질 수 있음에 대해서는, 세상으로부터 고난받을 것에 대해서는 전혀 신경 쓰지 않는다. 오히려 가난과 난관을 돌파하는 것을 믿음의 승리라고 착각한다.

둘째, 성경에도 없는 적극적인 사고법과 긍정적 사고법과 신념법이다. 꿈이 있는 자는 망하지 않고, 입으로 시인하면 꿈이 이루어지고, 가난은 저주고 물질 축복은 성도의 특권이라는 것이 복음이 되었다. 그러나 나면서부터 문둥병자가 된 사람에게, 나면서부터 불구로 태어난 사람에게, 나면서부터 재벌가의 가정에 태어나지 못하고 권력자의 가정에 태어나지 못하고 아버지도 가난하고 아버지의 아버지도 가난하고 배경도 돈도 명예도 없는 흙수저들에게 필요한 복음은 긍정적 사고와 긍정적 입술의 가르침이 아니다.

폭풍의 재앙으로 양식장이 소실된 사람들, 폭우의 재해로 집이 떠내려간 사람들, 가뭄의 재해로 무밭과 배추밭을 갈아엎은 사람들, 조류독감으로 양계장을 소각시킨 사람들에게 필요한 복음은 꿈이 있는 자는 망하지 않는다는 것이 아니다. 그들이 무슨 죄가 그리도 많아서 강남의 집값이 폭등하고 수없이 많은 사람이 유흥가를 흥청망청 돌아다닐 때, 무너진 집 더미 속에서, 황폐해진 논밭 옆에서, 떼 죽임당한 가축 사체 옆에서 밤이 맞도록 울어야 했는가?

구조적으로 가난한 사람들, 구조적으로 불행한 사람들, 구조적으로 절망적인 사람들, 그들에게 필요하고 그들을 구원할 수 있는 예수 그리스도의 복음은 꿈이 이루어진다는 것이 아니다. 꿈이 있는 자는 망하지 않는다는 것도 아니다. 긍정적 사고와 긍정적 입술도 아니다. 아니, 예수 그리스도의 복음이 월드컵 16강 진출 슬로건인가?

그들에게 필요한 복음, 그들을 구원할 수 있는 복음은 바로 이것이다. "그러므로 우리가 낙심하지 아니하노니 우리의 겉사람은 낡아지나 우리의 속사람은 날로 새로워지도다 우리가 잠시 받는 환난의 경한 것이 지극히 크고 영원한 영광의 중한 것을 우리에게 이루게 함이니 우리가 주목하는 것은 보이는 것이 아니요 보이지 않는 것이니 보이는 것은 잠깐이요 보이지 않는 것은 영원함이라"(고후 4:16~18). "만일 땅에 있는 우리의 장막 집이 무너지면 하나님께서 지으신 집 곧 손으로 지은 것이 아니요 하늘에 있는 영원한 집이 우리에게 있는 줄 아느니라 참으로 우리가 여기 있어 탄식하며 하늘로부터 오는 우리 처소로 덧입기를 간절히 사모하노라 이렇게 입음은 우리가 벗은 자들로 발견되지 않으려 함이라 참으로 이 장막에 있는 우리가 짐 진 것같이 탄식하는 것은 벗고자 함이 아니요 오히려 덧입고자 함이니 죽을 것이 생명에 삼킨 바 되게 하려 함이라"(고후 5:1~4). 바로 이 말씀이 참된 희망복음이고 참된 희망신학이다.

지금 교회 안에 잘못된 복음들이 만연해 있다. 오래전 큰 별과 같이 유명한 미국의 어떤 목사는 "교회 성장을 원하는가? 그렇다면 절대로 죄에 대해 말하지 말고, 책망하지 말고, 부정적인 것에 대해 말하지 말고 오로지 긍정적인 것만 말하라. 그러면 구름 떼같이 사람들이 몰려온다."라고 말했다. 이러한 교회 성장 운동이 세계 교회를 풍미하고 있다. 그 결과 교회는 외적으로는 부흥했지만 내적으로는 곪을 대로 곪아가고 있다.

오늘날 적지 않은 교인들의 신앙이 뜨거운 것처럼 보여도 그 뜨거움은 기복의 불, 복술의 불로 달구어진 뜨거움에 불과하다. 지금 교회 세대는 문제 해결 타령하는 평강의 거짓 선지자들을 잘도 용납하고 있다. 그러면서도 처음 사랑의 행위를 잃어버리고, 행위의 온전한 열매를 결실하지 못하고, 차지도 뜨겁지도 않은 이름뿐인 신앙의 말로가 철저한 파멸이라는 것에 대해서는 전혀 신경을 쓰지 않고 이 땅에서 먹고 마시고 시집가고 장가가는 일에만 몰두하는 음란한 세대가 되었다.

오늘날 많은 교인이, 돈이 없는 것과 자녀가 바라는 대학에 가지 못하는 것과 남편이 승진하지 못하는 것은 두려워서 어찌할 바를 모른다. 그러면서도 교회 안에 잘못된 교훈이 만연하고 평강 타령의 거짓 선지자들이 활보하고 있는 것에 대해서는 전혀 신경을 쓰지 않는다. 처음 사랑의 행위를 잃어버리고도, 행위의 온전한 열매를 맺지 못하고도, 미지근한 신앙을 하고도 심판에 대해 두려움을 가지지 않는다.

처음 사랑의 행위를 잃어버리면, 행위의 온전한 열매를 맺지 못하면, 차지도 않고 덥지도 않으면 반드시 천국 가지 못한다. 천국 못 가는 사람은 지옥밖에 갈 곳이 없다. 그런데도 많은 교인이 돈 없는 것은 두려워하면서도 천국 가지 못할 잘못된 신앙에 대해서는 전혀 두려움을 가지지 않는다. 결국, 이런 신앙인은 하나님보다 재물을 더 두려워하고 사랑하는 신약의 우상 숭배자들이다.

사도 바울은 사람을 즐겁게 하려고 복음을 전했다면 자신은 예수 그리스도의 종이 아니라고 단언했다. "그리스도의 은혜로 너희를 부르신 이를 이같이 속히 떠나 다른 복음을 따르는 것을 내가 이상하게 여기노라 다른 복음은 없나니 다만 어떤 사람들이 너희를 교란하여 그리스도의 복음을 변하게 하려 함이라 그러나 우리나 혹은 하늘로부터 온 천사라도 우리가 너희에게 전한 복음 외에 다른 복음을 전하면 저주를 받을지어다 우리가 전에 말했거니와 내가 지금 다시 말하노니 만일 누구든지 너희가 받은 것 외에 다른 복음을 전하면 저주를 받을지어다 이제 내가 사람들에게 좋게 하랴 하나님께 좋게 하랴 사람들에게 기쁨을 구하랴 내가 지금까지 사람들의 기쁨을 구했다면 그리스도의 종이 아니니라"(갈 1:6~10).

우리는 야곱의 후예이다. 야곱은 이스라엘이라는 이름의 축복을 받은 믿음의 조상이다. 이 축복을 받기 위해 야곱이 치러야 했던 대가는 환도뼈가 부러져 일생을 절름거려야 하는 불구의 삶이었다.

오늘 교회 세대도 야곱 곧 승리자 이스라엘의 후예가 되었기에 물질의 환도뼈가 부러질 수 있다. 명예의 환도뼈가 부러질 수 있다. 자녀의 환도뼈가 부러질 수 있다. 그래서 어쩌면 평생 장애를 안고 살아가야 할 수도 있다. 그래서 남들보다 돈이 없어서, 승진이 안 되어서, 자녀가 좋은 대학에 가지 못해서 절름거릴 수도 있다. 그러나 우리에게는 '승리자 이스라엘'이라는 이름의 영예가 있다.

이제 이 영예로운 축복의 이름을 기뻐하고 감사하며 부름의 상을 향해 힘써 달려가자.

04.
하나님의 기록된 말씀이 중요한가
천국 간증 이야기가 중요한가

    누가복음에는 부자와 거지 나사로에 관한 이야기가 나온다. 부자는 이생의 땅에서 자색 옷과 고운 베옷을 입고 날마다 호화로이 연락했지만, 거지 나사로는 헌데투성이로 부자의 대문에 누워 부자의 상에서 떨어지는 것으로 간신히 허기를 면하고 있었다. 이 땅에서 부자의 호화로움과 거지 나사로의 배고픔은 하늘과 땅 차이의 삶이다. 하지만 그들이 이생의 삶을 마감한 죽음 저편에서의 처지는 땅에 있을 때와는 그 상황이 완전히 역전되어 부자는 음부의 고통 중에, 거지 나사로는 아브라함의 품에 안겨 있었다. 음부의 고통 중에 있는 부자는 나사로 손가락 끝의 물 한 방울이 절박했다. 이 땅에서 호화로이 연락했던 삶과는 너무나 다르게 불꽃 가운데서 부자의 혀는 타들어 가고 있었다(눅 16:23~24).

    나사로 손가락 끝의 물 한 방울조차도 먹을 수 없는 부자에게 한 방울 물보다 더 절박한 소원이 생겼다. 그것은 저 땅의 아버지 집에 형제 다섯이 있는데 그들에게 나사로를 보내어 그들만은 자기가 고통받고 있는 이 음부에 오지 않게 하는 것이었다. 부자의 생각에는 형제 다섯이 비록 땅에서 호화로이 연락하고 있지만 설마하니 죽었던 나사로가 살아나서 그들에게 천국 복음을 전한다면 혹시나 듣고 회개해서 자기처럼 고통받는 음부에 들어오지 않게 될 것이라고 확신했다. 그러나 아브라함의 대답은 너무나 간단했다. "아브라함이 이르되 그들에게 모세와 선지자들이 있으니 그들에게 들을지니라"(눅 16:29). 하지만 부자의 마음에는 그래도 모세와 선지자들의 글보다는 죽은 자가 살아 돌아가서 형제 다섯에게 천국과 지옥 간증을 전하는 것이 훨씬 효과적이라는 생각이 들었다. "그렇지 아니하니이다 아버지 아브라함이여 만일 죽은 자에게서 그들에게 가는 자가 있으면 회개하리이다"(눅 16:30). 이에 대해 아브라함의 대답은 확고부동했다. "이르되 모세와 선지자들에게 듣지 아니하면 비록 죽은 자 가운데서 살아나는 자가 있을지라도 권함을 받지 아니하리라 했다 하시니라"(눅 16:31).

사람의 영혼을 구원하는 것은 천국에서 살아 돌아온 사람의 간증이 아니라 이 땅에 있는 하나님의 말씀인 모세와 선지자의 글이다. 그런데 하물며 천국에서 살아 돌아온 것도 아니고, 단지 이 땅에서 참인지 거짓인지도 모를 환상 중에 천국을 갔다 왔다는 간증 이야기가 사람을 구원할 수 있겠는가?

이 땅에서 죽어 천국을 갔다가 살아 돌아온 사람의 이야기가 놀라운가? 아니면 이 땅에서 사는 사람이 꿈이나 환상 가운데서 천국에 갔다 왔다는 이야기가 놀라운가? 당연히 죽었다가 천국에서 살아 돌아온 사람의 이야기가 더 놀랍고 경이로운 것이다. 그러나 강퍅한 부자 형제 다섯 명을 구원할 수 있는 것은 천국에서 살아 돌아온 거지 나사로의 간증 이야기가 아니라 이 땅에 우리 손에 들려 있는 모세와 선지자의 글, 즉 하나님의 말씀이다.

오늘날 많은 신앙인이 꿈이나 환상이나 입신을 통해서 천국을 보고 왔다고 한다. 소위 천국 갔다 왔다는 사람들의 간증을 들어 보면, 요단강이 흐르고 그 너머에서 예수께서 손짓하는 것을 보았다고 한다. 침대에서 자고 있는데 예수께서 로미오처럼 창문에 걸터앉으셔서 "사랑하는 내 딸아! 천국 보여줄게."라고 했다고 한다. 천국의 어딘가에서 빌딩을 보았고, 기와집을 보았고, 자기 이름이 적힌 문패도 보았다고 한다.

그러나 이사야 선지자는 환상 가운데서 하나님의 보좌를 보았지만 자기 집 문패를 보지 못했다(사 6:1~6). 사도 바울도 환상 가운데서 셋째 하늘의 낙원에 이르러 말할 수 없는 소리를 들었지만 자기 집 문패를 보지 못했다(고후 12:1~4). 밧모섬에서 극한의 고통 가운데 있었던 사도 요한도 환상 중에 그토록 그리웠던 주님을 만났고, 주님의 음성을 들었고(계 1:9~20), 하나님의 보좌를 목도했지만(계 4:1~11), 예수 그리스도의 팔짱을 끼고 해변을 산책하지 못했으며 자기 집 문패를 보지 못했다.

툭하면 보았다, 툭하면 들었다, 툭하면 천국 갔다 왔다고 간증하는 사람들! 간밤에 꿈속에서 머리 길고 흰옷 입은 사람만 보아도 예수 그리스도를 만났다고 간증하는 사람들, 과연 그들의 간증이 죽었다가 천국에서 살아 돌아온 거지 나사로의 간증보다도 대단할까?

사도 바울은 14년 전에 셋째 하늘의 낙원에서 말할 수 없는 소리를 들었어도 자신의 간증이 영혼을 구원하는 전도와는 전혀 관계가 없는 것이기 때문에 14년 동안을 자신만의 비밀로 간직해 왔다. 그러나 바울은 고린도 교회 안에 마치 성령의 역사처럼 보이는 번잡스러운 다른 영들의 역사가 만연한 것을 보면서 이를 경계하고 주의를 주려고 14년 동안 간직했던 천국 간증 이야기를 아주 간단하게, 아주 짤막하게 잠시 언급했다. "무익하나마 내가 부득불 자랑하노니 주의 환상과 계시를 말하리라 내가 그리스도 안에 있는 한 사람을 아노니 그는 십사 년 전에 셋째 하늘에 이끌려 간 자라 (그가 몸 안에 있었는지 몸 밖에 있었는지 나는 모르거니와 하나님은 아시느니라) 내가 이런 사람을 아노니 (그가 몸 안에 있었는지 몸 밖에 있었는지 나는 모르거니와 하나님은 아시느니라) 그가 낙원으로 이끌려 가서 말로 표현할 수 없는 말을 들었으니 사람이 가히 이르지 못할 말이로다"(고후 12:1~4).

바울은 자신의 영혼 구원 사업, 전도 사업을 위해서 필요한 것은 자신의 천국 간증이 아니고, 이 땅에 있는 하나님의 말씀인 모세와 선지자의 글이라고 생각했기 때문에 바울 자신의 서신에서 천국 간증을 하지 않았던 것이다. 그런데 오늘날에는 진위가 명확하지도 않은 천국에 갔다 왔다는 헛된 이야기가 베스트셀러가 되고 있다.

천국서 살아 돌아온 거지 나사로의 간증 이야기도 부자의 형제 다섯 명을 구원할 수 없다고 성경은 분명히 말씀하고 있는데, 천국에 가서 무엇을 먹었고 무엇을 입었고 무엇을 보았다는 사실 여부가 명확하지 않은 환상이 영혼 구원과 무슨 상관이 있는가? 천국에 가서 빨간 자동차를 보았다는 것이, 전자레인지를 보았다는 것이, 물고기를 요리해 먹고 과일을 깎아 먹었다는 것이, 자기 집 문패를 보았다는 것이 영혼 구원과 무슨 상관이 있는가?

사도 바울은 필요를 느끼지 못해서 14년 동안이나 자신의 천국 방문 체험을 언급하지 않았건만 오늘날은 간밤의 개꿈들이 천국 복음인 것처럼 들려지고 있다.

우리에게 필요한 것은 천국이 어떻게 생겼고, 천국에는 무엇이 있다는 아파트 조감도 같은 천국 간증 이야기가 아니다. 누가 천국을 가며, 천국 가기 위해서 우리는 어떻게 해야 하며, 천국 가기 위해서 우리는 무엇을 해야 하며, 어떤 신앙인이 되어야 천국을 갈 수 있는가 하는 것이다.

이에 대해 기록된 모세와 선지자와 사도들의 글인 성경은 누가 하나님 나라에서 주님과 함께 영원히 있을 수 있는가에 대해서 분명하고도 확실한 해답을 주고 있다. "내가 진실로 진실로 너희에게 이르노니 한 알의 밀이 땅에 떨어져 죽지 아니하면 한 알 그대로 있고 죽으면 많은 열매를 맺느니라 자기의 생명을 사랑하는 자는 잃어버릴 것이요 이 세상에서 자기의 생명을 미워하는 자는 영생하도록 보전하리라 사람이 나를 섬기려면 나를 따르라 나 있는 곳에 나를 섬기는 자도 거기 있으리니 사람이 나를 섬기면 내 아버지께서 그를 귀히 여기시리라"(요 12:24~26). 그렇다. 결국, 자기 생명을 잃어버리는 자, 자기 생명을 미워하는 자가 주님 있는 곳에서 영원히 주님을 섬길 수 있다.

자기 생명을 미워하는 자는 예수 그리스도를 부모와 처자와 소유보다도 더 사랑하는 사람이며 자기 생명을 잃어버리는 자는 자기를 부인하는 십자가를 지고 날마다 정과 욕심을 십자가에 못 박는 사람이다. 그러나 오늘 우리는 잠시 잠깐의 생명을 위해 얼마나 전전긍긍하고 있는가? 그래서 부모와 처자와 소유는 너무나 사랑하지만 예수 그리스도는 죽도록 사랑하지 않는다. 어떻게 하든지 이 땅에서 좀 더 형통하려고, 좀 더 편안해지려고, 좀 더 칭찬받으려고 자기 부인의 십자가를 던져 버린다.

천국 갈 수 있는 사람은 진위가 명확하지 않은 천국 간증 이야기에 열광하는 호기심 많은 입술뿐인 신앙인들이 아니라 기록된 모세와 선지자와 사도들의 글인 하나님의 말씀을 듣고, 그 말씀대로 준행하는 열매 맺는 신앙인들이다.

05.
복음이 과연 경제 비법이 될 수 있는가

　지금 교회 안에서 두 날개 퍼덕거리는 방법을 푸짐하게 설파하는 어떤 목사가 해괴한 논리로 설교하는 것을 들어보았다. 그는 "도적이 오는 것은 도적질하고 죽이고 멸망시키려는 것뿐이요 내가 온 것은 양으로 생명을 얻게 하고 더 풍성히 얻게 하려는 것"이라는 요한복음 10장 10절의 말씀을 기가 막히게 해석한다.

　그는 예수 그리스도를 믿지 않으면 도적 마귀가 우리의 물질을 도적질한다고 해석한다. 그러면서 예수 그리스도가 오신 것은 생명을 얻되 더 풍성히 얻게 하시기 위함이기에 물질도 더 풍성히 얻을 수 있다고 한다. 그것은 예수 그리스도께서, 물질을 도적질하는 사탄 마귀가 우리의 풍성한 삶을 침범하지 못하도록 철통같이 지켜주시기 때문이라고 한다. 예수께서 과연 도난경비업체 직원이신가?

　그는 예수 그리스도를 믿으면 생명, 즉 영생도 얻고 물질도 더 풍성히 얻을 수 있다고 한다. 그들의 가르침대로라면 예수 믿는 것은 자기 부인의 십자가를 지는 고난의 길이 아니라 부자 되고 성공하는 신바람 나는 행복의 길이다.

　그는 자기의 가르침을 정당화하려고 예수 믿는 성공한 사업가, 유명한 운동선수, 스타 연예인 이야기를 자랑스럽게 들려주고, 교인들은 "아멘! 할렐루야!" 화답하며 부자를 꿈꾸고 성공을 꿈꾼다. 결국, 그의 가르침은 예수 믿으면 사업도 성공하고, 운동도 일등을 하고, 돈 많이 버는 스타 연예인처럼 살 수 있다는 것이다.

그러나 한번 생각해 보자. 예수 믿는 사업가만 인생을 역전시키고 성공했는가? 예수 믿는 운동선수만 우승하고 승리하고 고액 연봉받는 선수가 되었는가? 예수 믿는 연예인만 스타가 되었는가? 성공한 사업가 중에 타 종교인은 없는가? 고액의 연봉을 받는 운동선수 중에 타 종교인은 없는가? 스타 된 연예인 중에 타 종교인은 없는가? 성공한 사업가 중에, 고액 연봉받는 운동선수 중에, 스타 연예인 중에 불교도도 많고 아예 종교가 없는 사람도 무수하다.

지금도 예배 시간에 교회 밖에서 질주하는 고급 자동차가 몇 대나 되는 줄 아는가? 중국의 부자들, 일본의 부자들, 인도의 부자들, 아랍의 석유 부자들, 그들은 모두 예수를 믿지 않지만 사탄 마귀가 그들의 물질을 전혀 도적질하지 않는다.

예수 믿는 연예인만 한류스타가 되었는가? 예수 믿는 연예인만 CF 촬영을 했는가? 예수 믿는 운동선수만 메이저 리그에 진출했는가? 예수 믿는 운동선수만 다승왕이 되었는가? 예수 믿는 운동선수만 골든 볼을 수상했는가? 아니다! 그러므로 예수 없이도 성공하고 부자 된 사람들에게 예수 믿으면 부자 되고 성공한다는 가르침은 웃음거리밖에 안 된다.

예수를 믿고 말씀대로 순종하며 살아가지만 크게 성공하지 못한 사람들, 고액의 연봉을 받지 못한 선수들, 스타가 되지 못한 평범한 연예인들, 그리고 평범한 보통의 신앙인들, 나아가 고난과 환난 가운데서 주의 나라와 의를 위해 최선의 헌신을 다하는 신앙인들의 귀에 예수를 믿어 더 풍성한 물질 축복을 받는다는 가르침과 예화들이 어떻게 납득이 되겠는가? 생명을 주는 복음이 되겠는가?

우리가 들어야 하는 간증은 예수 믿고 성공하고, 부자 된 이야기가 아니라, 예수 믿고 자기 것을 나누고 자기 것으로 남을 구제한 사람 이야기(행 8:32~35), 어렵고 힘든 형제 교회를 돕기 위해 힘대로 풍성한 연보를 드렸던 아름다운 교회 공동체의 이야기(고후 8:1~5), 예수 믿고 종일 도살할 양같이 여김을 받음에도(롬 8~36) 하늘 소망을 불태우며 예수 그리스도로 자랑하고, 예수 그리스도로 기뻐하고, 예수 그리스도로 부요했던 사람들의 이야기이다.

사도행전 4:32~35에서 초대 교회 성도들은 그들 가운데 부자도 없었고, 성공한 사람들도 없었지만 핍절한 형제 교인을 돕기 위해 자기 재물을 조금도 자기 것이라 하지 않고 논과 밭을 팔아 사도들의 발 앞에 두었다. 고린도후서 8:1~5에서 마게도니아 교회는 모진 환난과 극한 가난 가운데서도 저 아득히 멀리 떨어진 형제 예루살렘 교회를 구제하기 위해 힘에 지나도록 풍성한 사랑의 구제 헌금을 보냈다.

사도 바울은 로마서 8:35~36절에서 간증하기를 자신들이 종일 주를 위해 죽임을 당했고 도살할 양같이 여김을 받을 정도로 환난과 곤고와 박해와 기근과 적신과 위험과 칼의 고난 속에 있었지만, 이 모든 것이 그리스도의 사랑에서 자신들을 끊을 수 없다고 장담했다. 계속해서 사도 바울은 고린도후서 6:9~10절에서 자신들은 예수를 믿어도 이 땅에서는 무명하고, 죽은 자 같고, 징계를 당하는 것 같고, 근심할 일이 많고, 가난하고, 아무것도 없는 사람이지만, 자신들은 유명한 자라고 자랑하고 있으며, 살고 죽지 않는 자라고 담대하게 고백하고 있으며, 항상 기뻐하고, 모든 것을 가진 부요한 자들이라고 소개하고 있다.

하나님께서 당신의 말씀으로 빚으시고자 하는 신앙인은 천만 원 벌어 백만 원 십일조 하고 나머지 9백만 원으로 호의호식하는 사람이 아니다. 가난한 가운데서도 자기 재물을 자기 것이라 하지 않고 예수 그리스도의 사랑을 실천할 수 있는 신앙인, 모진 환난과 극한 가난 속에서도 힘에 지나도록 형제 교회를 구제할 수 있는 교회 공동체, 세상에서는 무명해도 예수 그리스도로 말미암아 나는 유명하다고 말할 수 있는 신앙인, 세상에서는 죽임을 당하는 것 같고 징계를 받는 자 같지만 예수 그리스도로 말미암아 나는 영원히 사는 자라고 말할 수 있는 신앙인, 세상적으로는 근심할 수밖에 없지만 항상 기뻐할 수 있는 신앙인, 세상적으로는 가난하지만 예수 그리스도로 말미암아 하늘의 부요를 소유한 신앙인, 세상적으로는 아무것도 가진 것이 없지만 예수 그리스도로 말미암아 모든 것을 가졌다고 말할 수 있는 신앙인이다.

바로 이것이 예수 그리스도의 생명을 얻은 사람이 핍절한 고난의 삶 속에서도 더 풍성함을 누리는 참된 부요의 삶이다.

기독교의 소망은 보이는 물질이 아니다. 보이지 않는 생명이다. 예수 그리스도의 생명을 소유한 사람은 비록 이 땅에서 가난해 아무것도 가진 것이 없다 할지라도 모든 것을 풍성히 가진 것처럼 성령 안에서 의와 평강과 희락의 삶을 누리며 살아간다.

로마서 14:17에서 하나님의 나라는 먹는 것과 마시는 것이 아니요 성령 안에서 의와 평강과 희락이라고 했다. 그러므로 예수의 생명을 가진 사람은 물질을 더 풍성히 소유하는 것이 아니라 더 큰 의의 나라, 더 큰 평강의 나라, 더 큰 희락의 나라를 소유하고 누리게 된다.

예수 그리스도의 생명을 소유한 사람은 이 세상의 물질이 주는 기쁨과 행복을 누리는 것이 아니라 이 세상에 속하지 않은 성령 안에서의 의와 평강과 희락을 풍성히 누리게 된다.

예수 그리스도의 생명을 소유한 사람은 이 땅에서 무명하다 할지라도, 이 땅에서 날마다 죽임을 당하고 징계를 당하는 것처럼 고난 가운데 있다 할지라도, 이 땅에서 근심할 일이 많고 가난해서 아무것도 가진 것이 없다고 할지라도 전혀 문제가 되지 않는다. 그것은 날마다 예수 그리스도 안에 있는 더 풍성한 생명의 나라가 의와 평강과 희락 가운데 넘쳐 나기 때문이다.

예수 그리스도를 믿어 생명을 얻되 더 풍성히 얻는다는 것은 예수 믿으면 물질 축복을 넉넉하게 받게 된다는 말씀이 아니다. 예수 그리스도가 주시는 영원한 새 생명을 얻어 성령 안에서 풍성한 기쁨의 능력, 풍성한 감사의 능력, 풍성한 사랑의 능력을 소유하게 된다는 말씀이다.

사도 바울은 디모데전서에서 참된 생명을 취하는 것에 대해 다음과 같이 증언한다. "네가 이 세대에서 부한 자들을 명하여 마음을 높이지 말고 정함이 없는 재물에 소망을 두지 말고 오직 우리에게 모든 것을 후히 주사 누리게 하시는 하나님께 두며 선을 행하고 선한 사업을 많이 하고 나누어 주기를 좋아하며 너그러운 자가 되게 하라 이것이 장래에 자기를 위하여 좋은 터를 쌓아 참된 생명을 취하는 것이니라"(6:17~19).

그렇다! 하나님은 우리에게 모든 것을 후히 주사 누리게 하시는 부요의 하나님이시다. 그것은 예수 그리스도가 우리에게 생명을 얻되 더 풍성히 얻게 하시는 하나님이시기 때문이다. 그러나 후히 주사 누리게 하시는 그 풍성함 속에는 이 세상 재물이 절대로 포함되지 않는다. 그러므로 사도 바울은 정함이 없는 재물에 소망을 두지 말라(딤전 6:7)고 당부했던 것이 아니겠는가. 따라서 신앙인들로 재물에 소망을 두게 하는 모든 가르침은 생명의 참 복음이 아니라 다른 복음이다.

생명을 얻되 더 풍성히 얻게 하시는 하나님! 그래서 생명을 주시되 후히 주사 누리게 하시는 하나님께서는 우리에게 선한 일을 행하고 선한 사업에 부하고 나누어 주기를 좋아하며 동정하는 사람이 되라고 명령하신다. 그러므로 사랑의 능력을 소유한 사람은 참된 생명을 위해 좋은 터를 쌓는 사람이고 생명을 얻되 더 풍성히 얻을 사람이다. 예수 그리스도를 믿어 생명을 얻되 더 풍성히 얻게 되는 사람은 더 큰 물질을 소유하게 되는 것이 아니라 더 큰 사랑의 능력을 소유하게 된다. 사랑은 성령의 궁극적 열매이다.

사도 바울은 디모데전서 6:7~9에서 성도들을 향해 부하려 하지 말고 먹을 것과 입을 것이 있은즉 족한 줄을 알라고 했다. 그러므로 생명을 얻되 더 풍성히 얻는 삶을 물질 축복의 삶으로 가르친다면 그 교훈은 복음의 생수가 아니라 하나님께서 요한계시록 8:10~11에서 경계시키고 있는 마시고도 죽을, 그래서 절대로 마셔서는 안 될 쑥물의 교훈이다. 하나님의 말씀은 경제 비법을 가르치는 교훈이 아니라 우리에게 생명을 주는 교훈이다.

06.

내려놓아야 할 짐, 다시 메어야 할 멍에

주님께서는 우리를 향해 "수고하고 무거운 짐 진 자들아 다 내게로 오라 내가 너희를 쉬게 하리라 나는 마음이 온유하고 겸손하니 나의 멍에를 메고 내게 배우라 그리하면 너희 마음이 쉼을 얻으리니"(마 11:28~30)라고 위로와 해방의 메시지를 선언하셨다.

그러면 우리가 수고하며 무겁게 짊어지고 있는 짐이 무엇인가? 우리 인생이 무슨 짐을 지고 있기에 주님께서는 당신에게로 와서 쉬라고 말씀하시는가? 흔히 이 짐을 물질, 사업, 자녀, 결혼, 가정, 진학, 취직, 승진 문제의 짐 등과 같은 인생 문제의 짐으로 생각한다. 그래서 주님께서 힘든 그 모든 문제의 짐들을 대신 져 주시고 해결해 주시는 것으로 생각한다. 그러나 주님께서 말씀하신 짐의 의미가 과연 이와 같은 인생 문제의 짐일까?

그 옛날 구약 이스라엘 백성은 430년 동안이나 애굽의 노예가 되어 고역의 나날을 보내고 있었다(출 1:14). 그때 하나님께서는 이스라엘 백성에게 그들을 이 무거운 고역의 짐에서 해방하시고 구원하실 여호와 하나님으로 자신을 계시하셨다. "그러므로 이스라엘 자손에게 말하기를 나는 여호와라 내가 애굽 사람의 무거운 짐 밑에서 너희를 빼내며 그들의 노역에서 너희를 건지며 편 팔과 여러 큰 심판들로써 너희를 속량하여 너희를 내 백성으로 삼고 나는 너희의 하나님이 되리니 나는 애굽 사람의 무거운 짐 밑에서 너희를 빼낸 너희의 하나님 여호와인 줄 너희가 알지라"(출 6:6~7). 이처럼 구약은 여호와 하나님께서 당신의 백성을 애굽에서의 고역의 짐에서 해방하신 구원의 하나님으로 계시하고 있지만, 신약은 하나님께서 당신의 백성을 죄와 사망의 무거운 짐에서 해방하신 구원의 하나님으로 계시하고 있다.

세례 요한은 어린 양이신 예수 그리스도를 인생 문제의 짐을 지고 가시는 하나님의 어린 양으로 증언했던 것이 아니라 세상 죄를 지고 가시는 하나님의 어린 양으로 증언했다. "이튿날 요한이 예수께서 자기에게 나아오심을 보고 이르되 보라 세상 죄를 지고 가는 하나님의 어린 양이로다"(요 1:29). 그렇다! 구약의 여호와 하나님은 이스라엘 백성을 430년의 애굽의 고역의 짐에서 해방하신 구원의 하나님이시지만, 신약의 예수 그리스도는 우리를 죄와 사망의 영원한 짐에서 해방하신 구원의 하나님이시다.

수고하고 무거운 짐 진 자들아 내게로 와서 쉬라고 주님께서 말씀하셨던 것은 인생 문제를 해결해 주시고, 인생 문제의 짐을 대신 져 주시기 위함이 아니라, 죄의 문제를 해결해 주시고 죄의 짐을 대신 져 주시기 위함이다. 따라서 주님께서 우리를 대신해서 지고 가신 짐은 인생 문제의 짐이 아니라 죄악의 짐이다. 그러므로 우리가 주님 앞에 내려놓아야 하는 짐은 인생 문제의 짐이 아니라 죄악의 짐이다.

그 옛날 구약 이스라엘 백성이 430년 동안 짊어지고 있었던 육적인 고역의 짐은 영적인 죄악의 짐을 상징한다. 그러므로 다윗은 이 죄악의 짐에 대해 다음과 같이 고백했던 것이다. "주의 진노로 말미암아 내 살에 성한 곳이 없사오며 나의 죄로 말미암아 내 뼈에 평안함이 없나이다 내 죄악이 내 머리에 넘쳐서 무거운 짐 같으니 내가 감당할 수 없나이다 내 상처가 썩어 악취가 나오니 내가 우매한 까닭이로소이다"(시 38:3~5).

다윗은 인생 문제로 고통받았던 것이 아니라, 자신이 지고 있는 죄악의 짐이 너무나 무거워서 자기의 뼈에 평안함이 없다고 고통스러워하며 자기의 죄를 악취가 나는 썩은 상처라고 고백했다. 그러므로 우리 죄악의 짐을 대신 져 주시는 예수 그리스도를 만나기 위해서는 우리 죄악의 짐이 얼마나 감당할 수 없을 정도로 무거우며, 얼마나 악취가 나는 상처인가를 절실히 통감해야 한다.

그런데 오늘 우리는 죄의 짐을 가지고 주님을 찾는 것이 아니라 인생 문제의 짐을 가지고 주님을 찾고 있다. 자기 죄악을 슬퍼하지 않는 사람은, 자기 죄악을 무거워하지 않는 사람은, 자기 죄악을 괴로워하지 않는 사람은, 자기 죄악을 악취가 나는 썩은 상처로 생각하지 않는 사람은 절대로 용서의 주님을 만난 것이 아니며, 우리 죄를 대신 져 주시는 예수 그리스도 안에서 영원한 안식을 누릴 수 없다.

이제 주님께서는 수고하고 무거운 죄악의 짐을 주님 앞에 내려놓고 쉬라고 우리를 부르시고 죄악의 짐을 내려놓고 쉬는 방법에 대해 말씀하신다. 그것은 주님의 멍에를 메고, 주님에게 배우는 것이다.

우리가 죄악의 짐을 내려놓고 쉬기 위해서는 하나님의 말씀을 배우고, 하나님 말씀의 멍에를 메어야 한다. 결국, 우리는 하나님의 말씀대로 사는 참된 행함의 삶 속에서 하나님과의 교제를 누리고 하나님께서 주시는 의의 안식을 누리게 된다. 그러나 오늘 우리는 하나님의 말씀대로 행하는 삶 속에서 쉼을 얻으려고 하는 것이 아니라, 내 인생 문제의 짐을 해결 받고 세상이 주는 평안과 안락을 누리려 한다. 그것은 하나님 말씀의 멍에를 무겁게 여기고, 하나님의 말씀대로 사는 참된 안식의 삶을 힘들어하기 때문이다.

주님의 멍에는 쉽고, 그 멍에의 짐은 우리를 무겁게 하는 것이 아니다. 이에 대해 사도 요한은 다음과 같이 말하고 있다. "예수께서 그리스도이심을 믿는 자마다 하나님께로부터 난 자니 또한 낳으신 이를 사랑하는 자마다 그에게서 난 자를 사랑하느니라 우리가 하나님을 사랑하고 그의 계명들을 지킬 때에 이로써 우리가 하나님의 자녀를 사랑하는 줄을 아느니라 하나님을 사랑하는 것은 이것이니 우리가 그의 계명들을 지키는 것이라 그의 계명들은 무거운 것이 아니로다 무릇 하나님께로부터 난 자마다 세상을 이기느니라 세상을 이기는 승리는 이것이니 우리의 믿음이니라"(요일 5:1~4).

하나님을 사랑하는 자는 그분의 계명을 지킨다. 우리가 지켜야 할 그의 계명은 무거운 짐이 아니라 쉽고 가벼운 멍에이다. 그것은 주님 앞에 죄의 짐을 내려놓은 사람은 사랑의 새 계명을 실천하는 삶 가운데서 쉼을 얻고 안식을 누리기 때문이다.

아담과 하와는 하나님의 울타리 에덴 안에서 하나님의 선악과 명령을 지켜야만 쉼을 얻을 수 있었고 안식할 수 있다. 그러나 그들은 하나님의 선악과 명령을 지키지 않았기 때문에, 즉 말씀대로 행하지 않고 말씀대로 살지 않았기 때문에 쉼을 누리고 안식을 누렸던 에덴에서 추방되고 말았다.

구약 이스라엘 백성은 하나님의 울타리인 말씀의 젖과 꿀이 흐르는 가나안에서 하나님의 율례와 법도를 지켜 행해야만 쉼을 얻을 수 있었고 안식할 수 있었다. 그러나 그들은 하나님의 율례와 법도를 지켜 행하지 않았기 때문에 쉼을 누리고 안식을 누릴 수 있었던 가나안 땅에서 추방되고 말았다.

우리도 밖에 던져져 불사름이 되지 않고 하나님의 울타리인 포도 나무 안에서 영원히 쉼을 얻고 영원히 안식을 누리기 위해서는 예수 그리스도의 사랑의 새 계명을 지켜 행해야 한다. "나는 포도나무요 너희는 가지라 그가 내 안에, 내가 그 안에 거하면 사람이 열매를 많이 맺나니 나를 떠나서는 너희가 아무것도 할 수 없음이라 사람이 내 안에 거하지 아니하면 가지처럼 밖에 버려져 마르나니 사람들이 그것을 모아다가 불에 던져 사르느니라 너희가 내 안에 거하고 내 말이 너희 안에 거하면 무엇이든지 원하는 대로 구하라 그리하면 이루리라 너희가 열매를 많이 맺으면 내 아버지께서 영광을 받으실 것이요 너희는 내 제자가 되리라 아버지께서 나를 사랑하신 것같이 나도 너희를 사랑하였으니 나의 사랑 안에 거하라 내가 아버지의 계명을 지켜 그의 사랑 안에 거하는 것같이 너희도 내 계명을 지키면 내 사랑 안에 거하리라 내가 이것을 너희에게 이름은 내 기쁨이 너희 안에 있어 너희 기쁨을 충만하게 하려 함이라 내 계명은 곧 내가 너희를 사랑한 것같이 너희도 서로 사랑하라 하는 이것이니라 사람이 친구를 위하여 자기 목숨을 버리면 이보다 더 큰 사랑이 없나니 너희는 내가 명하는 대로 행하면 곧 나의 친구라"(요 15:5~14).

예수 그리스도는 하나님의 계명을 지킴으로 하나님의 사랑 안에 거하셨다. 따라서 우리도 포도나무이신 예수 그리스도 안에 영원히 거하기 위해서는 그의 사랑 안에 있어야 하고, 그의 사랑 안에 있으려면 예수 그리스도의 사랑의 새 계명을 지켜 행해야 한다. 그러므로 하나님의 사랑의 새 계명을 철저하게 지키지 않는 자는 주님의 사랑 안에 있을 수 없으며 주님의 사랑 밖으로, 포도나무에서 꺾여 밖으로 던져져서 불살라지고 말 것이다.

주님께서 우리를 향해 명하신 사랑은 말과 혀만의 사랑이 아니라 친구를 위해 목숨을 버릴 수 있는 사랑이다. 그것은 주님께서 우리를 위해 목숨을 버리신 사랑을 하셨기 때문이다. 그러므로 사도 요한은 우리를 위해 목숨을 버리신 예수 그리스도의 사랑을 믿는 우리가 형제를 위해 당연히 목숨도 버릴 수 있어야 하는데 자기 재물을 가지고 가난한 형제 교인과 형제 교회를 돕지 못한다면 어떻게 우리가 사랑을 가진 자라고 말할 수 있겠는가, 라고 반문한다. "그가 우리를 위하여 목숨을 버리셨으니 우리가 이로써 사랑을 알고 우리도 형제들을 위하여 목숨을 버리는 것이 마땅하니라 누가 이 세상의 재물을 가지고 형제의 궁핍함을 보고도 도와 줄 마음을 닫으면 하나님의 사랑이 어찌 그 속에 거하겠느냐 자녀들아 우리가 말과 혀로만 사랑하지 말고 행함과 진실함으로 하자"(요일 3:16~18).

야고보 선생은 믿음을 가졌다고 하면서도 형제를 말과 혀로만 사랑하는 사람은 절대로 구원받을 수 없다고 단언한다. "내 형제들아 만일 사람이 믿음이 있노라 하고 행함이 없으면 무슨 유익이 있으리요 그 믿음이 능히 자기를 구원하겠느냐 만일 형제나 자매가 헐벗고 일용할 양식이 없는데 너희 중에 누구든지 그에게 이르되 평안히 가라, 덥게 하라, 배부르게 하라 하며 그 몸에 쓸 것을 주지 아니하면 무슨 유익이 있으리요 이와 같이 행함이 없는 믿음은 그 자체가 죽은 것이라"(약 2:14~17). 따라서 우리는 인생 문제의 짐을 해결 받기 위해 주님께 생떼 쓰는 사람이 되지 말고, 내 재물을 아까워하지 않고 형제 교인과 형제 교회를 구제할 수 있는 사랑의 사람이 되게 해 주시기를 기도해야 한다.

아담과 하와는 선악과 명령을 지킴으로써만 하나님의 울타리인 에덴동산 안에 있을 수 있었고, 구약 이스라엘 백성은 율법을 지켜 행함으로써만 하나님의 울타리인 가나안 땅에 거할 수 있었고, 오늘 우리는 예수 그리스도의 사랑의 새 계명을 지켜 행할 때만 하나님의 울타리인 예수 그리스도 안에, 포도나무 안에, 그 사랑 안에 거할 수 있다.

주님 안에서 쉼을 얻기 위해 인생 문제의 짐을 내려놓는 사람은 늘 하나님의 말씀을 배운다고 해도 배우는 것이 그저 문제 해결법이고 축복 응답법이고 꿈을 이루는 법이다. 그것은 그들이 물질 문제, 사업 문제, 자녀 문제, 결혼 문제, 가정 문제, 진학 문제, 취직 문제, 승진 문제 해결 받는 것이 예수 그리스도 안에서의 쉼이고 안식이라고 생각하기 때문이다. 결국, 그들은 육으로 살다가 흙으로 돌아갈 것이다.

우리 신앙인이 오늘 이 시간도 주님 앞에 내려놓아야 하는 짐은 인생 문제의 짐이 아니라 하나님의 말씀대로 살지 못하고 예수 그리스도의 새 계명대로 지켜 행하지 못한 죄악의 짐이다. 그러므로 이제 주님의 말씀대로 사는 신앙의 길, 주님의 새 계명대로 지켜 행하는 신앙의 길이 무엇인가를 주님의 말씀을 통해 다시 배우고 그 말씀의 멍에를 즐겨 메어야 한다.

우리가 꿈꾸어야 하는 내일의 삶은 누구처럼 성공하고 부자 된 삶이 아니라 예수 그리스도처럼 모든 것을 나누어 주는 사랑의 삶이다.

신앙은 한 달란트 받은 사람이 두 달란트, 다섯 달란트 받기를 꿈꾸는 것이 아니다. 두 달란트 생기면 사랑하고, 다섯 달란트 생기면 충성하겠다는 것이 아니다. 한 달란트 받은 대로 온전히 사랑하고 헌신하는 것이다.

하나님의 말씀은 우리가 더 좋은 대학 들어가지 않아도, 더 좋은 직장 들어가지 않아도, 더 좋은 직급으로 승진하지 않아도, 더 좋은 배우자 만나지 못해도, 더 많이 부자 되지 않아도, 더 크게 성공하지 못해도, 지금 내게 있는 것으로 얼마든지 사랑할 수 있고, 얼마든지 충성할 수 있음을 가르쳐 주고 있다.

이제 우리, 인생의 헛된 꿈을 버리고 하나님의 참된 말씀의 의미를 깊이 묵상하며 그 말씀의 멍에를 메고 지금 있는 것으로 사랑하고, 지금 있는 것으로 충성하고, 지금 있는 것으로 헌신함으로 예수 그리스도 안에서 참된 쉼과 안식을 누리는 복된 믿음의 삶을 결실하자.

07

오늘 우리는 그 옛날 사마리아 여인이 마셨던 복음의 생수를 마시고 있는가

요한복음 4장에서 우리는 예수 그리스도와 어느 불행한 사마리아 여인의 우물가에서의 만남을 목격하게 된다.

오래전, 우물은 마을 공동체의 중심이었다. 우물가는 동네 소식이 오가는 자리였고, 동네에서 가장 번잡한 곳이었다. 그런데 사마리아 여인은 아침저녁의 서늘한 시간을 피해 사람들이 없는 한낮에 우물가로 생존의 물을 길으러 왔다. 그러므로 이 여인은 그 지역 사회에서 소외된 여인임에 틀림이 없다.

여기서 예수님은 누구에게 영원히 목마르지 않을 당신의 물을 주고자 하시는가? 주님께서는 소외되고 천대받았던 여인, 생에 목말라 했던 여인, 상처투성이인 여인에게 당신의 복음의 생수를 마시게 하고자 하신다.

주님께서는 사마리아 여인에게 다음과 같이 말씀하셨다. "예수께서 대답해 이르시되 이 물을 마시는 자마다 다시 목마르려니와 내가 주는 물을 마시는 자는 영원히 목마르지 아니하리니 내가 주는 물은 그 속에서 영생하도록 솟아나는 샘물이 되리라"(요 4:13~14).

생에 목말라했던 사마리아 여인, 생에 지쳤던 사마리아 여인, 생에 고달팠던 사마리아 여인은, 예수 그리스도가 주시는 물을 마시고 서 영원히 목마르지 않을 뿐만 아니라, 사람들의 따가운 시선으로 수 치스러웠던 우물가에 다시는 물을 길으러 오고 싶지 않았다. "여자가 이르되 주여 그런 물을 내게 주사 목마르지도 않고 또 여기 물 길으러 오지도 않게 하옵소서"(요 4:15).

이때 주님께서는 여인을 향해 네 남편을 불러오라고 말씀하셨다 (요 4:16). 주님께서 주시는 영원히 목마르지 않을 복음의 생수를 마 시기 위해서는 선행되어야 할 과제가 있었기 때문이다. 그래서 주님 께서는 의도적으로 그 여인의 가장 숨기고 싶은 부분, 가장 아픈 부분 을 들추어 내셨던 것이다.

이 여인은 다섯 번이나 결혼했었고, 지금은 결혼도 하지 않은 채 또 다른 남자와 수치스러운 삶을 살고 있다. 그러므로 네 남편을 데려 오라는 주님의 질문에 그녀는 가슴이 짓눌려 왔고 너무나 부끄러워 고개를 들 수 없었다. 그러나 지금 이 여인에게는 영원히 목마르지 않 을 예수 그리스도의 생수를 마시기 위해 자신의 죄악 된 삶에 대한 분 명한 자각과 정리가 필요했다. 바로 이것이 진리로 들어가는 좁은 문 이다.

오늘 우리도 참된 회개가 없이는 하나님 나라에 들어갈 수 없다. 아무리 그냥 넘어가고 싶고, 아무리 말하고 싶지 않고, 아무리 덮어 두고 싶은 것이라 할지라도 예수 그리스도 안에서 영원히 목마르지 않을 생수를 마시기 위해서는 예수 그리스도 앞에 숨기지 않고 우리 의 죄를 자백해야 한다.

오늘 우리 교회 세대의 문제점은, 많은 사람이 진리의 좁은 문으 로 들어오지 않고 인생 희망의 넓은 문으로 들어오고 있다는 데 있다.

그래서 교회는 나오면서도 잘못된 죄악의 삶에 대한 철저한 자각과 반성이 없는 사람들이 너무나 많고, 그런데도 그들의 죄를 책망하지 못하는 설탕 넣은 달콤한 물이 강대상에서 흘러넘치고 있다.

죄에 대한 철저한 자각과 반성이 없이 교회로 전도되어 달콤한 물을 먹고 있는 바닷가의 모래와 같이 많은 교인이 "주여! 주여!" 한다고 모두가 다 천국에 갈 수 있겠는가? 오늘날 많은 설교자가 꼭 선결되어야 할 죄의 문제는 교인들이 아파한다고, 듣기 싫어한다고 건드리지 않고 구렁이 담장 넘어가듯이 넘어가고 축복과 은혜만 이야기한다.

미가서 3장 8절의 말씀처럼 야곱의 허물과 이스라엘의 죄를 고하지 않는 가르침은 하나님의 성신을 덧입은 가르침이 아니며, 이 땅의 소망으로 백성의 귀를 즐겁게 해 주는 축복과 은혜의 이야기들은 복음의 생수가 아니라 세속의 단물이다.

모든 교회를 상징하는 요한계시록 2장과 3장의 일곱 교회가 요한계시록 22:1~5에서 증언하는 영원히 목마르지 않을 생수를 영원히 마시기 위해서는, 요한계시록 2~3장에서 무려 다섯 번에 걸쳐 성령이 교회들에게 하시는 말씀인 책망의 말씀을 듣고, 처음 사랑의 행위에서 떠나고, 잘못된 교훈을 용납하고, 잘못된 교훈을 설파하는 거짓 선지자들을 존경하며 따르고, 행위의 온전한 열매를 결실하지 않고, 차지도 뜨겁지도 않은 미지근한 신앙의 죄악을 회개해야 한다.

사마리아 여인에게 물을 좀 달라고 하시며 시작된 예수와 여인의 대화는(요 4:7) 예수께서 그 여인에게 자신을 메시아로 계시하시면서 끝을 맺는다(요 4:26).

메시아 예수를 만난 사마리아 여인은 거듭나게 된다. 이제 이 여인은 예수 그리스도 안에서 참된 생수를 찾았고, 마셨고, 맛보았다. 이 세상에서 여섯 남자의 품을 전전해도 찾지 못하고 누리지 못했던 생의 참된 기쁨과 목적을 예수 그리스도 안에서 갖게 되었고, 이후 그녀는 물동이를 버려두고 그토록 나가기를 부끄러워했던 동네 한가운데로 달려들어 가 위대한 복음의 증인이 되었다(요 4:28~30). 바로 이것이 예수 그리스도를 만나 영원히 목마르지 않을 복음의 생수를 마신 거듭난 자의 삶이다.

오늘 우리는 아직도 여전히 생의 애착이라는 정과 욕심의 물동이를 버리지 못하고 세상의 우물가에서 잠시 잠깐의 목마름을 해소하기 위해 서성거리고 있다. 예수 그리스도를 만나 정과 욕심의 물동이를 버려두고 수치스러운 세상 한가운데서 위대한 복음의 증인으로 살려 하기보다는 끊임없이 자기를 만족하게 해 줄 그 무엇을 찾아 헤매며, '이것이 내가 의지할 남편인가? 저것이 내가 의지할 남편인가?' 하며 이 남편 저 남편의 품을 전전하면서 세상을 연애하는 간음한 여인들이 되었다.

야고보 선생은 세상을 사랑하는 교인들을 향해 "간음하는 여자들이여!"라고 책망했다. "간음한 여인들아 세상과 벗 된 것이 하나님과 원수 됨을 알지 못하느냐 그런즉 누구든지 세상과 벗이 되고자 하는 자는 스스로 하나님과 원수 되는 것이니라"(약 4:4).

오늘 이 시간도 우리는 '물질이 내 남편인가? 명예가 내 남편인가? 성공이 내 남편인가?' 하며 이것저것 바꾸어 가며 이것도 내 남편, 저것도 내 남편이라고 사랑하며 생의 집착의 끈을 놓지 않고 있다. 그러나 "남편이 없다."라고 대답했던 사마리아 여인처럼 영생의 생수를 영원히 마시기 위해서는 "예수 그리스도 외에는 내게 만족을 줄 수 있는 것이 아무것도 없다."라고 고백할 수 있어야 한다.

예수 그리스도 안에서 참된 생수를 찾고 영원히 목마르지 않을 복음의 생수를 마셨던 사마리아 여인은 물동이를 버려두고 예수 그리스도의 복음의 증인이 되어 그토록 나가기를 부끄러워했던 동네 한가운데로 담대하게 뛰어 들어갔다. 하지만 우리는 입술로는 "주여! 주여!" 하면서도, 말로는 "예수 그리스도 안에서 참된 생수를 찾았고 영원히 목마르지 않을 복음의 생수를 마셨다." 하면서도 복음의 증인으로 사는 것이 아니라 내 부모와 처자와 소유의 파수꾼으로 사느라 정과 욕심의 물동이를 들고 이 우물, 저 우물을 찾아 헤매고 있다. 이러한 우리가 과연 복음의 생수를 마셨다고 말할 수 있겠는가? 거듭났다고 말할 수 있겠는가? 예수 그리스도의 증인으로 살아간다고 말할 수 있겠는가?

오늘 우리는 참된 복음의 생수를 마신 것이 아니라 쑥물(계 8:10~11)을 마셨기 때문에 처음 사랑의 행위를 잃어버리고도 천국 간다고 맹신하고 있다. 행위의 온전한 열매를 결실하지 못하고 천국 간다고 맹신하고 있다. 차지도 뜨겁지도 않은 미지근한 신앙을 가지고도 천국 간다고 맹신하고 있다.

이 모든 것은 거짓 선지자들의 거짓된 복음, 곧 쓴 물의 교훈을 마시고 인생의 꿈이나 꾸면서 입술로 '나는 할 수 있다. 나는 부자 될 수 있다. 나는 성공할 수 있다. 나는 재기할 수 있다. 나는 일어날 수 있다. 나는 머리가 될 수 있다.'라고 염불이나 하고 있기 때문이다.

유대인들에게 우물은 생명 그 자체였다. 그래서 그들은 삶의 여정에서 우물을 만나면 그 우물이 그들의 생존의 근거지가 되었다. 그러므로 하나님께서는 이스라엘 백성에게 당신의 가장 좋은 선물과 가장 좋은 축복을 물(사 41:18; 겔 47:1~12)로 상징하셨던 것이다.

그래서 이사야 선지자는 다가오는 새 시대의 축복을 금과 은을 소유하는 시대로 예언했던 것이 아니라 사막에서 시내가 흐르는 것으로, 뜨거운 사막과 메마른 땅이 변해 물의 원천이 되는 것으로, 광야에 물들을 솟게 하고 사막에 강들을 내어 당신의 택한 백성으로 마음껏 마시게 하는 축복의 시대로 예언했던 것이다. "그 때에 맹인의 눈이 밝을 것이며 못 듣는 사람의 귀가 열릴 것이며 그 때에 저는 자는 사슴같이 뛸 것이며 말 못하는 자의 혀는 노래하리니 이는 광야에서 물이 솟겠고 사막에서 시내가 흐를 것임이라 뜨거운 사막이 변해 못이 될 것이며 메마른 땅이 변해 원천이 될 것이며 승냥이의 눕던 곳에 풀과 갈대와 부들이 날 것이며"(사 35:5~7). "나는 목마른 자에게 물을 주며 마른 땅에 시내가 흐르게 하며 나의 영을 네 자손에게, 나의 복을 네 후손에게 부어 주리니 그들이 풀 가운데에서 솟아나기를 시냇가의 버들같이 할 것이라"(사 43:2~3).

사마리아 여인은 바로 이 축복의 물을 마시자마자 물동이를 버려 두고 위대한 복음의 증인으로 다시 태어났다. 사마리아 여인이 마셨던 축복의 물은 복음의 생수였다.

그런데 요한계시록은 다가오는 시대에 물의 재앙이 있을 것을 예언한다. "셋째 천사가 나팔을 부니 횃불같이 타는 큰 별이 하늘에서 떨어져 강들의 삼분의 일과 여러 물샘에 떨어지니 이 별 이름은 쓴 쑥이라 물의 삼분의 일이 쓴 쑥이 되매 그 물이 쓴 물이 되므로 많은 사람이 죽더라"(계 8:10~11).

요한계시록이 경고하는 물의 재앙은 식수 오염, 수질 오염을 의미하는 것이 아니다. 구약에서 예언했던 물의 축복이 복음의 생수로 성취되었듯이 물의 재앙은 잘못된 교훈의 범람으로 성취된다.

오늘날 많은 교인이 참된 복음의 생수를 마시지 못하고 잘못된 교훈의 쑥물을 마셨기에 너무나 변화되지 않고 세속화되고 있으며, 처음 사랑의 행위를 잃어버리고도, 행위의 온전한 열매를 맺지 못하고도, 미지근한 신앙으로도 천국 가는 것으로 착각하고 신앙의 방종 가운데 있다. 그러나 성경은 분명히 경고한다. "그 물이 쓴 물이 되므로 많은 사람이 죽더라"

이제 우리 모두 요한계시록 2장과 3장에서 성령이 교회들에게 지적하시는 신앙의 죄악을 철저히 점검하고 회개함으로 온전히 참된 말씀을 향해 돌아서서 세상의 좋은 것을 담기 위한 정과 욕심의 물동이를 버리고 예수 그리스도의 순결한 증인으로 살아가야 한다.

08.
하나님이 우리에게 주신 가장 좋은 선물

하나님은 너무나 좋으신 분이시기 때문에 우리에게 가장 좋은 것을 주시고 모든 것을 주시는 하나님이다. 이것은 너무나 명백한 진리이다. 그러나 문제는 하나님의 생각과 우리의 생각이 하늘과 땅 차이만큼이나 다르다는 데 있다. 하나님께서 우리에게 주고자 하시는 가장 좋은 것과 모든 것이, 우리가 바라는 가장 좋은 것과 우리가 바라는 모든 것과는 너무나 차이가 난다.

하나님께서 우리에게 주셔야 하는 가장 좋은 것과 모든 것을, 입시생은 대학 진학으로 생각하고, 결혼 적령기의 남녀는 좋은 배필 만나는 것으로 생각하고, 취업 준비를 하는 사람은 바라는 직장에 입사하는 것으로 생각하고, 직장을 다니는 사람은 승진하는 것으로 생각하고, 사업하는 사람은 사업이 번창하는 것으로 생각하고, 운동하는 사람은 고액 연봉받는 프로선수가 되는 것으로 생각하고, 공직에 입후보한 사람은 공직에 당선되는 것으로 생각한다.

이처럼 사람들은 저마다의 입장에서 자기가 바라고 원하고 소원하는 바가 이루어지는 것이 바로 하나님께서 자기에게 주시는 가장 좋은 것이고 모든 것으로 생각한다. 그러나 하늘이 땅에서 높음같이 우리 인간의 생각보다 높으신 하나님의 생각은 우리 생각과는 다르다. 그래서 그분이 우리에게 주고자 하시는 가장 좋은 선물은, 그리고 주고자 하시는 모든 것은 이 땅의 물질과 명예와 형통과 출세와 성공과 관련된 것이 아니다. 그것은 하나님께서 우리 인생의 영화를 수에 칠 가치가 없는 호흡으로 생각하시고 떨어지고 쇠잔하는 꽃의 영광으로 생각하시기 때문이다. "너희는 인생을 의지하지 말라 그의 호흡은 코에 있나니 셈할 가치가 어디 있느냐"(사 2:22). "말하는 자의 소리여 이르되 외치라 대답하되 내가 무엇이라 외치리이까 하니 이르되 모든 육체는 풀이요 그의 모든 아름다움은 들의 꽃과 같으니 풀은 마르고 꽃이 시듦은 여호와의 기운이 그 위에 붊이라 이 백성은 실로 풀이로다 풀은 마르고 꽃은 시드나"(사 40:6~7).

모세 선지자는 우리의 허무한 인생을 다음과 같이 노래했다. "주께서 사람을 티끌로 돌아가게 하시고 말씀하시기를 너희 인생들은 돌아가라 하셨사오니 주의 목전에는 천 년이 지나간 어제 같으며 밤의 한순간 같을 뿐임이니이다 주께서 그들을 홍수처럼 쓸어가시나이다 그들은 잠깐 자는 것 같으며 아침에 돋는 풀 같으니이다 풀은 아침에 꽃이 피어 자라다가 저녁에는 시들어 마르나이다…… 우리의 연수가 칠십이요 강건하면 팔십이라도 그 연수의 자랑은 수고와 슬픔뿐이요 신속히 가니 우리가 날아가나이다"(시 90:3~6, 10).

그러므로 하나님이 티끌로 돌아갈 인생, 아침에 꽃이 피어 자라다가 저녁에는 시들어 말라버리는 풀 같은 인생, 칠팔 십년을 수고와 슬픔을 안고 신속히 날아가는 우리 인생에게 주시는 가장 좋은 선물, 곧 주고자 하시는 모든 것은 이 땅의 물질과 명예와 성공과 형통과 부요와 절대로 관련이 없다.

하나님께서 우리에게 주시는 가장 좋은 선물, 그리고 모든 것은 영원과 관련이 있다. 생명과 관련이 있다. 영원과 생명, 바로 이것이 하나님께서 우리에게 주시는 가장 좋은 선물이고 주시려는 모든 것이다. 그러므로 참된 믿음의 성도는 약속된 영원한 생명을 바라보고 소망함으로 이 땅의 근심 가운데서도 항상 기뻐할 수 있고, 이 땅의 가난 속에서도 많은 사람을 부요하게 하는 사랑을 베풀 수 있고, 하늘의 부요를 소유했기에 이 땅의 핍절 가운데서도 모든 것을 가진 자라고 자랑할 수 있는 것이다. "근심하는 자 같으나 항상 기뻐하고 가난한 자 같으나 많은 사람을 부요하게 하고 아무것도 없는 자 같으나 모든 것을 가진 자로다"(고후 6:10).

바로 이것이 영원과 생명, 즉 성령 안에서 누리는 참된 기쁨이고 참된 부요이다. 그러므로 성도는 이 땅의 물질과 형통과 성공과 명예 안에서 기쁨과 부요를 찾지 말아야 한다.

주님께서는 우리를 향해 구하고 찾고 두드리면 하나님께서 가장 좋은 것을 주시는데 그 주시는 것이 이 땅의 것이 아니라 바로 성령이라고 했다. "내가 또 너희에게 이르노니 구하라 그러면 너희에게 주실 것이요 찾으라 그러면 찾아낼 것이요 문을 두드리라 그러면 너희에게 열릴 것이니 구하는 이마다 받을 것이요 찾는 이는 찾아낼 것이요 두드리는 이에게는 열릴 것이니라 너희 중에 아버지 된 자로서 누가 아들이 생선을 달라 하는데 생선 대신에 뱀을 주며 알을 달라 하는데 전갈을 주겠느냐 너희가 악할지라도 좋은 것을 자식에게 줄 줄 알거든 하물며 너희 하늘 아버지께서 구하는 자에게 성령을 주시지 않겠느냐 하시니라"(눅 11:9~13).

우리는 이 땅의 문제 해결과 축복 응답을 구하고 찾고 두드릴 것이 아니라 하나님께서 우리에게 주시는 가장 좋은 것, 그리고 주고자 하시는 모든 것인 성령을 구하고 찾고 두드려야 한다! 그런데 지금 우리는 구하고 찾고 두드리는 것이 성령이 아니라 이 땅의 문제 해결이고, 축복 응답이다.

사도 바울은 아들까지 아끼지 않고 주신 하나님께서 우리에게 모든 것을 은사로 주시지 않겠느냐? 라고 반문한다. "당신의 아들을 아끼지 않으시고, 우리 모두를 위해 내주신 분이, 어찌 그 아들과 함께 모든 것을 우리에게 선물로 거저 주지 않으시겠는가?"(롬 8:32, 표준 새번역).

하나님께서는 우리를 위해서 독생자 예수 그리스도까지 아끼지 않고 주셨기에 다른 모든 것을 당연히 주시는 하나님이시다. 사도 바울은 하나님께서 우리에게 당연히 주시는 모든 것이 은사(선물, 표준 새번역)라고 했다. 그런데 말씀의 본질을 모르는 욕심 많은 우리는 하나님께서 우리에게 당연히 주시는 모든 것인 하나님의 은사를 자신의 인생 문제 해결과 인생 문제 축복 응답이라고 생각하기 때문에 하나님의 말씀을 왜곡해서 해석하고 적용하게 된다. 그 결과 신령한 기독교를 복술의 종교로 변질시켰다.

아들까지 아끼지 않고 우리에게 주신 하나님께서는 우리를 위해 당연히 모든 것을 은사로 주신다. 이 은사는 바로 성령 안에서 주어지는 하나님의 선물이다. 그러므로 사도 바울은 성령 안에서 주시는 하나님의 선물인 은사를 넘치도록 소유한 하늘의 부자였기 때문에 비록 그의 삶이 이 땅에서는 환난과 곤고와 핍박과 기근과 적신과 위험과 칼의 위협 속에서 마치 주를 위해 종일 도살할 양같이 여김을 받았어도 넉넉히 세상을 이길 수 있었던 것이다. "누가 우리를 그리스도의 사랑에서 끊으리요 환난이나 곤고나 박해나 기근이나 적신이나 위험이나 칼이랴 기록된바 우리가 종일 주를 위하여 죽임을 당하게 되며 도살당할 양같이 여김을 받았나이다 함과 같으니라 그러나 이 모든 일에 우리를 사랑하시는 이로 말미암아 우리가 넉넉히 이기느니라"(롬 8:35~37).

하나님께서 주시는 모든 것을 소유했던 사도 바울은 부자 되고 성공하고 형통해서 평안했던 것이 아니다. 우리도 하나님이 주시는 모든 것을 인생 문제의 해결이나 인생 문제의 축복으로 생각해서는 안 된다. 이에 대해 사도 베드로는 하나님이 우리에게 주시는 모든 것은 이 땅의 물질, 성공과 명예, 부와 형통, 평안과 관련이 있는 것이 아니라 생명과 경건에 속한 모든 것이라고 했다. "그의 신기한 능력으로 생명과 경건에 속한 모든 것을 우리에게 주셨으니 이는 자기의 영광과 덕으로써 우리를 부르신 이를 앎으로 말미암음이라"(벧후 1:3).

그렇다. 우리는 하나님으로부터 모든 것을 받았다. 그러나 그 모든 것은 이 땅의 것이 아니라 생명과 경건에 속한 모든 것이다. 우리가 소망해야 하는 것도 생명과 경건이고, 기도해야 하는 것도 생명을 얻기 위한 것이고, 경건을 이루기 위한 것이다. 그러므로 우리 믿음의 선한 싸움은 인생의 꿈과 비전을 이루기 위한 싸움이 아니며, 긍정적 사고와 긍정적 입술의 시인으로 성공하기 위한 싸움이 아니라 의와 경건과 믿음과 사랑과 인내와 온유를 이루기 위한 싸움이다. "오직 너 하나님의 사람아 이것들을 피하고 의와 경건과 믿음과 사랑과 인내와 온유를 따르며 믿음의 선한 싸움을 싸우라 영생을 취하라 이를 위하여 네가 부르심을 받았고 많은 증인 앞에서 선한 증언을 했도다"(딤전 6:11~12).

의와 경건과 믿음과 사랑과 인내와 온유를 요약하면 생명과 경건에 속한 모든 것이다. 그러므로 우리가 꿈꾸고 소망해야 하는 미래의 모습은 부자 되고, 성공한 모습이 아니다. 우리는 더 큰 의를 이루고, 더 큰 경건을 이루고, 더 큰 믿음을 이루고, 더 큰 사랑을 이루고, 더 큰 인내를 이루고, 더 큰 온유를 이룬 미래의 모습을 꿈꾸고 소망해야 한다.

하나님께서는 아들과 함께 우리에게 모든 것을 은사로 주셨다. 이 은사는 성령 안에 있다. 그러므로 우리는 성령을 구하고 찾고 두드려야 한다. 그래야만 우리는 성령 안에서 생명과 경건에 속한 모든 것을 소유할 수 있다.

이 생명은 우리의 정과 욕심을 십자가에 못 박고(갈 5:24), 성령 안에서 살고 성령 안에서 행할 때(갈 5:25) 소유되는 새 생명의 삶이고(롬 6:1~4), 이 경건은 세속에 물들지 않고 고아와 과부, 즉 작은 자를 사랑하는 삶이다(약 1:27). 그러므로 하나님이 주시는 가장 좋은 선물인 성령 안에서 모든 것을 은사로 소유하여 하늘에 속한 모든 신령한 복(엡 1:3)을 누리는 참된 성도는 후히 주사 누리게 하시는 하나님의 부요 안에서 날마다 날마다 선한 사업에 부해져서 장래에 자기를 위해 참된 생명의 터(딤전 6:17~19)를 소유하게 된다.

09

하나님과 우상, 하나님과 세상, 그리고 하나님과 재물

지금 이 시간, 갈멜산에 우뚝 섰던 불의 종 엘리야, 그의 투철했던 신앙의 삶이, 그리고 그와 함께하셨던 능력의 하나님이 한없이 그리워진다. 엘리야! 그는 질고의 시대를 온몸으로 부딪치며 암흑의 이스라엘 역사 위에 하나님의 생명의 빛을 던졌던 위대한 종이었고, 부패한 이스라엘 신앙의 세계에 하나님의 생명의 소금을 뿌렸던 위대한 종이었다.

하나님만 오로지 의지했던 다윗 왕의 시대가 가고, 그의 아들 솔로몬이 처음 사랑의 순전한 신앙의 열심을 버리고 이방인 후비들의 신상을 위한 산당을 짓고 자신도 그것들을 섬김으로 이스라엘 역사에 전무후무한 죄악의 역사를 잉태시켰던 신앙의 비극 이후, 통일 왕국 이스라엘은 남유다와 북이스라엘로 양분되었고, 연이은 왕들의 타락과 이스라엘 민족의 타락이 계속되는 비극의 악순환이 되풀이되었다.

엘리야는 이처럼 타락하고 부패해진 이스라엘 신앙의 심장부에 하나님의 말씀의 칼을 꽂았다. 아합왕과 백성이 바알 숭배에 빠져 입으로는 하나님을 신앙하면서도 마음으로는 참 하나님을 알지 못할 때, 바알 선지자 450명, 아세라 선지자 400명과 목숨을 담보로 불의 담판을 벌이려고 홀로 갈멜산으로 향했다. 이 시간 그의 장엄한 모습이 한없이 그리워진다.

그는 갈멜산 정상에서 이스라엘 백성을 향해 "엘리야가 모든 백성에게 가까이 나아가 이르되 너희가 어느 때까지 둘 사이에서 머뭇머뭇하려느냐 여호와가 만일 하나님이면 그를 따르고 바알이 만일 하나님이면 그를 따를지니라"(왕상 18:21) 하며 그들의 세속적 신앙의 죄악을 질책했다. 이 질책이야말로 하나님과 우상, 하나님과 세상, 하나님과 재물의 두 주인을 섬기고 사랑하는 부패한 모든 신앙의 세대를 향한 책망의 경고이다.

이스라엘 백성은 하나님을 섬기지 않고 바알만을 섬긴 것이 아니다. 그들의 죄악은 바로 하나님과 바알을 함께 섬긴 것이다. 오늘 우리 신앙인들의 죄악도 하나님을 섬기지 않는 것이 아니라, 예수를 믿지 않는 것이 아니라, 예수를 믿기는 믿고 하나님을 섬기기는 섬기되 하나님과 세상을, 하나님과 재물을 함께 사랑하는 것이다.

오늘 우리는 '오직 하나님'이 아니면, 세상과 함께 그토록 사랑했던 물질과 함께 멸망의 길을 선택해야 할 것이다. 세상에서 인정을 받고 세상에서 명성을 얻으면서 예수 그리스도에게 인정받고 칭찬받을 수는 없다. 세상으로부터 사랑을 받으면서 예수 그리스도로부터 사랑을 받을 수는 없다. 세상에서 모든 것을 누리고 천국에서도 모든 것을 누릴 수는 없다.

엘리야는 자신이 준비한 제물 위에 하나님의 초자연적인 불을 끌어내리기 전, 이스라엘 백성의 비극의 근원을 파악하고 근본적인 치료를 시작했는데 바로 그것은 무너진 제단을 수축하는 것이었다. "엘리야가 모든 백성을 향하여 이르되 내게로 가까이 오라 백성이 다 그에게 가까이 가매 그가 무너진 여호와의 제단을 수축하되 야곱의 아들들의 지파의 수효를 따라 엘리야가 돌 열두 개를 취하니"(왕상 18:30~31절).

'무너진 여호와의 단!' 성경에는 단 한 줄만 기록되어 있지만 그 말 속에 이스라엘 민족의 비극의 근원이 숨어 있다. 그냥 지나쳐 버리기 쉽지만, 이 구절 하나가 당시 이스라엘 민족이 경험하고 있던 가뭄과 기근이라는 비극의 근원을 말해 준다.

그 옛날 하나님의 제단이 있던 그곳에 나뒹구는 돌들! 바로 이 무너진 제단에서부터 모든 일은 잘못되기 시작했다. 관심조차 두지 않았던 버려진 몇 개의 돌들! 바로 그것은 이스라엘 백성의 삶 속에서 잊혀진 하나님을 상징하고 있다.

오로지 하나님만을 향해야 했던 그들의 신앙은 죽어 버렸고, 하나님을 향한 그들의 충성은 사라져 버렸고, 그들의 찬송은 시들어져 버렸고, 그들의 소망은 땅에 떨어졌으며, 그들의 사랑은 거짓된 위선의 사랑이 되어 있다.

오늘 우리에게 처음 사랑의 행위가 없어졌다면, 오늘 우리가 이름뿐인 미지근한 신앙인이 되어 있다면 우리에게서도 하나님은 잊혀진 것이다. 바로 이것이 이사야 29장 13절의 말씀처럼 입으로는 하나님을 가까이하고 입술로는 하나님을 존경한다고 하면서도 마음으로는 하나님을 떠난 신앙의 배도이다.

우리는 성령이 거하시는 전이다. "너희는 너희가 하나님의 성전인 것과 하나님의 성령이 너희 안에 계시는 것을 알지 못하느냐 누구든지 하나님의 성전을 더럽히면 하나님이 그 사람을 멸하시리라 하나님의 성전은 거룩하니 너희도 그러하니라"(고전 3:16~17).

우리 한 사람 한 사람은 그리스도 예수 안에서 하나님의 성전으로 함께 건축되어가고 있다. "너희는 사도들과 선지자들의 터 위에 세우심을 입은 자라 그리스도 예수께서 친히 모퉁잇돌이 되셨느니라 그의 안에서 건물마다 서로 연결해 주 안에서 성전이 되어 가고 너희도 성령 안에서 하나님이 거하실 처소가 되기 위하여 그리스도 예수 안에서 함께 지어져 가느니라"(엡 2:20~22).

사도 베드로는 우리를 하나님의 집을 구성하는 돌로 비유했다. "사람에게는 버린 바가 되었으나 하나님께는 택하심을 입은 보배로운 산 돌이신 예수께 나아가 너희도 산 돌같이 신령한 집으로 세워지고 예수 그리스도로 말미암아 하나님이 기쁘게 받으실 신령한 제사를 드릴 거룩한 제사장이 될지니라"(벧전 2:4~5).

지금 우리는 내 마음의 제단이 무너졌는지 세워져 있는지 항상 살펴보아야 한다. 교회 지도자들이 꿈꾸고 소망하고 계획하고 준비하고 설계하고 공사해야 하는 성전은 보이는 성전 건물이 아니라 백성의 심령 성전이다. 그러므로 목회자는 보이는 예배당부지 자금 확보를 위해서 고민하고 염려하고 기도하기보다는 무너진 백성의 심령 성전을 재건하고자 고민하고 염려하고 눈물 뿌리고 기도해야 한다.

엘리야 당시 바알 숭배는 퍽 인기가 있었다. 그것은 모세가 명한 하나님의 제사 의식은 너무나 조용하고, 너무나 진지하고, 너무나 엄숙을 요구하고, 너무나 거룩함을 요구했기 때문에 인간적인 즐거움이나 기쁨이 없었다. 그러나 풍요와 다산을 상징하는 바알 숭배 의식은 축제처럼 즐겁고 화려하고 신바람이 났다.

엘리야 시대에는 참 신(神)인 하나님의 제사 의식과 다른 신(神)인

바알 숭배 의식이 대립했듯이 오늘날은 참 예수와 다른 예수, 참 복음과 다른 복음, 참 영과 다른 영의 역사가 대립하고 있다. 일찍이 사도 바울은 교회 안에 있는 다른 예수와 다른 복음과 다른 영의 역사를 용납하는 고린도 교회를 책망했다. "내가 하나님의 열심으로 너희를 위하여 열심을 내노니 내가 너희를 정결한 처녀로 한 남편인 그리스도께 드리려고 중매함이로다 그러나 나는 뱀이 그 간계로 하와를 미혹한 것같이 너희 마음이 그리스도를 향하는 진실함과 깨끗함에서 떠나 부패할까 두려워하노라 만일 누가 가서 우리가 전파하지 아니한 다른 예수를 전파하거나 혹은 너희가 받지 아니한 다른 영을 받게 하거나 혹은 너희가 받지 아니한 다른 복음을 받게 할 때에는 너희가 잘 용납하는구나"(고후 11:2~4).

하나님께만 신령과 진정으로 제사해야 했던 구약 이스라엘 백성 가운데 풍요와 다산을 상징하는 이방의 바알 의식이 범람했듯이 오늘날 신령과 진정의 예배에 풍요와 다산을 상징하는 이방의 기복주의가 만연해 있다. 기복주의 예배는 축제처럼 즐겁고 신바람이 난다. 그래서 그러한 예배 속에서는 자기를 부인하는 십자가가 보이지 않고, 하나님의 나라와 의를 위한다는 명분 아래 인생의 꿈과 비전, 인생의 부요와 성공이 하나님의 자리를 대신하고 있다.

오늘날 항상 달콤한 말을 하기 좋아하는 거짓 목회자들은 백성에게 신앙의 십자가 좁은 길을 제시하지 못한다. 그래서 그들은 영생을 얻기 위해 버리고 죽이고 달려가기를 힘쓰는 신앙인들을 만들어 내지 못하고, 단지 자기 인생의 목적을 위해 하나님의 이름을 팔며 죽기 아니면 살기로 부르짖는 가라지 신앙인들, 복술의 신앙인들을 만들어 낸다.

영생을 위해 달려가는 신앙인들에게 필요한 것은 의와 경건과 믿음과 사랑과 인내와 온유이지만(딤전 6:11~12) 인생의 꿈을 이루기 위해 신앙의 길을 달려가는 가라지 신앙인들에게 필요한 것은 긍정적 사고와 긍정적 입술의 시인이다.

지금 우리에게 가장 필요한 것은 인생의 꿈과 비전이 아니라 판에 새겨진 묵시의 말씀을 달려가면서도 읽을 수 있는 지혜이다. "내가 내 파수하는 곳에 서며 성루에 서리라 그가 내게 무엇이라 말씀하실는지 기다리고 바라보며 나의 질문에 대해 어떻게 대답하실는지 보리라 했더니 여호와께서 내게 대답해 이르시되 너는 이 묵시를 기록하여 판에 명백히 새기되 달려가면서도 읽을 수 있게 하라 이 묵시는 정한 때가 있나니 그 종말이 속히 이르겠고 결코 거짓되지 아니하리라 비록 더딜지라도 기다리라 지체되지 않고 반드시 응하리라 보라 그의 마음은 교만하며 그 속에서 정직하지 못하나 의인은 그의 믿음으로 말미암아 살리라"(합 2:1~4).

지금 이 시간 자기 인생의 내일이나 바라보고 소망하며 꿈꾸는 복술의 신앙인들이 판에 명백히 새겨진 묵시의 말씀을 읽을 수 있는 지혜를 가질 수 있다면 묵시의 정한 때를 알 수 있고, 속히 이르는 종말을 알 수 있고, 지체되지 않고 정녕히 응할 거짓되지 않은 하나님의 심판을 목도하게 될 것이다. 그것은 그 날에 의인은 그 믿음으로 말미암아 살게 될 것이기 때문이다.

창초의 에덴동산에서 생명나무의 자리를 탐해 그 곁에 유혹의 자태를 뽐내었던 선악을 알게 하는 나무! 바로 그 선악을 알게 하는 나무야말로 아담과 하와의 마음에서 생명나무이신 하나님의 자리를 대신 차지하려고 한 우상의 실체이다.

아담과 하와는 먹음직하고 보암직했던 선악나무를 바라보면서 자기들 욕심을 억제하지 못하고 저 열매만 쳐다보고 있으면 하나님 없이도 재미난 세상을 살 수 있을 것 같았고, 저 열매만 먹으면 하나님 없이도 풍요로운 삶을 살 수 있을 것 같았다. 그래서 그들은 그 탐욕의 열매를 먹고 자기들의 욕심을 충족시킬 수만 있다면 하나님 없이도 살 수 있는 지혜로운 존재가 될 수 있을 것 같았다.

지금도 세상과 재물이 아담과 하와의 후손인 우리 신앙인들을 먹음직하고 보암직한 탐욕으로 유혹하고 있다. 많은 신앙인이 하나님을 제일 우선으로 하며 산다고 말하면서도 세상에서 인정받으려 하고 칭찬받으려 하고 명성을 얻으려 하고 영향력을 발휘하려 하고, 인생의 꿈과 비전을 이루려 하고, 리더가 되려 하고, 부자가 되려 한다. 바로 이것은 세상의 부와 명성을 하나님과 더불어 사랑하는 탐욕의 마음을 제어하지 못했기 때문이다.

바로 이 같은 신앙들이 '세상에서 인정받고, 칭찬받고, 명성을 얻고, 영향력을 발휘하고, 리더가 되기만 하면, 그래서 세상에서 인생의 꿈을 이루고 비전을 성취하고, 부자가 되어 자신들의 욕구를 채우기만 하면 스스로 지혜롭게 되어 하나님 없이도 얼마든지 잘 먹고 잘살 수 있을 것이다.'라고 생각하는 자들이다.

고대 사람들은 문명이 발달하지 못하고 문화가 성숙하지 못했기 때문에 보이고 만져지는 것은 무엇이든지 신비롭고 경이롭게 보았다. 그래서 그것들을 경배하고픈 본성적 욕구가 있었다. 그 욕구를 떨쳐 버리지 못하고 이스라엘 백성은 야훼(Yahweh) 유일신 신앙을 떠나갔다.

보이는 이 세상 모든 만물이 이스라엘 백성에게는 우상이었고, 오늘 우리에게는 탐욕을 억제하지 못하고 쳐다보는 먹음직하고 보암직한 이 세상 모든 육신의 정욕과 안목의 정욕과 이생의 자랑이 우상이 되었다. 그러므로 사도 요한은 이에 대해 철저하게 경계를 했던 것이다. "이 세상이나 세상에 있는 것들을 사랑하지 말라 누구든지 세상을 사랑하면 아버지의 사랑이 그 안에 있지 아니하니 이는 세상에 있는 모든 것이 육신의 정욕과 안목의 정욕과 이생의 자랑이니 다 아버지께로부터 온 것이 아니요 세상으로부터 온 것이라 이 세상도, 그 정욕도 지나가되 오직 하나님의 뜻을 행하는 자는 영원히 거하느니라"(요일 2:15~17).

오늘 우리 삶 속에서 하나님 없이도 우리를 즐겁게 해 주는 그 무엇이 있다면, 우리를 행복하게 해 주는 그 무엇이 있다면, 우리를 든든하게 해 주는 그 무엇이 있다면, 우리를 살 만하게 해 주는 그 무엇이 있다면, 바로 그 무엇! 그 모든 것이 신약의 우상임을 명심해야 한다.

예수 그리스도는 하나님이시고 생명나무이시다. 그리고 선악을 알게 하는 나무는 생명나무 바로 곁에 있었다. 결국 하나님 곁에 우상이 있다. 그러므로 하나님 곁에 부모를 두어도, 하나님 곁에 처자를 두어도, 하나님 곁에 재물을 두어도 그것이 우상이 되기에 주님께서는 우리를 향해 자기를 부인하는 십자가를 지고 부모와 처자와 소유를 떠나라고 말씀하셨던 것이다.

엘리야가 이스라엘 백성을 향해 하나님과 바알 중 택일하라고 신앙의 결단을 촉구했듯이 요한계시록의 영원한 복음 또한 네가 어디서 떨어진 것을 생각하고 처음 행위를 가지라고 신앙의 결단을 촉구하고 있으며(계 2:5), 기독교인이라는 살았다 하는 이름은 가졌으나 하나님 보시기에 죽어 있는 우리를 향해 일깨워 남은바 그 죽게 된 것을 굳게 하라고 신앙의 결단을 촉구하고 있으며(계 3:2), 차든지 덥든지 하라고 신앙의 결단을 촉구하고 있다(계 3:15). 이 명령을 준행하기 위해서 우리는 내 마음 가운데서 하나님과 더불어 사랑하는 그 모든 것을 버리고 오직 하나이신 여호와 하나님만을 사랑해야 한다.

본향을 향한 우리의 여정이 아무리 힘들고 고통스럽다 할지라도 예수 그리스도의 말씀을 떠나왔던 처음 사랑의 지점까지 돌아가야 한다. 무너진 제단의 돌들이 치워졌던 그 지점에서 다시 새롭게 신앙의 기초 공사를 함으로 새롭게 마음의 제단을 수축해서 견고한 심령 성전을 건설해야 한다.

지금 우리는 나그네 인생길에서 잠시 잠깐 살 집을 준비할 때가 아니라 영원히 살 집을 준비해야 할 때이다. 영원히 살 집은 이 세상에 존재하지 않는다. 이제 우리, 성령의 영원한 전이 되어 하나님과 영원히 살 집으로 지어져 가자.

10.
미지근한 신앙은 신앙의 배도

하나님께서 호세아에게 말씀하셨다. "여호와께서 처음 호세아에게 말씀하실 때 여호와께서 호세아에게 이르시되 너는 가서 음란한 여자를 맞이하여 음란한 자식들을 낳으라 이 나라가 여호와를 떠나 크게 음란함이니라 하시니"(호 1:2). 여호와의 말씀대로 호세아는 디블라임의 딸 고멜을 취했고 그녀는 잉태해 아들을 낳았다(호 1:3).

왜 하필 하나님께서는 호세아에게 많고 많은 여인 중에 음란한 여인과 결혼을 하라고 하셨던 것일까? 그것은 바로 여호와를 떠나 행음한 이스라엘을 향한 하나님의 슬픈 사랑을 말씀하시기 위함이었다.

호세아는 이 결혼이 비극으로 끝나리라는 것을 어렴풋이 알고 있었지만, 장차 경험할 비극을 실감하지 못했기에 그저 하나님께서 명령하신 일이었으므로 말없이 순종했다. 그래도 호세아는 실낱같은 희망을 부여잡고 큰 기쁨으로 고멜과 결혼을 했고 신혼의 단꿈을 꾸었다. 그러나 호세아의 아내 고멜은 악한 품성을 버리지 못하고 간음이라는 큰 죄를 저지르고 말았다.

호세아는 고멜이 비록 음탕한 여인이었지만, 그래도 그녀가 음탕한 행실을 버리고 자신과 더불어 일생을 함께하는 여인이기를 소망했다. 그러므로 남편인 자신을 두고 아내 고멜이 다른 남자의 품에 안긴다는 것은 호세아에게는 차마 생각하기조차 싫은 가슴 아픈 일이 었다. 그러나 이제 이혼은 피할 수 없는 호세아의 아픈 결단이 되었다. 이때, 하나님의 말씀이 호세아에게 임했다. "너희 어머니와 논쟁하고 논쟁하라 그는 내 아내가 아니요 나는 그의 남편이 아니라 그가 그의 얼굴에서 음란을 제하게 하고 그 유방 사이에서 음행을 제하게 하라"(호 2:2).

결국, 남편 호세아의 곁을 떠나간 음란한 여인 고멜은 남편이신 하나님을 떠나간 음란한 아내 이스라엘을 상징한다. 하나님의 선민 된 특권을 가지고 있지만 하나님과 우상을 더불어 섬기는 음탕한 행실을 버리지 못하고 하나님 곁을 떠나갔던 구약 이스라엘 백성처럼, 오늘 우리도 외형으로는 예수 그리스도의 신부이지만, 그래서 그리스도인이라는 이름을 가지고 입으로는 하나님을 가까이하고 입술로는 하나님을 존경하고 있지만 마음으로는 이미 하나님을 떠나 세상을 연애하고 있다. 이러한 우리가, 호세아에게 호적은 두었지만 음란한 행실을 버리지 못해서 남편 호세아의 곁을 떠나갔던 음란한 아내 고멜이다.

야고보 선생은 성도가 세상과 벗 되고 짝해서 세상을 사랑하는 것은 하나님과 원수 되는 것이고 하나님께 간음의 죄를 짓는 것이라고 분명히 경고했다. "간음한 여인들아 세상과 벗된 것이 하나님과 원수 됨을 알지 못하느냐 그런즉 누구든지 세상과 벗이 되고자 하는 자는 스스로 하나님과 원수 되는 것이니라"(약 4:4).

호세아가 사역을 시작했던 시대의 특징은 한마디로 물질적으로는 풍요했으나 영적으로는 빈곤한 시대였다. 이스라엘 곳곳에서 율법의 제사는 수행되고 있었지만 동시에 우상에 대한 제사도 성행하고 있었다. 이에 대해 호세아 선지자는 다음과 같이 하나님의 아픈 마음을 전하고 있다. "음행과 묵은 포도주와 새 포도주가 마음을 빼앗느니라 내 백성이 나무에게 묻고 그 막대기는 그들에게 고하나니 이는 그들이 음란한 마음에 미혹되어 하나님을 버리고 음행했음이니라 그들이 산꼭대기에서 제사를 드리며 작은 산 위에서 분향하되 참나무와 버드나무와 상수리나무 아래에서 하니 이는 그 나무 그늘이 좋음이라 이러므로 너희 딸들은 음행하며 너희 며느리들은 간음을 행하는도다"(호 4:11~13). "그들이 양 떼와 소 떼를 끌고 여호와를 찾으러 갈지라도 만나지 못할 것은 이미 그들에게서 떠나셨음이라"(호 5:6).

이스라엘 백성이 범했던 음란한 신앙의 죄악은 그들이 하나님께 제사를 드리지 않았던 것이 아니라, 하나님께 제사를 드리기 위해서 양 떼와 소 떼를 이끌고 하나님을 찾으면서 동시에 이스라엘의 모든 산 위에서 우상을 숭배한 것이다.

오늘 교회 세대의 음란한 죄악 또한 하나님을 섬기지 않고 예수 그리스도를 믿지 않는 것이 아니라, 하나님을 섬긴다고 하면서 예수 그리스도를 믿는다고 하면서 교회에 출석하면서 동시에 세상과 재물을 겸해서 사랑하는 것이다.

열과 성을 다해 하나님만을 사랑해야 할 교회가 보암직하고 먹음직한 세상과 재물의 유혹을 이기지 못해서 하나님 안에서, 즉 말씀 안에서, 신앙 안에서, 예배 안에서는 기쁨과 행복을 느끼지 못하고 오히려 세상적 재미와 재물의 부요함 안에서 더 큰 기쁨과 행복을 느낀다. 하나님과 말씀과 예배와 신앙은 세상적 기쁨 다음이 되었고 재물에 대한 사랑 다음이 되어 버렸다.

바로 이런 신앙인들이 세상적 기쁨을 우상으로 삼은 자들이고, 재물의 부요함을 우상으로 삼은 자들이다. 이들은 하나님을 잠시 잊어버리고는 살아도 세상이 주는 재미를 잠시도 포기하고는 못 살고, 돈이 없이는 살 수 없다. 하나님보다 세상적 기쁨을 더 사랑하고, 하나님보다 돈을 더 두려워한다. 예배드리는 시간보다도, 말씀 읽는 시간보다도, 기도하는 시간보다도 더 즐거운 것이 이 세상에 있다면 바로 그것이 하나님 없이도 우리를 기쁘고 즐겁게 해 주는 우상이다.

처음 사랑을 잃어버리고는 천국 갈 수 없는데(계 2:4~5), 행위의 온전한 열매를 결실하지 않고서는 천국 갈 수 없는데(계 3:2~3), 차지도 덥지도 않은 미지근한 신앙으로는 천국 갈 수 없는데(계 3:15~16), 첫사랑을 잃어버린 것에 대해서는, 행위의 온전한 열매를 맺지 못한 것에 대해서는, 미지근해진 신앙을 가진 것에 대해서는 두려워하지 않으면서 돈이 없으면 겁이 나서 살 수 없을 것처럼 한 푼의 돈이라도 더 벌기 위해 노심초사하며 돈에 매여 사는 신앙인들! 그들에게 물질은 하나님보다 더 무섭고 두려운 존재이다.

매일 매일 반복되는 삶 속에서 그토록 많은 시간을 자신의 사업 구상에 몰두하면서도 하나님의 나라와 복음에 대해서는 염려하지 않는 신앙인들! 그토록 많은 시간을 세상 친구와 수다를 떨면서도 하나님과는 기도를 통해서 대화하기를 즐거워하지 않고 오히려 힘들어하는 신앙인들! 부모와 처자를 위해서는 어떻게 하면 그들을 더 안전하게 할까 평안하게 할까 염려하면서도 하나님의 나라와 복음을 위해서는 걱정하지 않는 신앙인들! 그토록 많은 시간을 TV 시청하고 인터넷을 하면서도 단 10분도 말씀을 읽지 않는 신앙인들! 이들이 바로, 호적은 하나님에게 두고서 마음은 이미 세상을 사랑한 음란한 신앙인, 즉 호적은 남편에게 두고 마음은 이미 타인을 사랑한 호세아의 음란한 아내 고멜이다.

하나님께서는 음란한 이스라엘 세대를 가리켜 다음과 같이 탄식하셨다. "나는 인애를 원하고 제사를 원하지 아니하며 번제보다 하나님을 아는 것을 원하노라 그들은 아담처럼 언약을 어기고 거기에서 나를 반역했느니라"(호 6:6~7).

이스라엘 백성이 하나님께 제사를 드리지 않았던 것이 아니다. 하나님께 번제를 드리지 않았던 것이 아니다. 문제는, 그들이 하나님께 제사를 드리기는 드리되, 번제를 드리기는 드리되 그들의 삶 속에 하나님을 사랑함이 없었고, 그들의 삶 속에 인애(仁愛)의 열매가 없다는 데 있다.

아무리 제사를 드리고, 아무리 번제를 드려도 하나님을 마음으로 사랑함이 없고 삶 속에 행위의 온전한 열매가 없다면 바로 그것이 아담처럼 언약을 어긴 신앙의 배약, 곧 신앙의 배도이다(호 6:7).

아담은 에덴동산 안에 있었지만 선악과 명령을 지키지 않으므로 벌거벗은 적신이 되었다. 그리고 그 벌거벗은 부끄러움을 가리기 위해 하나님의 면전을 피해 동산 나무 뒤에 숨었다. 이처럼 선악과 명령대로, 즉 하나님의 말씀대로 살지 않은 아담은 하나님 앞에서 벌거벗은 자가 되었다. 아담이 선악과 명령을 지켜 행하지 않은 것, 바로 그것은 하나님과의 언약을 파괴한 것이며, 바로 그것이 신앙의 배도이다.

여기서 우리가 다시 한번 기억할 것은 배도한 아담은 벌거벗은 상태가 되었다는 것이다. 그런데 주님께서는 "나는 부자라 부요하여 부족한 것이 없다."라고 하는 라오디게아 교회를 향해 미지근해서 뜨겁지도 않고 차지도 않으며(계 3:16) 벌거벗은 자들이라고(계 3:18) 책망하셨다.

라오디게아 교회가 벌거벗었다는 것은, 그들이 차지도 뜨겁지도 않고 미지근하다는 것은 바로 아담처럼 하나님의 언약대로 행하지 않았다는 것이고, 하나님의 말씀대로 행하지 않았다는 것이며, 그들이 배약, 즉 배도했다는 것이다. 그것은 언약을 어긴 아담이 벌거벗었듯이 라오디게아 교회도 주님께서 보시기에 벌거벗은 자들이었기 때문이다.

꿈을 이루는 것이 신앙의 열매가 아니다. 새벽기도, 철야기도, 금식기도 많이 해서 인생 문제 축복 응답 많이 받는 것이 신앙의 열매가 아니다. 하나님의 성경 말씀에 꿈이 있는 자는 망하지 않는다는 말은 한 구절도 없다. 그러나 하나님의 말씀은 계속해서 '죽어라, 떠나라, 돌아서라, 못 박으라, 부인하라, 나누어라, 베풀어라, 구제하라, 사랑하라, 심지어 목숨까지 버리라.'라고 말씀하신다.

오늘 나의 신앙이 미지근하다면 바로 그것은 내 신앙이 벌거벗은 신앙이라는 것이고, 미지근하고 벌거벗었다는 것은 하나님의 말씀대로 살지 않는 신앙의 배약 상태에 있다는 것이며, 이것이 바로 신앙의 배도이다.

에덴 안에서 아담은 하나님과의 언약을 배반했다. 이스라엘 백성도 제사를 드리고 번제를 드리면서 입으로는 하나님을 가까이하고 입술로는 하나님을 존경한다고 했지만 그들의 마음에는 하나님을 사랑함이 없었고 인애의 열매가 없었기에 하나님의 율법 안에서 하나님과의 언약을 배반한 자들이 되었다.

에덴 안에 있었던 아담이 선악과 명령을 어기고 언약을 배반한 자, 즉 신앙의 배도자가 되었듯이, 하나님의 율법 안에 있었던 구약 이스라엘 백성이 하나님의 율법을 어기고 언약을 배반한 자, 즉 신앙의 배도자가 되었듯이 오늘 우리도 예수 그리스도 안에 있다고 하면서, 복음 안에 있다고 하면서 차지도 뜨겁지도 않은 미지근한 신앙의 벌거벗은 자가 되어 말씀대로 사는 행위의 열매가 없기 때문에 하나님과의 언약을 배반한 자들이다.

미지근해서 벌거벗은 신앙인들! 그래서 신앙의 배도자가 된 오늘 우리가 명심해야 할 것은 그래도 그 옛날 선악과 명령을 어겼던 아담과 하와는 자기들의 벌거벗었음을 발견하기라도 했지만 오늘 우리는 자신이 신앙의 벌거벗은 자들이 되어 있음을 알지 못하고 소경이 되어 있다는 사실이다.

주님께서는 이처럼 벌거벗은 신앙의 수치를 보지 못하는 우리를 향해 말씀의 안약을 사서 발라 보게 하라고 책망하신다. "네가 말하기를 나는 부자라 부요하여 부족한 것이 없다 하나 네 곤고한 것과 가련한 것과 가난한 것과 눈먼 것과 벌거벗은 것을 알지 못하는도다 내가 너를 권하노니 내게서 불로 연단한 금을 사서 부요하게 하고 흰옷을 사서 입어 벌거벗은 수치를 보이지 않게 하고 안약을 사서 눈에 발라 보게 하라"(계 3:17~18).

아담처럼 언약을 어기고 말씀대로 살지 않는 오늘 우리는 말씀의 안약인 요한계시록 2장과 3장의 성령이 교회들에게 하시는 책망의 말씀을 겸허히 듣고 차든지 뜨겁든지 해야 하고, 벌거벗은 신앙의 수치를 가리고 의의 열매를 결실해야 한다.

하나님께서는 우리에게 의와 공변됨과 은총과 긍휼히 여김으로 영원히 장가들고자 하신다. 이에 대해 호세아서는 다음과 같이 하나님의 열망을 노래한다. "내가 네게 장가들어 영원히 살되 공의와 정의와 은총과 긍휼히 여김으로 네게 장가들며 진실함으로 네게 장가들리니 네가 여호와를 알리라"(호 2:19~20). 우리는 의의 열매를 맺고 하나님을 향한 진실한 사랑을 가져야 한다. 하나님의 말씀에 순종의 열매를 결실하는 진실한 사랑만이 의와 공변됨과 은총과 긍휼히 여김과 진실함으로 우리에게 장가들어 영원히 살고자 하시는 하나님의 사랑에 화답하는 길이다.

11.
교회에 요구되는 높은 수준의 신앙

　　주님께서 요한계시록 2장과 3장에서 에베소 교회와 두아디라 교회에 보낸 경고의 편지를 유념해서 살펴보면 하나님께서 우리 교회 세대에게 요구하시는 신앙의 수준이 얼마나 높은가를 알 수 있다.

　　요한계시록 2장과 3장에 보면 에베소 교회와 두아디라 교회가 주님으로부터 칭찬과 책망을 받는 이유에 있어서 서로 대조되는 점을 발견하게 된다.

　　에베소 교회는 비록 행위와 수고와 인내가 있었지만 처음 사랑의 행위가 없어서 주님께 책망을 받았다. 그러나 교회에 들어온 거짓 선지자들을 용납하지 않는 분별력 때문에는 칭찬을 받는다. "에베소 교회의 사자에게 편지하라 오른손에 있는 일곱 별을 붙잡고 일곱 금 촛대 사이를 거니시는 이가 이르시되 내가 네 행위와 수고와 네 인내를 알고 또 악한 자들을 용납하지 아니한 것과 자칭 사도라 하되 아닌 자들을 시험하여 그의 거짓된 것을 네가 드러낸 것과 또 네가 참고 내 이름을 위하여 견디고 게으르지 아니한 것을 아노라 그러나 너를 책망할 것이 있나니 너의 처음 사랑을 버렸느니라"(계 2:1~4).

　　반면, 두아디라 교회는 사업과 사랑과 믿음과 섬김과 인내에 있어서 나중 행위가 처음보다 많아져서 칭찬을 받았다. 그러나 자칭 선지자인 이세벨을 용납함으로 책망을 받는다. "두아디라 교회의 사자에게 편지하라 그 눈이 불꽃 같고 그 발이 빛난 주석과 같은 하나님의 아들이 이르시되 내가 네 사업과 사랑과 믿음과 섬김과 인내를 아노니 네 나중 행위가 처음 것보다 많도다 그러나 네게 책망할 일이 있노라 자칭 선지자라 하는 여자 이세벨을 네가 용납함이니 그가 내 종들을 가르쳐 꾀어 행음하게 하고 우상의 제물을 먹게 하는도다"(계 2:18~20).

이처럼 에베소 교회는 비록 처음 사랑은 잃어버렸지만 잘못된 교훈들과 거짓 선지자들을 확실히 배척했다. 그러나 두아디라 교회는 처음 사랑의 행위를 잃어버리지 않았지만 거짓 선지자 이세벨과 그의 교훈을 분별하지 못하는 미혹에 빠져 있다.

여기서 우리는 주님께서 교회 세대에게 요구하시는 높은 신앙의 기준을 발견하게 된다. 어느 것 하나도 모자람이 없는, 즉 처음 사랑도 잃어버리지 말아야 하고, 거짓 선지자도 분별해서 배척해야 한다.

예를 들어 100점 만점에 95점을 받아야 서울대학에 진학할 수 있는데 50점을 받아도 서울대학에 진학할 수 있다고 지도하는 담임 선생님이 있다면 그 선생님이 과연 정상인가? 천국 입시 준비는 대학 입시 준비보다도 더 철저해야 한다. 그런데 오늘날 많은 거짓 선생들이 천국 커트라인을 너무 낮게 책정해서 지금 교회는 신앙의 잠에 빠져 있다.

천국 커트라인을 한없이 낮게 책정해서 이 사람도 천국 갈 수 있고 저 사람도 천국 갈 수 있다는 가르침이 가장 무서운 거짓말이고 가장 무서운 거짓 예언이다. 그것은 천국 갈 그릇이 안 되는 사람을 천국 갈 수 있다고 예언했기 때문이다.

서울대학 입학 커트라인을 낮게 책정해서 충분한 준비를 시키지 못한 담임 선생님이 정상이 아니듯이 천국 커트라인을 한없이 낮게 책정해서 교인들을 흠도 점도 없는 예수 그리스도의 신부로 예비시키지 못하는 담임목사들도 정상이 아니다. 사도 베드로는 주의 날에 그분 앞에 흠도 점도 없이 평강 가운데 나타나기를 힘쓰라고 했다. "그러므로 사랑하는 자들아 너희가 이것을 바라보나니 주 앞에서 점도 없고 흠도 없이 평강 가운데서 나타나기를 힘쓰라"(벧후 3:14).

에베소 교회와 두아디라 교회에 보낸 편지를 보면 주 앞에서 흠도 점도 없이 평강 가운데 나타나기 위해서 우리는 처음 사랑의 행위도 잃어버려서는 안 되고, 주님의 이름을 위해 견디고 게으르지 않은 신앙을 지속시켜야 하며, 사랑과 믿음과 섬김의 열매가 나날이 풍성해져야 하며, 또한 잘못된 교훈을 용납해서도 안 되고, 잘못된 교훈을 설파하는 거짓 선지자들은 더더욱 용납해서 안 된다.

이 중에 하나라도 미흡하다면 우리는 주님으로부터 버림받을 수 있다. 주님께서는 에베소 교회를 향해서는 촛대를 옮기겠다는 말씀으로, 두아디라 교회를 향해서는 사망으로 너희 자녀들을 죽이겠다는 말씀으로 경고하신다. "그러므로 어디서 떨어졌는지를 생각하고 회개하여 처음 행위를 가지라 만일 그리하지 아니하고 회개하지 아니하면 내가 네게 가서 네 촛대를 그 자리에서 옮기리라"(계 2:5). "또 내가 사망으로 그의 자녀를 죽이리니 모든 교회가 나는 사람의 뜻과 마음을 살피는 자인 줄 알지라 내가 너희 각 사람의 행위대로 갚아 주리라"(계 2:23).

오늘 우리에게는 에베소 교회가 가졌던 행위와 수고와 인내가 있는가? 에베소 교회는 주님으로부터 오늘 우리 교회 세대가 감히 듣기 어려운 칭찬을 들었다. 그들에게는 행위도 있었고, 수고도 있고, 인내도 있고, 복음의 교리를 수호하기 위한 열정도 있고, 주의 이름을 위해 참고 견디고 게으르지 않은 신앙의 근면도 있다. 그런데도 그들이 주님으로부터 경고를 들었던 것은, 그 많은 신앙의 행위 가운데 처음 사랑의 행위가 없었기 때문이다. 사랑의 행위가 없어서가 아니라 처음 사랑의 행위와 같지 않다는 것, 바로 그것이 그들이 생명나무 과실을 먹을 수 없는 비극의 시작이 되었다. 그러므로 우리의 구원은 두렵고 떨림으로 이루어 가는 것이고(빌 2:12), 흠도 점도 없이 평강 가운데 나타나기를 힘써야 하는 필생의 싸움이다(벧후 3:14).

에베소 교회가 비록 과거에 행위와 수고와 인내가 있었고, 복음의 순수한 교리를 지켜내려는 열정이 있었고, 자기 인생을 위해서가 아니라 주의 나라와 의를 위해서 참고 견디고 게으르지 않았다 할지라도 어느 한 시점에 그 열정적 행위의 사랑이 식어 버렸다면, 그리고 바로 그 시간에 예수 그리스도께서 오신다면 그들은 버림받게 된다. 그러므로 이 시간까지 우리에게 주의 나라와 복음을 위한 행위와 수고와 인내와 참고 견디고 게으르지 않은 신앙의 열매가 에베소 교회보다도 없다면 과연 우리가 구원받을 수 있겠는가? 어쩌면 오늘 우리는 회복해야 할 신앙의 처음 사랑조차도 없었던 신앙인들인지 모른다.

이제 두아디라 교회를 살펴보자. 주님께서는 두아디라 교회를 향해 네 사업과 사랑과 섬김과 인내를 안다고 하셨다(계 2:19). 두아디라 교회가 행했던 사업은 교회부지 확보 사업, 예배당 건물 신축 사업이 아니라 사랑하고 섬기고 인내하는 선행의 사업이다. '섬김'은 두아디라 교회의 구제 사업을 의미하고, '인내'는 그리스도를 바라보면서

이 세상의 고난 가운데서 끝까지 선을 행하며 천국 소망을 잃지 않는 것을 의미한다. 결국 두아디라 교회의 사업의 핵심은 믿음 소망 사랑이었다. 그러나 두아디라 교회의 치명적인 문제점은 믿음 소망 사랑의 나중 행위가 처음보다 많아졌음에도 자칭 선지자 여자 이세벨을 용납한 것이다(계 2:20). 두아디라 교회는 사탄의 깊은 것을 알지 못하는 영적 어두움에 쌓여 거짓 선지자 이세벨의 거짓 교훈에 "아멘! 아멘!"하고 있다.

이세벨의 이름은 구약 엘리야 선지자 시대에도 등장한다. 구약의 이세벨은(주전 874~853) 시돈 왕의 딸로서 북이스라엘 왕국의 7대 왕인 아합왕의 왕비였다. 그녀는 우상 바알을 끌어들여 이스라엘 백성 가운데 우상 숭배가 만연하게 했고, 종교 제의와 관련한 음행을 퍼뜨렸다(왕상 16:31; 21:25; 왕하 9:7). 이세벨로 말미암아 이스라엘은 하나님도 섬기고 바알도 섬기는 종교 혼합주의에 빠져들었다(왕상 18:21). 이처럼 엘리야 때에 아합왕의 왕비였던 이세벨이 이스라엘 가운데 종교 혼합주의를 퍼뜨렸듯이 두아디라 교회에 들어온 자칭 선지자 여자 이세벨도 음행의 교리를 교회 안에 퍼뜨려 교회의 복음을 변질시켰다.

두아디라 지방은 교통의 요충지로서 비록 작은 도시였지만 염색 산업이 크게 번창한 상공업 도시로 자유분방한 곳이었다. 염색 공업의 발달로 동업 조합들이 많이 생겨났는데 조합원들의 친목 도모를 위해 연회가 종종 개최되었다. 그런데 이 연회에 베풀어지는 음식들이 신당에서 우상 숭배를 위해 바쳐졌던 제물들이었다. 그리고 조합원들이 이 우상 숭배 의식에 참여하지 않거나, 또는 연회에 참석해서 우상의 제물로 함께 친목을 나누지 않으면 상거래에 막대한 제약을 받고 불이익을 당했다. 그래서 교인 중에도 생계를 유지하기 위해 이에 응하는 사람들이 많아졌다.

이와 같은 상황에서 경제적 이권을 유지하려는 세속화된 교인들 때문에 우상을 철저하게 배척하지 않아도 우리는 이미 구원받은 천국 백성이라고 가르치는 자칭 선지자 이세벨의 음란한 교훈이 두아디라 교회 안에 가만히 들어왔던 것이다. 이세벨의 교훈은 세상과의 타협을 정당시하는 음행의 가르침이다. 그러나 신앙은 아무리 우리에게 생계의 고통이 다가온다 할지라도 세상과의 타협을 용납하지 않는다.

오늘날도 죄악 된 세상에서의 경제적 번영과 이득을 추구하는 신앙인들의 구미를 맞추기 위해서 하나님의 십자가 복음을 변질시킨 세속적인 기복주의 가르침들이 교회 안에 침투해 들어왔다. 그래서 하나님의 말씀이 세상의 처세술과 혼음이 되고, 세상의 성공 신화로 혼잡해지고, 주를 기다리는 인내의 소망이 이 땅에서의 꿈의 성취를 긍정적 마인드로 기다리는 세속적인 인내로 변질되었다.

지금 교회 안에는 거짓 선지자들이 하늘에서 끌어내린 복술의 뜨거운 불(계 13:13)들이 활활 타오르고 있다. 그런데도 우리 기독교는 복술의 목회자들이 퍼뜨린 세속화된 교훈에 대해 속으로는 '하나님의 말씀이 이래서는 안 되는데!' 하면서도 아무런 비판도 하지 못하고 묵인하는 무책임의 죄를 저질러 왔다.

하나님의 나라와 의를 향한 믿음 소망 사랑의 행위가 많아져도 잘못된 선지자와 그들의 음행의 교훈을 수용하면 하나님의 백성이 두아디라 교회처럼 주님으로부터 사망의 재앙을 당하게 되는데, 잃어버릴 처음 사랑의 행위조차도 없는 지금 교회가 그것도 모자라 기복

주의 목회자들의 세속화된 복음까지 용납한다면, 그 결국이 어떻게 되겠는가?

사탄의 깊은 것을 알지 못하는 교회가 영적으로 방심하는 가운데 교회 안에 가만히 들어온 원수의 세력인 이세벨과 행음한 목회자들, 즉 이세벨의 교훈을 수용해서 가르치는 복술의 목회자들을 용납하고 그들의 세속화된 교훈을 용납하는 것보다 더 큰 죄는 없다.

복술의 목회자들! 기복주의 목회자들! 이들이 바로 주인의 밭인 교회 안에 가라지를 심는 기독교의 원수이고, 복음의 원수이고, 성령의 원수이고, 예수 그리스도의 원수이다. 우리는 고귀한 복음의 본질을 더럽혀서는 안 된다. 그리고 그러한 죄를 하찮게 여기고 대충대충 묵인해서도 안 된다.

두아디라 교회에 보낸 편지는 그 옛날 두아디라 교회에만 보낸 편지가 아니다. 그것은 주님께서 두아디라 교회에 말씀하시면서 '모든 교회'를 향해 말씀하시고 있기 때문이다. "또 내가 사망으로 그의 자녀를 죽이리니 모든 교회가 나는 사람의 뜻과 마음을 살피는 자인 줄 알지라 내가 너희 각 사람의 행위대로 갚아 주리라"(계 2:23). 그러므로 두아디라 교회는 모든 교회를 예표한다. 두아디라 교회에 편지가 보내어진 목적은 심판의 주로 오실 재림의 주님을 기다리면서 교회 세대가 어떠한 모습으로 존재하고 대처해야 하는지를 보여주기 위함이다.

우리가 기다리는 재림의 주는 "OO야 나는 네가 보고 싶어서 왔다."라고 하시면서 예쁜 발로 걸어오시는 것이 아니라, 그 눈이 모든 심령을 꿰뚫어 보는 불꽃 같고 그 발이 빛난 주석 같은 심판의 주님으로 오신다. "두아디라 교회의 사자에게 편지하라 그 눈이 불꽃 같고 그 발이 빛난 주석과 같은 하나님의 아들이 이르시되"(계 2:18).

불꽃 같은 주님의 눈앞에서 처음 사랑의 열정을 잃어버린 행위와 수고와 인내는 용납될 수 없으며, 아무리 믿음 소망 사랑의 행위가 뛰어나고 넘쳐난다고 할지라도 거짓 선지자와 그들의 세속화된 음행의 교훈을 받아들인 신앙의 죄악은 용납될 수 없다.

에베소 교회 모두가 천국 가는 것이 아니다. 에베소 교회 교인들 가운데 신실한 신앙의 이긴 자들만이 생명나무의 과실을 먹게 될 것이다. "귀 있는 자는 성령이 교회들에게 하시는 말씀을 들을지어다 이기는 그에게는 내가 하나님의 낙원에 있는 생명나무의 열매를 주어 먹게 하리라"(계 2:7). 두아디라 교회 모두가 천국 가는 것이 아니다. 두아디라 교회 가운데 신실한 신앙의 이긴 자들만이 새벽 별이신 예수 그리스도를 영원히 소유하게 될 것이다. "이기는 자와 끝까지 내 일을 지키는 그에게 만국을 다스리는 권세를 주리니 그가 철장을 가지고 그들을 다스려 질그릇 깨뜨리는 것과 같이 하리라 나도 내 아버지께 받은 것이 그러하니라 내가 또 그에게 새벽 별을 주리라"(계 2:26~28).

새벽 별은 아직도 밤의 짙은 그림자가 널리 깔려 있을 때 나타나 어두움의 퇴각을 알려 준다. 오늘 이 세대는 믿음의 빛이 사라져 가고, 사랑의 빛이 사라져 가고, 헌신의 빛이 사라져 가고, 소망의 빛이 사라져 가는 신앙의 짙은 어두움 가운데 있다. 그러나 이것이 절망은 아니다. 왜냐하면 예수 그리스도께서 이 땅에 오시는 유일한 징조가 이 땅에 어두움이 짙어 오는 때이다. "여호와께서 아시는 한 날이 있으리니 낮도 아니요 밤도 아니라 어두워 갈 때에 빛이 있으리로다"(슥 14:7).

이제 이 신앙의 어두움을 뚫고 새벽 별이신 예수 그리스도께서 심판의 주로 이 땅에 강림해 오실 것이다. 새벽 별이신 예수 그리스도께서 이 땅에 오시기 전에 신앙의 어두움이 짙어 갈 것이기에 주님께서는 인자가 올 때에 세상에서 믿음을 보겠느냐고 하셨던 것이다. 그러므로 믿음이 방종해지고, 믿음이 해이해지고, 믿음이 변질되어 믿음의 빛이 사라져 간다는 것은 예수 그리스도의 빛이 이 땅에 나타나게 될 것에 대한 분명하고도 확실한 징조이다. "보라 어둠이 땅을 덮을 것이며 캄캄함이 만민을 가리려니와 오직 여호와께서 네 위에 임하실 것이며 그의 영광이 네 위에 나타나리니 나라들은 네 빛으로, 왕들은 비치는 네 광명으로 나아오리라"(사 60:2~3).

이제 하나님과 어린 양이 성전이 되시며 해나 달의 비췸이 쓸데없는 위대한 빛의 세계가 도래하고 있다. 이 소망 가운데 꺼져 가는 믿음의 빛을 찬란하게 밝히는 신앙의 이긴 자들이 되어야 할 것이다.

12.
서기관들과 바리새인들의 신앙보다 못한 라오디게아 교회의 신앙

우리는 유대인들의 종교 지도자들인 서기관들과 바리새인들에 대해서 편견을 가지고 '그들은 도대체 신앙생활을 어떻게 했기에 그토록 주님으로부터 책망을 받았을까?'라고 생각한다. 그래서 그들보다는 우리가 좀 나은 신앙인이라고 여기면서 그들은 잔치의 상석에나 앉기 좋아하고 시장에서 문안받기를 좋아했던 허울뿐인 신앙인들로서 정말 형편없는 구제 불능의 입술뿐인 신앙의 외식자들이라고 생각한다.

주님께서 서기관들과 바리새인들을 가리켜 잔치의 상석에나 앉기 좋아하고 시장에서 문안받기를 좋아하는 자들이라고 책망하셨던 것은 그들의 엄청난 권위 의식을 책망하기 위한 풍유적 표현이다. 그러므로 오늘 목회자들도 주님께서 명하신 제자도(눅 14:26~27, 34)는 철저하게 행하지 않으면서 목회자랍시고 잔치의 상석에나 앉기 좋아하고 시장에서 문안받기 좋아한다면 서기관들과 바리새인들처럼 독사의 새끼들로 책망받게 될 것이다.

서기관들과 바리새인들, 그들 계보의 시작은 바벨론 포로귀환민들에게 하나님의 율법의 개혁 운동을 주도했던 학사 에스라이다. 이

후 그들은 구약의 적그리스도인 헬라 제국의 황제 안티오쿠스 에피파네스에 의해 하나님의 성전 예배가 처참하게 유린당할 때 목숨을 걸고 율법의 신앙을 지켜 내었던 이스라엘 종교의 살아 있는 전설들이다.

그들이야말로 말라기 선지서 이후, 즉 하나님의 묵시가 봉함된 이후에 이스라엘 종교에 빛을 밝혔던 훌륭한 신학자들이었고, 충성된 목사들이었고, 열정적인 전도자들이었고, 헌신된 직분자들이었고, 위대한 순교자들이었다. 그들이 없었다면 야훼 종교가 존속될 수 없었다. 하나님의 율법이 보존될 수 없었고, 하나님의 율법이 이스라엘 백성들에게 그토록 철저하게 가르쳐질 수 없었다.

문제는 그들이 율법의 본질을 올바로 해석하지 못하고 백성에게 올바로 가르치지 못하고 자신들도 율법을 지켜 행하지 않은 것이 지울 수 없는 허물이었다. 그래서 주님께서는 율법의 본질을 올바로 가르치지 못하는 서기관들과 바리새인들의 잘못된 목회에 대해 다음과 같이 책망하셨다. "그냥 두라 그들은 맹인이 되어 맹인을 인도하는 자로다 만일 맹인이 맹인을 인도하면 둘이 다 구덩이에 빠지리라 하시니"(마 15:14).

오늘날도 아무리 신학을 공부하고 아무리 하나님의 말씀을 교회에게 가르친다고 해도 그 목회자의 삶 속에 철저한 제자도가 없고 또한 교회에게 철저한 제자도를 가르치지 않는다면 가르치는 자나 배우는 자나 모두 영적 소경 된 자이다. 그들의 결국은 외식하는 자의 받는 율(律)을 따라 심판을 받게 될 것이다(마 24:51).

서기관들과 바리새인들에 의해서 하나님의 율법의 지식이 이스라엘 동네 구석구석까지 전파될 수 있었다. 오늘날의 선교사들처럼 수없이 많은 서기관과 바리새인들이 이스라엘 동네 구석구석을 다니며 하나님의 율법을 강론했다. 이들에 의해서 성전 중심의 제사 문화가 회당 중심의 예배 문화로 바뀌게 되었고, 이스라엘 전역에 세워진 예배당 건물인 회당에서 하나님의 율법의 말씀이 강론되고 말씀 중심의 예배 문화가 정착되어 갔다.

오늘날의 예배는 서기관들과 바리새인들의 회당 예배에서 비롯되었고, 예배당 건물은 서기관들과 바리새인들의 회당 건물에서 비롯되었고, 예배 절차는 서기관들과 바리새인들의 회당 예배 절차에서 비롯되었고, 말씀 강론 중심의 신앙 교육은 서기관들과 바리새인들의 회당에서의 율법 강론 중심의 신앙 교육에서 비롯되었다.

오늘 우리야 온갖 인생 문제를 예배당에 들고 와서 방석 깔고 앉아 "여호와 하나님! 여호와 하나님!"이라고 목놓아 소리치지만, 서기관들과 바리새인들은 너무나 하나님을 경외한 나머지 감히 야훼 하나님의 이름을 부르지 못하고 일생 야훼 하나님을 '아도나이'(주, 主)라고만 고백했던 하나님에 대해 지극한 경외심을 가진 사람들이었다.

만약 로마 제국이 황제의 동상을 예루살렘 시내에 세우고자 했다면 그들 모두는 목숨을 버리고 황제의 동상 건립을 반대했을 것이다. 아마 그들도 로마 황제가 오늘날의 사학법과 같은 것을 재개정하고자 했다면 모두가 머리 밀고 최소한 오늘 우리보다는 더 격렬하게 데모했을 사람들이다.

서기관들과 바리새인들은 일생 세 가지 신앙의 훈련을 통해 하나님을 섬기려 했다. 그 세 가지 신앙의 철저한 훈련은 기도와 금식과 구제였다. 그래서 그들은 기도를 많이 했고, 금식도 많이 했으며, 구제에도 열심이었다.

오늘날 예배당 건물 안에는 건축헌금 봉투는 있어도 구제헌금 봉투는 찾아보기 힘들다. 서기관들과 바리새인들이 주도했던 회당에는 연보궤가 있었다. 이 연보궤는 회당 부지를 사기 위한 것도, 회당 건물을 건축하기 위한 것도, 회당 건물 인테리어를 위한 것도 아니었다. 그것은 율법이 명한 대로 고아와 과부를 돌아보기 위한 헌금함이었다. 어떻게 보면 오늘 우리보다도 고아와 과부 곧 어려운 이웃에게 더 많은 사랑을 실천했다. 이처럼 서기관들과 바리새인들이 연보궤에 헌금을 한다고 해서 십일조 생활을 등한시했는가? 그렇지 않다. 그들은 오늘 우리보다도 더 철저한 십일조 생활을 했다.

그들의 철저한 십일조 생활을 잘 요약해 주는 말씀이 '박하와 회향과 근채의 십일조'이다(마 23:23). 그들은 채소의 잎사귀 하나까지 철저히 계산해 십일조를 드렸고, 십일조를 구별하기 전에는 어떠한 음식도 먹지 않았으며, 십일조를 구별하지 않고는 어떠한 가계 지출도 용납하지 않았다. 이렇게 철저한 십일조를 하고 나름대로 구제도 열심히 했기 때문에 그들은 하나님 앞에서 너무나 떳떳한 의인으로 자처했다. 그러나 하나님의 율법이 요구하는 사랑의 계명은 그들이 생각했던 것보다도 더 높고 더 철저하고 더 많은 것을 나누고 베풀어야 할 것을 명령한다. 그래서 주님께서는 그들의 부족한 사랑의 행위를 정죄하시면서 다음과 같이 말씀하셨다. "화 있을진저 외식하는 서기관들과 바리새인들이여 너희가 박하와 회향과 근채의 십일조는 드리되 율법의 더 중한바 정의와 긍휼과 믿음은 버렸도다 그러나 이것도 행하고 저것도 버리지 말아야 할지니라"(마 23:23).

하나님의 율법이 명하고 구현하고자 했던 참된 사랑의 삶은

'의와 인과 신'으로 요약된 '안식년 법과 희년 법'(레 25:8~13; 신 15:12~15)을 지킴으로 그 성취의 절정을 이룬다. 의와 인과 신은 서기관들과 바리새인들이 드렸던 박하와 회향과 근채의 십일조보다도, 그들이 연보궤에 넣었던 다소 얼마의 구제헌금보다도 더 많은 사랑의 헌신을 요구한다.

주님께서 말씀하셨다. 내가 율법이나 선지자를 폐하러 온 줄로 생각하지 말라고. 주님께서는, 당신이 이 땅에 오신 목적이 율법을 폐하려 함이 아니라 완전케 하려 함이라고 하셨다. 그리고 천지가 없어지기 전에는 율법의 일점일획이라도 없어지지 않고 다 이루어질 것인즉, 이 계명 중에 지극히 작은 것 하나라도 버리지 말고 지키라고 명하시면서 너희 의가, 즉 제자들의 의가 서기관들과 바리새인들보다 더 낫지 못하면 결단코 천국에 들어가지 못할 것이라고 경고했다. "내가 율법이나 선지자를 폐하러 온 줄로 생각하지 말라 폐하러 온 것이 아니요 완전하게 하려 함이라 진실로 너희에게 이르노니 천지가 없어지기 전에는 율법의 일점일획도 결코 없어지지 아니하고 다 이루리라 그러므로 누구든지 이 계명 중의 지극히 작은 것 하나라도 버리고 또 그같이 사람을 가르치는 자는 천국에서 지극히 작다 일컬음을 받을 것이요 누구든지 이를 행하며 가르치는 자는 천국에서 크다 일컬음을 받으리라 내가 너희에게 이르노니 너희 의가 서기관과 바리새인보다 더 낫지 못하면 결코 천국에 들어가지 못하리라"(마 5:17~20).

이제 주님의 제자들은 서기관들과 바리새인들이 가졌던 율법의 의보다도 훨씬 더 큰 예수 그리스도의 의를 소유하게 되었다. 그리고 이 큰 의를 소유하게 된 제자들의 삶을 사도행전은 다음과 같이 증언한다. "사람마다 두려워하는데 사도들로 말미암아 기사와 표적이 많이 나타나니 믿는 사람이 다 함께 있어 모든 물건을 서로 통용하고 또 재산과 소유를 팔아 각 사람의 필요를 따라 나눠 주며 날마다 마음을 같이해 성전에 모이기를 힘쓰고 집에서 떡을 떼며 기쁨과 순전한 마음으로 음식을 먹고 하나님을 찬미하며 또 온 백성에게 칭송을 받으니 주께서 구원받는 사람을 날마다 더하게 하시니라"(행 2:43~47). "믿는 무리가 한마음과 한뜻이 되어 모든 물건을 서로 통용하고 자기 재물을 조금이라도 자기 것이라 하는 이가 하나도 없더라 사도들이 큰 권능으로 주 예수의 부활을 증언하니 무리가 큰 은혜를 받아 그중에 가난한 사람이 없으니 이는 밭과 집 있는 자는 팔아 그 판 것의 값을 가져다가 사도들의 발 앞에 두매 그들이 각 사람의 필요를 따라 나누어 줌이라"(행 4:32~35).

바로 이것이 서기관들과 바리새인들이 가졌던 율법의 의보다도 더 큰 예수 그리스도의 의를 소유한 초대 교회의 삶이다. 바로 이 삶이 서기관들과 바리새인들이 드렸던 박하와 회향과 근채의 철저한 십일조에 더해 율법의 더 중한바 의와 인과 신을 실천하는 사랑의 완전한 삶이다.

그런데 이처럼 빛나고 찬란했던 초대 교회의 삶이 100년도 채 못 미쳐 주님으로부터 엄청난 책망을 받기에 이르렀는데 바로 그 책망이 라오디게아 교회를 향한 하나님의 경고이다. 서기관들과 바리새인들은 주님으로부터 교만한 자들이라고 정죄 받았고 맹인들이라고 정죄 받았다. 그런데 라오디게아 교회도 주님으로부터 서기관들과 바리새인들이 받았던 것과 같은 책망의 경고를 받고 있다. "네가 말하기를 나는 부자라 부요하여 부족한 것이 없다 하나 네 곤고한 것과 가련한 것과 가난한 것과 눈먼 것과 벌거벗은 것을 알지 못하는도다"(계 3:17).

라오디게아 교회는 서기관들과 바리새인들처럼 신앙의 부자로 자처하고 있었지만 무려 다섯 가지나 되는 신앙의 죄악 때문에 주님께 책망을 받았다. 서기관들과 바리새인들처럼 그들의 신앙은 주님 보시기에 눈먼 맹인 되었음을 물론이고 곤고하고 가련하고 가난했다. 심지어 벌거벗고 다니고 있다. 그 옛날 아담과 하와는 자신들의 벗었음을 보고 하나님의 면전을 피해 숨기라도 했지만 라오디게아 교회는 벗은 줄도 모르고 돌아다니고 있으니 그들의 영적 비참함은 가히 정신병자 수준이 되어 있다.

신앙의 외식은 온전하지 못한 자신의 신앙을 온전한 신앙으로 착각하고 자랑하는 것이다. 라오디게아 교회는 서기관들과 바리새인들처럼 주님 보시기에 신앙의 외식자들이다. 그로부터 2천여 년의 세월이 흐른 지금 우리는 어떤 신앙의 사람들인가? 스스로 부요하여 부족한 것이 없다고들 하지만, 주님 보시기에는 합당한 행위의 흰옷(계 3:2, 4, 18)을 입지 않고 벌거벗고 돌아다닌다.

지금 우리에게 필요한 것은 꿈과 긍정이 아니라 흰옷이 상징하는 합당한 행위이다.

13.
주님의 멍에를 메고
참된 평안의 쉼을 누리는 삶

주님께서는 당신 안에 진정한 자유와 기쁨과 쉼이 있기에 수고하고 무거운 짐 진 자들에게 모두 내게로 오라고 하셨다. 그리고 와서 당신의 멍에를 메고 당신에게 배우라고 하셨다(마 11:18~29). 그러므로 우리 신앙인이 주님 안에서 쉼을 얻는 방법은 힘들게 분양대금 지불하고 꿈꿨던 넓은 집으로 이사 가서 누리는 안락함이 아니라 주님의 말씀의 멍에를 메고 그 말씀대로 살아가는 십자가의 삶 안에서 소유하게 되는 기쁨과 평안과 안식이다.

주님께서 판단하시는 인간의 슬픔과 탄식의 원인은 가난의 짐이 아니라 죄악의 짐이다. 그러므로 주님께서는 가난의 짐, 실패의 짐을 지고 가는 인생을 불쌍히 보시는 것이 아니라 죄악의 짐을 지고 가는 인생을 불쌍히 보신다.

죄악의 짐을 지고 있는 우리를 부르시며 당신의 멍에를 메고 당신에게 배우라고 하셨던 것은 우리에게 인생 최고의 목적과 의미와 가치관을 가르쳐 주시기 위함이다. 따라서 우리는 주님의 말씀을 배우고 주님의 말씀대로 사는 순종의 삶 안에서 진정한 자유와 기쁨과 쉼을 누려야 한다.

우리로 천국 가지 못하도록 주님을 부인하게 하고 주님을 따르지 못하게 하는 가장 무서운 대적은 로마 황제 네로와 같은 세상의 무서운 핍박자가 아니라 너무나 재미난 세상의 유혹이다. 그런데 안타깝게도 우리 신앙인들이 세상 사람과 다를 바 없는 삶의 목적과 의미와 가치관을 가지고 세상일로 바쁘고 세상 재미에 푹 빠져 있다.

오늘날 우리 주위에는 재미있는 세상일과 세상 친구가 너무나 많고, 바쁘고 분주한 세상일이 너무나 많다. 그러므로 우리 신앙인의 비극은 국가 정치 경제의 위기 속에 살기 때문이 아니라 믿음의 정절을 지키기가 너무나 힘든 유혹 많은 세상에 살고 있다는 것이다.

사람들은 돈을 모으고, 돈을 불리고, 돈을 투자하고, 돈을 영원히 소유하고자 생의 피와 땀을 쏟아붓는다. 그것은 돈이 우리 인간에게 전능한 하나님이 되어 모든 문제를 해결해 줄 수 있을 것 같기 때문이다.

사람들은 빽을 갖고 권력을 잡기 위해 야단이다. 그래서 사냥개처럼 코를 킁킁거리며 권력의 뒤를 쫓아다닌다. 그것은 빽이 있어야 자신의 물질적 이득을 영구화시키고 빽이 있어야 자신들의 자리를 오랫동안 보존할 수 있기 때문이다.

사람들은 1분 먼저 가기 위해, 1분 먼저 차지하기 위해, 1분 먼저 올라가기 위해 스피드에 자기들의 목숨을 건다. 그래서 그 1분을 아끼기 위해 모든 것을 투자하고 모든 수단을 동원하고 신호 위반도 서슴지 않고 심지어 중앙선까지 침범해서 하나뿐인 목숨을 헛되이 잃기도 한다.

그런데 많은 사람이 목숨 걸고 그 1분을 아껴서 그 아낀 1분을 어디에 사용하는가? 의미 있게 쓰기도 하겠지만 술 먹고 흥청망청하는

데 쓰고, 친구 만나서 노는 데 쓰고, 놀러 다니고, 쇼핑하고, TV 시청하고, 인터넷 서핑을 하고, 커피숍에서 차 마시는 데 허비한다.

지금 우리는 세상 사람과 다름없는 삶을 살고 있다. 그래서 1분을 아끼고 아껴서 말씀 보는 사람을 찾기 힘들고, 기도하는 사람을 찾기 힘들고, 예배드리는 사람을 찾기 힘들고, 주의 일을 위해 헌신하는 사람을 찾기 힘들다. 오늘 우리는 예수 그리스도 안에서 말씀의 멍에를 메고 그 말씀 안에서 참된 쉼을 누리려 하지 않고 세상이 주는 기쁨 속에서 평안을 누리고 쉼을 누리려고 한다.

사도 바울은 종말을 살아가는 교회들을 향해 시간을 아끼고 아끼는 마음으로 무엇을 위해서 살라고 했던가? 모든 일에 참되고 경건하게 옳고 정결하게 사랑받을 만하고 칭찬받을 만하게 살라고 했다. "끝으로 형제들아 무엇에든지 참되며 무엇에든지 경건하며 무엇에든지 옳으며 무엇에든지 정결하며 무엇에든지 사랑받을 만하며 무엇에든지 칭찬받을 만하며 무슨 덕이 있든지 무슨 기림이 있든지 이것들을 생각하라 너희는 내게 배우고 받고 듣고 본 바를 행하라 그리하면 평강의 하나님이 너희와 함께 계시리라"(빌 4:8~9).

종말을 살아가는 오늘 우리 신앙인들에게 가장 필요한 것은 안정되고 편안한 직장, 경제적 안정, 사회에서 영향력을 발휘하는 것이 아니라 사도들의 삶을 배우고 받고 듣고 본 바를 행하는 것이다. 말씀대로 무엇에든지 참 되고자, 무엇에든지 경건해지고자, 무엇에든지 바르고자, 무엇에든지 정결해지고자, 무엇에든지 사랑하고자 힘써야 한다. 그리고 무엇에든지 칭찬받을 만한 일을 해야 한다.

세상 사람들은 우리를 향해 '저렇게 인생을 살면서 무슨 재미와 소망이 있을까?'라고 빈정거리겠지만 오히려 우리는 말씀대로 행하며 하나님께서 성령 안에서 허락하시는 의와 평강과 희락의 안식을 누려야 한다. 바로 이 기쁨과 평안과 안식이 세상이 주지 못하는 예수 그리스도 안에서만 얻는 평안이다. 그러나 우리는 세상 사람들과 다름없이 물질 문제 해결 받고, 사업 문제 해결 받아야 인생에 평안이 찾아오는 것으로 생각한다. 그러다 보니 신앙의 뿌리가 썩고, 신앙의 본질이 변질하고, 신앙의 길이 왜곡되고, 신앙의 목적과 소망이 세속화되었다.

예수님께서는 우리로 생명의 삶을 누리게 하시기 위해 당신 안에 거하라고 말씀하셨다. "내 안에 거하라 나도 너희 안에 거하리라 가지가 포도나무에 붙어 있지 아니하면 스스로 열매를 맺을 수 없음 같이 너희도 내 안에 있지 아니하면 그러하리라"(요 15:4). 주님 안에 거한다는 것은 사랑 안에 거하는 것이다. 그리고 사랑 안에 거한다는 것은 주님이 우리에게 명하신 사랑의 계명을 지켜 행하는 것이다. "아버지께서 나를 사랑하신 것같이 나도 너희를 사랑했으니 나의 사랑 안에 거하라 내가 아버지의 계명을 지켜 그의 사랑 안에 거하는 것같이 너희도 내 계명을 지키면 내 사랑 안에 거하리라"(요 15:9~10).

우리가 주님에게 배워야 하는 것은 사랑이다. 지금 우리는 시간을 아끼고 아껴서 사랑해야 할 때이다. 오늘 우리는 인생의 문제 해결을 위해 하나님 앞에 사생결단의 금식기도를 드리고 나서 주를 위해 순교의 십자가를 진 것으로 착각한다. 그러나 하나님께서는 밥을 굶는 육신의 금식보다도 탐욕으로 물든 영혼의 살찐 배를 주리게 하는 사랑의 선행을 참된 금식이라고 말씀하신다. "내가 기뻐하는 금식은 흉악의 결박을 풀어 주며 멍에의 줄을 끌러 주며 압제당하는 자를 자유하게 하며 모든 멍에를 꺾는 것이 아니겠느냐 또 주린 자에게 네 양식을 나누어 주며 유리하는 빈민을 집에 들이며 헐벗은 자를 보면 입히며 또 네 골육을 피해 스스로 숨지 아니하는 것이 아니겠느냐"(사 58:6~7). 그러므로 참된 금식은 밥을 굶는 것이라 아니라 가난한 자의 삶을 얽어매고 있는 흉악의 결박을 풀어 주는 사랑의 선행을 실천하는 것이다.

이사야 선지자 당시 종은 재산 목록 1호였다. 하나님께서 이스라엘 백성에게서 받고자 하셨던 참된 금식은 그 종들을 하나님의 말씀대로 안식년과 희년에는 이유 여하를 불문하고 자유롭게 함으로써 그들의 몸에 채웠던 멍에의 줄을 끊어 주는 사랑의 실천과 주린 자에게 식물을 나누어 주고, 유리하는 빈민을 자기 집에 들여서 영접하며, 두 벌 옷이 있다면 벗은 자에게 한 벌을 입혀 주고, 가난한 골육의 사정을 모른 척하지 않는 넉넉한 사랑의 구제였다.

지금은 문제 해결을 위한 작정 금식의 십자가를 질 때가 아니라 내가 가진 것으로 예수 그리스도의 내어 주는 사랑을 적극적으로 실천하는 참된 금식의 십자가를 져야 할 때이다. 이 십자가를 지기 위해서는 자기의 정과 욕심을 십자가에 못 박아야 한다. 그것은 내가 가진 것을 너무나 아까워하고 소중하게 여기는 우리의 죄 된 본성 때문이다. 그러므로 정과 욕심을 십자가에 못 박지 않고는 주님의 말씀대로 사랑할 수 없다.

십자가의 길은 영광의 길이기에 주님께서는 십자가를 지고 나를 따르라고 말씀하셨다. "이에 예수께서 제자들에게 이르시되 아무든지 나를 따라오려거든 자기를 부인하고 자기 십자가를 지고 나를 좇을 것이니라"(마 16:24). 그러나 우리는 이 십자가를 지지 않으려고 동분서주한다. 그리고 십자가를 지지 않고도 얻을 수 있는 영광만을 추구한다. 그러나 십자가 없는 영광은 사탄이 주는 천하만국의 영광이다.

이 세상을 살아가면서 자녀들로 인해, 남들보다 조금 더 소유한 것으로 인해, 남들보다 조금 더 형통한 것으로 인해, 남들보다 조금 더 높아짐으로 인해 얼마간 누리게 된 세상의 영광, 바로 이 자리에 우리는 자기를 부인하는 십자가를 세워야 한다. 정과 욕심을 십자가에 못 박는 자기 부인의 십자가를 질 때, 우리는 주님의 말씀대로 사랑의 새 계명을 온전히 실천할 수 있다.

오늘 많은 교인이 수요 예배와 주일 오전 예배와 오후 예배까지 참석하고서는 대단하게 신령과 진정의 예배를 드렸다고들 생각한다. 그러나 참된 신령과 진정의 예배는 예배 시간을 지킨 것만으로 하나님께 드려지는 것이 아니라 삶으로 드려지는 것이다. 그 삶에 대해서 사도 바울은 다음과 같이 말하고 있다. "그러므로 형제들아 내가 하나님의 모든 자비하심으로 너희를 권하노니 너희 몸을 하나님이 기뻐하시는 거룩한 산 제사로 드리라 이는 너희의 드릴 영적 예배니라 너희는 이 세대를 본받지 말고 오직 마음을 새롭게 함으로 변화를 받아 하나님의 선하시고 기뻐하시고 온전하신 뜻이 무엇인지 분별하도록 하라"(롬 12:1~2).

구약 제사의 제물들은 하나님 앞에 드려지기 위해 날카로운 칼로 가죽이 벗겨지고 쪼개어지고 잘리고 각이 떠져서 하나님의 제단 위에서 태워졌다. 오늘 우리가 하나님이 기뻐하시는 거룩한 산 제물이 되기 위해서는 예배 시간에 말씀의 칼로 우리의 죄악 된 심령 가죽을 벗기고, 하나님의 말씀대로 살지 못한 탐욕의 몸을 쪼개고 자르고 각을 떠서 성령의 불로 태워야 한다.

오늘 우리는 예배 시간에 꿈을 가지고 내 인생 문제 책임져 주시는 사랑의 하나님만을 배울 때가 아니다. 예리한 말씀의 칼로 무엇에든지 참되지 못했고, 무엇에든지 경건하지 못했고, 무엇에든지 옳지 못했고, 무엇에든지 정결하지 못했고, 무엇에든지 사랑하지 못했고, 무엇에든지 칭찬받지 못했던, 그래서 신앙인답지 못했던 죄악 된 삶을 책망받고 돌이켜서 힘쓰고 힘써 배운바 주님의 말씀대로 행하는 신앙의 열매를 결실해야 할 때이다. 하나님의 말씀이 우리에게 요구하시는 신앙의 삶은 윤리 도덕적인 정도의 삶이 아니라 탐욕의 이름도 부르지 말고(엡 5:3) 죄악의 모양조차도 버리는(살전 5:22) 삶이다.

신앙인들이, 남들이 타고 다니는 좋은 차를, 남들이 사는 좋은 집을, 남들이 다니는 좋은 직장을, 남들이 좋은 배필 만난 것을, 남들이 좋은 대학 들어간 것을, 남들이 승진하는 것을 부러워하는 것은 탐욕의 이름을 부르는 죄악이다. 그것은 우리가 만군의 주 여호와를 모신, 내 주 예수 그리스도를 모신 성령의 전이기 때문이다. 그러므로 내 주 예수 그리스도를 모시고도 남의 좋은 차, 좋은 집, 좋은 직장, 좋은 대학, 좋은 배필, 승진, 성공을 부러워하는 것은 버려야 할 탐욕의 죄악이고, 죄악의 모양이다. "이 세상이나 세상에 있는 것들을 사랑치 말라 누구든지 세상을 사랑하면 아버지의 사랑이 그 속에 있지 아니하니 이는 세상에 있는 모든 것이 육신의 정욕과 안목의 정욕과 이생의 자랑이니 다 아버지께로 좇아온 것이 아니요 세상으로 좇아온 것이라 이 세상도, 그 정욕도 지나가되 오직 하나님의 뜻을 행하는 이는 영원히 거하느니라"(요일 2:15~17).

이제 무엇에든지 참되고, 무엇에든지 경건하고, 무엇에든지 옳으며, 무엇에든지 정결하며, 무엇에든지 사랑할만하며, 무엇에든지 칭찬받을 만한 삶을 살고 또 살고 또 사는 열매 맺는 신앙인들이 되어야 한다. 이러한 열매 맺는 삶을 살고자 힘쓰고 애쓰는 것은 우리에게 무거운 멍에가 아니라 영원한 자유와 기쁨과 쉼을 우리로 누리게 해 주시려는 주님의 사랑의 배려이다. 바로 이 신앙의 삶 안에서 참된 자유를 누리고, 참된 기쁨을 누리고, 참된 쉼을 누리는 복된 삶을 살아야 한다.

14.
고난 가운데 있을지라도 성도는
이미 하나님의 사랑을 받은 자이다

하나님께 죄를 범한 남유다는 주전 605년, 597년, 586년의 3차에 걸친 바벨론 제국의 침략으로 초토화되었다. 백성들은 대부분 바벨론에 포로로 잡혀가 70년 동안을 고향 예루살렘을 그리워하며 나라 잃은 슬픔의 고통을 뼈저리게 체험해야 했다.

세월이 흘러 하나님께서 준비하신 회복의 때가 다가왔고, 극동의 새로운 패자로 등장한 페르시아 제국의 고레스 대왕은 주전 538년, 고향 땅으로 돌아가서 예루살렘 성전을 재건하기를 열망하는 유다 백성에게 고향으로 돌아가도 좋다는 조서를 반포했다(대하 36:22~23; 스 1:1~4).

이 조서에 따라 포로로 잡혀갔던 약 5만 명의 유대인들은 고국으로 귀환해 무너진 솔로몬의 예루살렘 성전을 수축하기 시작했고, 거의 14년 만에 재건했다. 그들이 재건했던 성전은 그 옛날 바벨론 제국이 무너뜨렸던 솔로몬의 예루살렘 성전의 영광에는 비할 수 없었지만, 그래도 그곳에 더 큰 영광이 임하게 할 것이라는 하나님의 약속이 있었기에 그 예언의 말씀을 붙들고 그들은 고난의 시간을 소망 가운데 견뎌 나가고 있었다.

하나님의 약속은, 지금 포로귀환민들이 재건하고 있는 성전이 비록 그 옛날 솔로몬의 성전보다는 초라하지만 오래지 않아 하늘과 땅과 바다와 육지를 진동시키고 만국을 진동시킬 그들의 메시아, 즉 순이라는 이름의 메시아가 이 땅에 오시면 그 메시아가 그 옛날 솔로몬 성전의 영광보다도 더 큰 영광을 나타낼 성전을 그들 가운데 건축하시고 그 보좌 위에서 영원히 세상을 통치하실 것이라는 말씀이었다. "만군의 여호와가 이같이 말하노라 조금 있으면 내가 하늘과 땅과 바다와 육지를 진동시킬 것이요 또한 모든 나라를 진동시킬 것이며 모든 나라의 보배가 이르리니 내가 이 성전에 영광이 충만하게 하리라 만군의 여호와의 말이니라 은도 내 것이요 금도 내 것이니라 만군의 여호와의 말이니라 이 성전의 나중 영광이 이전 영광보다 크리라 만군의 여호와의 말이니라 내가 이곳에 평강을 주리라 만군의 여호와의 말이니라"(학 2:6~9). "만군의 여호와께서 이같이 말씀하시되 보라 싹이라 이름하는 사람이 자기 곳에서 돋아나서 여호와의 전을 건축하리라 그가 여호와의 전을 건축하고 영광도 얻고 그 자리에 앉아서 다스릴 것이요 또 제사장이 자기 자리에 있으리니 이 둘 사이에 평화의 의논이 있으리라 했다 하고"(슥 6:12~13). 바로 이 소망이 메시아 대망 사상이었으며, 피폐한 남유다 백성은 순이라는 이름의 메시아에 의해 영광의 성전이 완성될 날을 바라보며 그들의 피곤한 심신을 위로했다.

신앙인들이 가져야 하는 참된 소망의 인내는 천 년이 하루 같고 하루가 천 년 같은 하나님의 시간 법 아래서 하나님이 이 땅에 오시는 날을 기다리며 믿음의 정절을 지켜내고 거룩한 삶을 이루는 것이다. 그러나 남유다 백성은 수십 년이 지나도 선지자들이 약속했던 하나님의 성전이 건축되는 영광의 날이 나타나지 않자 그들의 메시아 강림의 희망과 기대는 점차 희미해지기 시작했다. 선지자들이 약속했던 그 영광의 날이 도래하기는커녕 그들이 당면했던 하루하루의 삶은 계속되는 흉작과 기근으로 고통이 연속되는 날이었다. 그래서 그들은 하나님의 사랑을 의심하기 시작했으며 오히려 하나님을 향해 신앙을 한다는 것이 무의미한 것이라고까지 말하게 되었다. 그것은 그들에게 계속해서 닥쳐오는 피폐한 육적인 삶의 고통 때문이었다.

구약 최후의 선지서인 말라기서는 바로 이런 시대적 상황 속에서 먹고살기 힘든 당면한 인생의 고통 앞에서 허물어져 가는 포로귀환민들의 신앙의 변질에 대해서 책망한다. 포로에서 돌아온 남유다 백성은 비록 신령한 소망으로 믿음의 삶을 결단했지만 오래지 않아 그들의 인생살이가 고달파지자 "주께서 어떻게 우리를 사랑하셨나이까?"라고 원망 불평하기 시작했다(말 1:2).

말라기서는 아무리 인생의 당면한 문제가 힘들고 고달프다 할지라도 하나님을 향한 변함없는 신앙의 열정을 간직해야만 하는 신앙인들의 숙명적 의무를 일깨우며 변함없는 믿음의 삶을 요구한다. 오늘 우리 신앙인들도 명심해야 하는 것은 지존하신 하나님께서 우리의 육적인 삶 가운데서 소중한 어떤 것을 제거하신다고 해서 "주께서 어떻게 우리를 사랑하셨나이까?"라고 원망 불평해서는 안 된다는 것이다. 그러나 포로에서 돌아온 유다 백성은 그들이 당면했던 육적인 삶의 고통의 무게를 견디지 못해서 "주께서 어떻게 우리를 사랑하셨나이까?"라며 원망 불평했던 것이다.

그 옛날 출애굽의 기적적 구원을 찬양하며 가나안을 향해 희망의 행진을 시작했던 출애굽 광야 1세대 이스라엘 백성이 멸망했던 가장 큰 원인은 자신들의 형편과 처지를 이방인들의 형편과 처지와 비교하면서 하나님께 원망 불평했기 때문이다.

물론 그들의 육적인 삶의 환경은 하나님을 알지 못하는 이방인들조차도 실컷 마시는 물을 마음껏 마시지 못하고, 애굽의 노예 생활을 하면서도 먹을 수 있었던 생선과 오이와 참외와 수박과 부추와 파와 마늘들을 먹지 못하고, 단지 하나님께서 제공해 주시는 단조로운 식단인 만나만을 먹어야 했던, 어찌 보면 따분하고 힘들고 지겹고 싫증나고 재미없고 희망 없는 삶이었다. 그런데 그들에게 하나님께서 요구하셨던 것은 철저한 순종이었다.

광야 1세대의 육적인 삶의 환경은 그들 가운데 함께 계시는 하나님의 임재에 대한 감사를 느끼지 못하는 한, 어떻게 보면 애굽에서의 노예 생활의 형편보다도 못한 것이었다. 그러나 그들에게 요구되었던 것은 육적인 삶의 환경을 역전시킬 수 있는 인생의 꿈과 비전이 아니라 먹을 것과 입을 것이 있은즉 족한 줄(딤전 6:7~8)을 알고 믿음의 선한 싸움(딤전 6:11~2)을 힘쓰는 것이었다.

출애굽 광야 1세대 백성과 마찬가지로 말라기 선지자 시대에도, 남유다 백성은 어느 정도의 안정과 평안을 누려왔던 바벨론에서의 정착생활을 뒤로하고 오로지 하나님의 성전을 재건하고 그 영광 가운데서 영원히 하나님을 예배하며 살기를 꿈꾸며 고향 땅으로 돌아왔지만, 그들의 희망과는 달리 계속되는 기근과 흉작의 고통스런 환경 속에서 그들의 삶은 피폐해 질대로 피폐해졌다. 그래서 포로귀환민들의 육적인 삶의 환경은 어찌 보면 하나님께 사랑받지 못했던 이방 백성들의 생활 수준보다 훨씬 못한 삶이었음에 틀림이 없었다. 그러나 그들에게 요구된 신앙은 그러한 고통의 환경 속에서도 하나님의 말씀에 대한 철저한 복종이었다.

비록 그들의 육적인 삶이 계속해서 가난을 경험하고, 핍절을 경험하고, 실패를 경험하는 가운데 있었지만 오로지 만군의 주이신 하나님을 그들 가운데 모시고 그분을 향해 예배하고 찬송하는 것으로 자신들의 생의 의미를 찾아야 했다. 그러나 그 옛날 그들의 열조가 고통스러운 환경을 극복하지 못하고 원망 불평했듯이 그들 또한 고통스러운 인생의 문제 앞에서 하나님의 사랑을 의심하고 원망 불평했던 것이다. "여호와께서 이르시되 내가 너희를 사랑하였노라 하나 너희는 이르기를 주께서 어떻게 우리를 사랑하셨나이까 하는도다"(말 1:2 전).

오늘 우리도 다른 사람의 형편과 자신의 형편을 비교해 하나님께 원망 불평할 때가 얼마나 많은가? 그러나 우리가 명심해야 할 것은 그 원망과 불평이 바로 우리에게 파멸을 가져다주는 신앙의 죽을 죄악이라는 사실이다. 비록 내가 다른 사람들보다도 물질적인 부나 육체적인 건강이나 가정적인 배경이 열악하고 사회적인 지위나 영향력과 명예를 더 누리지 못한다고 할지라도 오늘 우리에게 필요한 신앙의 의무는 주어진 환경과 조건 속에서 먹을 것과 입을 것이 있은즉 족한 줄을 알고(딤전 6:8) 의와 경건과 믿음과 사랑과 인내와 온유를 이루기 위한 믿음의 선한 싸움을 힘쓰는 것이지(딤전 6:11~12) 어렵고 힘든 육적인 삶의 환경을 역전시키기 위한 긍정적 사고와 긍정적 입술이 아니다.

하나님이 인간을 보실 때 절망적이라고 판단하시는 기준은 잘살고 못살고의 기준이 아니다. 형통하고 형통하지 못하고, 성공하고 실패하고의 기준이 아니다. 우리가 예수 안에 있는가 예수 밖에 있는가 하는 것이다. "그때에 너희는 그리스도 밖에 있었고 이스라엘 나라 밖의 사람이라 약속의 언약들에 대하여는 외인이요 세상에서 소망이 없고 하나님도 없는 자이더니"(엡 2:12).

하나님께서 판단하시는 인간의 절망은 우리 인간이 예수 밖에 있는 것이다. 하나님께서는 예수 밖에 있는 사람을 소망이 없는 자라고 보신다. 그러므로 아무런 소망도 없는 저주의 진노 아래 있는 심령들이 비록 세상의 재물과 권력과 명예와 향락으로 거드름을 피우지만 이 세상을 떠날 때 그들이 가졌던 소유와 그들이 누렸던 세상의 행복이 결단코 그들을 따라갈 수 없다.

예수 그리스도 안에 있는 우리는 하늘에 속한 모든 신령한 복을 받은 사람들이다. "찬송하리로다 하나님 곧 우리 주 예수 그리스도의 아버지께서 그리스도 안에서 하늘에 속한 모든 신령한 복을 우리에게 주시되 곧 창세 전에 그리스도 안에서 우리를 택하사 우리로 사랑 안에서 그 앞에 거룩하고 흠이 없게 하시려고 그 기쁘신 뜻대로 우리를 예정하사 예수 그리스도로 말미암아 자기의 아들들이 되게 하셨으니 이는 그가 사랑하시는 자 안에서 우리에게 거저 주시는바 그의 은혜의 영광을 찬송하게 하려는 것이라"(엡 1:3~6). 이처럼 우리가 받은 복은 이 땅에 속한 복이 아니라 하늘에 속한 신령한 모든 복이다.

그런데 오늘 우리는 하나님의 사랑을 하늘에서 오는 신령한 은사에서 찾지 않고 이 세상에 속한 물질과 성공과 형통에서 찾으려 한다. 심지어 하늘의 은사를 이 세상의 물질과 성공과 형통을 추구하는 이익의 재료로 생각한다. 이것은 우리가 하나님의 신령한 복의 개념을 오해했기 때문이다. 하나님의 신령한 복을 이 땅의 사라져 갈 만복(萬

福)으로 생각하는 사람들은 결단코 고난 가운데서 하나님의 신비한 사랑을 발견할 수 없다.

이제 우리는 상대적으로 세상의 부를 소유하지 못하고, 세상적인 명예와 행복을 누리지 못하고, 세상적 성공을 거두지 못한다고 할지라도 "주께서 어떻게 우리를 사랑하셨나이까?"라고 원망 불평하지 말고, 영생을 선물로 주신 구원의 하나님께 더욱더 감사하며 하나님의 나라와 의를 위해 죽도록 충성하는 헌신의 삶을 살아가야 한다.

15

우리는 과연 하나님을 공경하고 있는가

하나님의 징벌로 70년간 포로로 잡혀갔던 바벨론 땅에서 하나님의 영광이 거하시던 축복의 땅 가나안을 열망했던 남유다 백성은 하나님의 은혜의 도우심으로 고향 땅 예루살렘으로 다시 돌아올 수 있었다. 이를 위해서 정착했던 바벨론 포로지에서의 생활 기반을 정리해야 했고, 심지어 이방 땅에서 얻었던 사랑했던 아내와도 이별해야 했다(스 10:1~44).

그들이 신앙의 결단을 통해 모든 것을 버리고 하나님의 성전이 있는 고향 땅으로 돌아왔던 것은 하나님의 축복을 소망했기 때문이다. 그러나 고향 땅으로 돌아온 그들에게 주어진 삶의 환경은 그들의 기대와 설렘과는 정반대로 너무나 척박했다. 결국, 시간이 흐르면서 그들의 뜨거웠던 신앙의 열정은 퇴색하기 시작했고 함께했던 이방인 아내와도 주를 위해 헤어질 수 있었던 그들이 말라기 선지자가 활동하던 시기에 이르러서는 감히 하나님 앞에 흠이 있는 제물을 드리고도 양심의 가책을 느끼지 못하는 지경까지 이른다. "내 이름을 멸시하는 제사장들아 나 만군의 여호와가 너희에게 이르기를 아들은 그 아버지를, 종은 그 주인을 공경하나니 내가 아버지일진대 나를 공경함이 어디 있느냐 내가 주인일진대 나를 두려워함이 어디 있느냐 하나 너희는 이르기를 우리가 어떻게 주의 이름을 멸시하였나이까 하는도다 너희가 더러운 떡을 나의 제단에 드리고도 말하기를 우리가 어떻게 주를 더럽게 하였나이까 하는도다 이는 너희가 여호와의 식탁은 경멸히 여길 것이라 말하기 때문이라 만군의 여호와가 이르노라 너희가 눈먼 희생제물을 바치는 것이 어찌 악하지 아니하며 저는 것, 병든 것을 드리는 것이 어찌 악하지 아니하냐 이제 그것을 너희 총독에게 드려 보라 그가 너를 기뻐하겠으며 너를 받아 주겠느냐"(말 1:6~8).

그들은 눈먼 것과 병든 제물을 하나님 앞에 드리고도 하나님을 섬겼다고 생각했고, 눈먼 것과 병든 제물을 하나님 앞에 드리고도 하나님께 복을 받을 것이라고 기대했다. 바로 이것이 그들이 하나님을 멸시한 신앙의 죄악이다. 비록 그들이 당면했던 기근과 흉작이 그들의 삶을 궁핍하게 하고 삶의 희망을 물거품으로 만들었다고 할지라도, 그래서 하나님의 사랑을 확신하지 못한다 해도(말 1:2), 하나님의 이름에 합당한 최소한의 공경과 사랑과 경외심을 표현해야 하는 것이 신앙인의 도리이다. 그러나 백성과 제사장들은 율법이 금하고 있는 흠 있는 제물을(레 22:17~25) 하나님께 드려 하나님의 이름을 멸시하고 더럽히고 말았다. 이스라엘 백성은 하나님을 향한 처음 사랑의 자리를 떠나면서 그들의 태도와 마음이 너무나 자기 중심적이 되었음에도 자기들의 태도와 마음의 숨은 동기를 알지 못했다. 그들은 자신들이 하나님을 제법 잘 섬기고 있다고 여겼다.

좋고 귀한 것은 자기를 위해 차지하고 하나님께는 남은 시간과 남은 예물로 하나님을 섬기는 것, 바로 그것은 하나님의 이름을 멸시하고 더럽히는 행위이다. 비록 우리가 얼마간의 시간으로 하나님께 헌신하고 얼마간의 예물을 하나님께 드렸다고 할지라도 그 얼마간의 시간과 그 얼마간의 예물이 오히려 하나님의 이름을 멸시하고 더럽히는 행위가 될 수 있다.

이스라엘 백성이 하나님의 성전에 나아올 때 왜 좋고 건강한 제물을 가지고 오지 않았을까? 그것은 같은 짐승이라 할지라도 좋은 것은 시장에 내다 팔면 흠이 있는 것보다 더 많은 값을 받을 수 있기 때문이다. 그래서 좋은 것은 시장에 내다 팔기 위해 남겨 두고 눈먼 것이나 병든 것을 성전에 가져 왔던 것이다. 이 같은 이스라엘 백성의 행위 뒤에 숨어 있는 마음의 동기를 가만히 생각해보면, 그들의 성의 없고 무분별한 제사의식이나 오늘 우리들의 무성의한 형식적인 예배와 헌금 생활이나 도긴개긴이다.

오늘날도 하나님과 재물을 더불어 사랑하는 많은 이름뿐인 신앙인들이 뗄 것 다 떼고, 쓸 것 다 쓰고, 저축할 것 다하고, 재투자할 것 다하고는 명목상의 십일조와 헌물을 하나님 앞에 드리며 하나님을 기만하고 있다. 입으로는 매일 매일 하나님의 은혜로 살아간다고 말은 하면서도 매일 매일의 삶 속에서 얼마나 많은 병든 예물로 하나님을 기만하고 있는가! 온전한 시간은 자기와 가족과 자기 취미 생활과 세상 친구들과의 교제를 위해서 쓰면서 병든 시간을 가지고 하나님을 섬기는 우리! 온전한 헌신과 열정은 자기와 가족과 돈 버는 일을 위해서 쓰고 병든 헌신과 봉사로 하나님을 섬기는 우리! 나와 가족을 위해서는 아낌없이 물질을 사용하면서도 하나님 앞에 병든 헌금을 가지고 주를 공양했다고 자신만만한 우리! 우리의 이 모든 행위가 하나님을 멸시하는 죄악이다.

그 옛날 말라기 시대의 남유다 백성은 성물과 하나님의 예배에 대해 무성의했던 그들을 향해 성전 문을 닫아 줄 사람을 찾으실 정도로 진노하셨고 그들이 드렸던 제물의 똥을 그들의 얼굴에 바르고 싶으실 정도로 격노하셨던 하나님의 슬픈 마음을 깊이 생각할 수 있어야 했다. "만군의 여호와가 이르노라 너희가 내 제단 위에 헛되이 불사르지 못하게 하기 위하여 너희 중에 성전 문을 닫을 자가 있었으면 좋겠도다 내가 너희를 기뻐하지 아니하며 너희가 손으로 드리는 것을 받지도 아니하리라"(말 1:10). "보라 내가 너희의 자손을 꾸짖을 것이요 똥 곧 너희 절기의 희생의 똥을 너희 얼굴에 바를 것이라 너희가 그것과 함께 제하여 버림을 당하리라"(말 2:3).

그 옛날 이스라엘 백성은, 성전 문이 닫히기를 희망하실 정도로, 희생 제물의 똥을 그들의 얼굴에 발라 버리려고 하실 정도로 그들의 무성의한 예배와 예물에 역겨워하셨던 하나님의 진노를 알지도 못하고 계속해서 무성의한 헌물로 무성의한 예배를 드리려고 성전 문을 출입했다. 그들은 자신들이 벌거벗었음을 보지 못하는 맹인 된 이스라엘 백성이었다. 오늘 우리도 우리를 향한 하나님의 진노를 알지 못하고 무성의한 헌물을 가지고 성전 문을 출입하고 있지는 않은가?

우리도 이스라엘 백성처럼 아무리 무성의한 예배를 드린다고 할지라도 드리지 않는 것보다는 낫다고 착각하고 하나님께서는 무성의하게라도 예배를 드리는 "주여! 주여!" 하는 우리 모두를 그래도 사랑하고 계신다고 착각을 한다. 그러나 하나님께서는 우리에게 예배와 헌물을 구걸하시는 분이 아니시다. 하나님의 답은 명료하다. 성의 없는 예배와 헌물을 드릴 바에는 안 드리는 것이 좋겠다는 것이다.

그 옛날 이스라엘 백성이나 오늘의 우리가 무성의한 예배와 헌물에 대해 무감각해진 채 그래도 제법 하나님을 잘 섬기고 있다고 착각하게 된 것은 그 책임이 일차적으로 종교 지도자들에게 있다. 그래서 선지자 말라기는 제사장들이 하나님의 영광스러운 이름을 멸시한다고 책망했던 것이다. "제사장의 입술은 지식을 지켜야 하겠고 사람들은 그의 입에서 율법을 구하게 되어야 할 것이니 제사장은 만군의 여호와의 사자가 됨이거늘 너희는 옳은 길에서 떠나 많은 사람을 율법에 거스르게 하는도다 나 만군의 여호와가 이르노니 너희가 레위의 언약을 깨뜨렸느니라 너희가 내 길을 지키지 아니하고 율법을 행할 때에 사람에게 치우치게 하였으므로 나도 너희로 하여금 모든 백성 앞에서 멸시와 천대를 당하게 하였느니라 하시니라"(말 2:7~9).

하나님께 희생 제물을 바치는 직무를 맡았던 제사장들은 백성들이 가져오는 무성의한 헌물들, 곧 눈먼 것, 저는 것, 병든 것들은 하나님께 제물로 바칠 수 없다고 거절했어야 했다. 그러나 그들은 하나님께서 역겨워하시는 것은 생각지 않고 제물을 가져 오는 사람들의 비위를 거스르지 않으려고 그들의 제물들은 무엇이든지 다 받아 주면서 그 제물 위에 감히 하나님의 이름으로 축복을 선언하기까지 했다.

오늘도 역시 하나님께 드려지는 많은 제물 가운데 온전하지 못한 십일조와 예물이 얼마나 많이 있는가? 그러나 그 예물이 강대상 위에만 올라가면 마음껏 축복을 받는다. 바로 이것이 타락한 이스라엘 백성과 제사장들의 죄악이요 타락한 교인들과 목회자들의 죄악이다.

제사장들은 무성의한 시간을 하나님께 드리고, 무성의한 헌신을 하나님께 드리고, 무성의한 헌물을 하나님께 드리는 백성을 향해 책망과 경계를 할 수 있어야 한다. 이스라엘 백성이 하나님을 섬기지 않았던 것이 아니라 섬기기는 섬기되 무성의하게 섬긴 것, 바로 그것이 하나님을 멸시하는 죄악이었다.

하나님께서는 우리에게 최상의 것, 곧 그의 독생자까지 내어 주셨는데 우리는 하나님께 무엇을 드리고 있는가? 남아도는 잉여물을 하나님께 바치는 신앙생활 하는 것은 아닌지 깊이 반성해 보면서 내가 가진 것의 주인이 누구인가를 입술의 고백을 따라 다시 한번 생각해 봐야 할 것이다. 말로는 내 모든 것이 하나님의 것이라고 고백하면서, 말로는 나는 하나님의 종이고 하나님의 청지기라고 고백하면서 주인의 것을 횡령하고 남용하고 낭비하고 도적질하는 불의한 청지기는 아닌지 깊이 회개해야 한다.

사도행전 4장 32~35절에서 우리는 가장 성의 있고, 충성되고, 열심 있는 청지기의 삶을 보게 된다. 그들은 하나님의 법을 지키기 위해 아낌없이 형제를 사랑했다. 바로 이것이 하나님을 사랑하는 것이고, 하나님을 경외하는 것이고, 하나님을 섬기는 삶이다.

물질 축복받았다고 간증하는 사람들을 우리 신앙의 모델로 삼지 말자. 성공했다고 간증하는 사람들을 우리 신앙의 모델로 삼지 말자. 사도행전 4장 32~35절의 말씀처럼 하나님께서 명하신 사랑의 계명을 실천하려고 자기 것을 자기 것이라 하지 않았던 초대 교회 성도들을 신앙의 모델로 삼아 참된 종의 신분으로, 참된 청지기의 직분으로 온전한 시간과 온전한 헌신과 온전한 예물을 드려서 주인이신 하나님을 섬기는 참된 신앙인들이 되어야 한다.

16.
여호수아의 하나님이
나의 하나님이 되시기 위해서는

　　모세의 종으로서 모세 사후에 이스라엘 백성을 이끌고 약속의 땅 가나안으로 진군해 들어가서 전무후무한 전쟁의 승리를 이끌었던 위대한 영도자 여호수아는 노도와 같이 흘러내리는 요단강물을 멈추어 세우시고 이스라엘 백성으로 요단강 바닥을 신을 신고 건너가게 하셨던 하나님의 위대한 역사를 체험했다(수 3:7~17). 그날에 하나님의 언약궤를 맨 제사장들의 발이 요단강물을 밟고 멈추자 위에서부터 흘러내리던 물이 그치고 이스라엘 백성은 마른 땅을 밟으며 요단을 건넜다. "백성이 요단을 건너려고 자기들의 장막을 떠날 때에 제사장들은 언약궤를 메고 백성 앞에서 나아가니라 요단이 곡식 거두는 시기에는 항상 언덕에 넘치더라 궤를 멘 자들이 요단에 이르며 궤를 멘 제사장들의 발이 물가에 잠기자 곧 위에서부터 흘러내리던 물이 그쳐서 사르단에 가까운 매우 멀리 있는 아담 성읍 변두리에 일어나 한 곳에 쌓이고 아라바의 바다 염해로 향하여 흘러가는 물은 온전히 끊어지매 백성이 여리고 앞으로 바로 건널새 여호와의 언약궤를 맨 제사장들은 요단 가운데 마른 땅에 굳게 섰고 그 모든 백성이 요단을 건너기를 마칠 때까지 모든 이스라엘은 그 마른 땅으로 건너갔더라"(수

3:14~17).

요단강을 건넌 여호수아와 이스라엘 백성은 가나안의 관문인 철옹의 도성 여리고를 일순간에 초토화해 버리시는 하나님의 놀라운 기적을 체험했다(수 6:8~21). 그날에 하나님의 말씀대로 여리고 성 주위를 매일 6일 동안 한 바퀴씩 돌았던 이스라엘 백성은 7일째 되는 마지막 날에 여리고 성 주위를 일곱 번 돌았고, 그 마지막 일곱 번째에는 양각 나팔을 잡은 제사장들이 나팔을 불고 이스라엘 백성은 모두 다 큰 소리로 외쳤다. 바로 그때 여리고 성벽은 하나님의 약속하신 말씀대로 사람의 손으로 말미암지 않고 무너져 내렸다. "이에 백성은 외치고 제사장들은 나팔을 불매 백성이 나팔 소리를 들을 때에 크게 소리 질러 외치니 성벽이 무너져 내린지라 백성이 각기 앞으로 나아가 그 성에 들어가서 그 성을 점령하고 그 성 안에 있는 모든 것을 온전히 바치되 남녀노소와 소와 양과 나귀를 칼날로 멸하니라"(수 6:20~21).

여호수아와 이스라엘 백성은 파죽지세로 가나안 땅을 점령해 나갔다. 가나안 부족 연합군과의 전쟁에서는 승리가 목전에 있었지만 해가 지고 있었다. 찾아오는 밤과 더불어 이스라엘의 승리는 다음 날로 미루어질 수밖에 없었다. 이때 여호수아는 온전하고도 완전한 승리를 위해 하나님께 기도함으로써 저 하늘의 태양과 달을 멈추어 세웠다. "여호와께서 아모리 사람을 이스라엘 자손에게 넘겨주시던 날에 여호수아가 여호와께 아뢰어 이스라엘의 목전에서 이르되 태양아 너는 기브온 위에 머무르라 달아 너도 아얄론 골짜기에서 그리할지어다 하매 태양이 머물고 달이 멈추기를 백성이 그 대적에게 원수를 갚기까지 하였느니라 야살의 책에 태양이 중천에 머물러서 거의 종일토록 속히 내려가지 아니하였다고 기록되지 아니하였느냐 여호와께서 사람의 목소리를 들으신 이같은 날은 전에도 없었고 후에도 없었나니 이는 여호와께서 이스라엘을 위하여 싸우셨음이니라"(수 10:12~14).

하나님의 백성 이스라엘을 영도하며 가나안 부족과의 전쟁에서 전설적인 승리를 이끌었던 여호수아, 그의 사역의 시작을 성경은 다음과 같이 전한다. "여호와의 종 모세가 죽은 후에 여호와께서 모세의 수종자 눈의 아들 여호수아에게 말씀하여 이르시되 내 종 모세가 죽었으니 이제 너는 이 모든 백성과 더불어 일어나 이 요단을 건너 내가 그들 곧 이스라엘 자손에게 주는 그 땅으로 가라 내가 모세에게 말한 바와 같이 너희 발바닥으로 밟는 곳은 모두 내가 너희에게 주었노니 곧 광야와 이 레바논에서부터 큰 강 곧 유브라데 강까지 헷 족속의 온 땅과 또 해 지는 쪽 대해까지 너희의 영토가 되리라 네 평생에 너를 능히 대적할 자가 없으리니 내가 모세와 함께 있었던 것같이 너와 함께 있을 것임이니라 내가 너를 떠나지 아니하며 버리지 아니하리니 강하고 담대하라 너는 내가 그들의 조상에게 맹세하여 그들에게 주리라 한 땅을 이 백성에게 차지하게 하리라 오직 강하고 극히 담대하여 나의 종 모세가 네게 명령한 그 율법을 다 지켜 행하고 우로나 좌로나 치우치지 말라 그리하면 어디로 가든지 형통하리니 이 율법책을 네 입에서 떠나지 말게 하며 주야로 그것을 묵상하여 그 안에 기록된 대로 다 지켜 행하라 그리하면 네 길이 평탄하게 될 것이며 네가 형통하리라 내가 네게 명령한 것이 아니냐 강하고 담대하라 두려워하지 말며 놀라지 말라 네가 어디로 가든지 네 하나님 여호와가 너와 함께하느니라 하시니라"(수 1:1~9).

오늘 우리는 그 옛날 위대한 영도자 여호수아와 함께하셨던 하나님을 소망한다. 그 옛날 여호수아 장군이, 하나님께서 함께하심으로 가나안 일족을 물리치고 약속된 축복의 땅 가나안을 소유했듯이 오늘 우리도 인생의 숱한 문제들과의 싸움에서 승리하고 하나님의 약속된 축복을 소유하기를 희망한다.

오늘 우리는 여호수아 장군에게 주셨던 하나님의 위대한 약속의 메시지인 본문의 말씀을 거듭해서 읽으며 하나님께서 우리와 함께하시기에 강하고 담대해야 할 것을 배운다. 그래서 많은 신앙인이, 솔직히 따지고 보면, 먹을 문제와 마실 문제와 입을 문제에 불과한 여러 가지 인생의 문제를 가지고 하나님께서 나와 함께하신다고 확신하며 목청 높여 기도한다. "여호수아의 하나님은 나의 하나님"이라고. 그러나 여호수아에게 약속하셨던 축복의 메시지의 본질은 "강하고 담대하면 하나님이 함께하신다."에 있지 않고 여호수아 1장 7~8절의 말씀처럼 율법을 다 지켜 행하면, 그 말씀을 지켜 행하기 위해 좌로나 우로나 치우치지 않으면, 그리고 주야로 하나님의 율법의 책을 묵상하며 그 율법책을 입에서 떠나지 않게 하면 하나님이 함께하신다는 데 있다.

오늘 우리는 하나님께서 함께하시는 사람이 되기 위해 하나님의 말씀을 주야로 묵상하며 그 말씀을 우리 입에서 떠나지 않게 하며 좌로나 우로나 치우치지 않고 그 말씀을 지켜 행해야 하는 데 신앙의 목적을 두지 않고, 하나님께서 무조건 나와 함께하신다는 사실에만 신앙의 초점을 두다 보니 '강하고 담대함'을 '긍정적 사고와 긍정적 입술'로 해석을 하게 된다. 그래서 강하고 담대해야 하는 기도법, 생각법, 입술법에만 초점을 맞추어 배우면서 하나님께서 나와 항상 함께

하시기에 인생의 모든 문제에서 승리하고 형통할 수 있다고 믿고 확신하며 그것을 신앙이라고 여긴다. 그러나 하나님이 함께하는 사람이 되기 위해서는 하나님의 말씀을 주야로 묵상하며 우리 입에서 하나님의 말씀이 떠나지 않을 정도로 그 말씀을 사랑하며 그 말씀의 길에서 좌로나 우로나 치우치지 않고 그 말씀대로 다 지켜 행해야 한다.

오늘 우리는 인생의 문제 앞에서 하나님이 나와 함께하시기에 강하고 담대해야 하는 것은 배우면서도, 구원과 관련해서 얼마나 우리가 하나님의 말씀대로 철저하게 살아야 하는 것에 대해서는 배우려 하지 않는다. 하나님의 철저한 말씀대로만 살게 해 주시기를, 하나님의 말씀대로 살기 위해 좌로나 우로나 치우치지 않게 해 주시기를, 하나님의 말씀대로 다 지켜 행하는 사람이 되게 해 주시기를 기도하지는 않으면서 인생의 꿈을 이루기 위해서, 인생의 난관을 극복하기 위해서 강하고 담대하게 긍정적 사고로 가난아 물러가라, 실패야 물러가라고 외치며, 긍정적 입술로 꿈은 이루어진다고 되뇌며 부르짖는 기도는 열심히 한다. 결국, 오늘 우리 신앙의 목적은 하나님의 말씀대로 철저하게 사는 삶에 있지 않고 내 인생의 꿈을 이루는 삶에 있다.

우리가 싸워야 하는 신앙의 싸움은 이 땅에서 남들보다 형통하고, 잘살고, 영향력을 발휘하기 위한 것이 아니다. 사도 바울은 믿음의 담대함으로 고백한다. "누가 우리를 그리스도의 사랑에서 끊으리요 환난이나 곤고나 박해나 기근이나 적신이나 위험이나 칼이랴 기록된바 우리가 종일 주를 위하여 죽임을 당하게 되며 도살당할 양같이 여김을 받았나이다 함과 같으니라 그러나 이 모든 일에 우리를 사랑하시는 이로 말미암아 우리가 넉넉히 이기느니라"(롬 8:35~37). 우리 신앙의 싸움은 오로지 예수 그리스도를 위해 종일 죽임을 당하게 되는 도살할 양 같은 신세가 되어서 환난과 곤고와 핍박과 기근과 적신과 위험과 칼의 위협 속에 있다 할지라도 하나님의 말씀대로 좌로나 우로나 치우치지 않고 믿음의 길을 흔들리지 않고 달려가는 것이다. 이 신앙의 목적을 위해 기도할 수 있다면 바로 그 기도가 하나님의 나라와 의를 구하는 기도이다.

이스라엘 백성이 수행했던 가나안 정복 전쟁은, 그들의 밭을 경작하고 집을 짓고 가축을 사육할 수 있는 사유지를 차지하기 위한 사적인 목적의 전쟁이 아니라, 가나안 땅의 모든 죄악의 요소와 죄악의 모든 근원을 상징하는 가나안 일족을 완전히 추방하기 위한 하나님의 전쟁, 즉 성전(聖戰)이었다. 그러나 한때 여호수아의 영도 아래 가나안 부족과의 성전에 투철하게 임했던 이스라엘 백성은 분배받은 땅이 생기고, 기거할 집이 생기고, 경작할 밭이 생기고, 가축을 사육할 외양간과 우리가 생기자 가나안 땅에서 가나안 부족과 그들의 죄를 완전히 추방해야 하는 사명에서 이탈해 자신의 배부름을 위한 안락한 신앙에 빠져들어 신앙이 점차 변질해 갔다.

이때 여호수아는 그들의 신앙의 타락을 책망하며 다음과 같이 위대한 신앙고백을 한다. "만일 여호와를 섬기는 것이 너희에게 좋지 않게 보이거든 너희 조상들이 강 저쪽에서 섬기던 신들이든지 또는 너희가 거주하는 땅에 있는 아모리 족속의 신들이든지 너희가 섬길 자를 오늘 택하라 오직 나와 내 집은 여호와를 섬기겠노라"(수 24:15). 그러므로 우리도 이 혼탁하고 방종한 믿음의 세대 가운데서 나와 내 온 집은 하나님 한 분만으로 기뻐하며, 하나님 한 분만을 사랑하며, 하나님 한 분만을 섬기며, 하나님 한 분만을 위해 살고, 하나님 한 분만을 위해 죽겠노라고 고백하고 그렇게 살아야 한다.

위대한 영도자 여호수아가 세겜에서 이스라엘 백성을 불러 모은 후 외쳤던 마지막 고별 설교의 핵심은 다음과 같다. "그러므로 너희는 크게 힘써 모세의 율법 책에 기록된 것을 다 지켜 행하라 그것을 떠나 우로나 좌로나 치우치지 말라"(수 23:6). 과연 우리는 이 말씀을 주야로 묵상하며, 이 말씀을 우리 입에서 떠나지 않게 하며, 좌로나 우로나 치우치지 않고 이 말씀을 다 지켜 행하고자 힘을 쏟고 있는가?

오늘 우리가 명심해야 하는 것은 "내 꿈은 이루어진다."라며 강하고 담대하게 생각하고 시인하는 긍정적 사고와 긍정적 입술과 관련된 사람의 교훈, 사람의 계명이 아니라, 어떠한 경우에라도 하나님의 말씀을 가까이하며, 하나님의 말씀을 주야로 묵상하며, 그 말씀대로 다 지켜 행하기 위해 좌로나 우로나 치우치지 말아야 한다는 살아 있는 하나님의 말씀이다. 이 말씀은 천지가 없어지기 전에는 일점일획도 땅에 떨어지지 않을 것이다.

17.
천국과 지옥의 갈림길에 서 있는
구원을 위한 유일한 이정표

　　신명기서는 세상 사람들을 향한 것이 아니라 이스라엘 백성, 즉 약속의 가나안 땅을 목전에 두고 있는 신앙의 후세들에게 보내는 모세의 고별 설교이다. 모세 선지자는 죽음을 앞두고 모압 평지에서 40년간 풍상의 세월을 함께 견뎌 온 자기의 자녀들이나 다름이 없는 광야 2세대를 향해 축복과 저주, 생명과 사망의 두 가지 길을 선언했다. 그리고 축복과 저주, 생명과 사망의 그 갈림길에, 즉 천국과 지옥의 갈림길에 오로지 하나의 유일한 신앙의 이정표를 세워 놓았다.

　　그 이정표에는 할례라고 적혀 있지 않았다. 제사라고 적혀 있지도 않았다. 헌물이라고 적혀 있지도 않았다. 새벽기도, 금식기도, 철야기도라고 적혀 있지도 않았다. 신앙 년 수, 신앙의 직급이라고 적혀 있지도 않았다. 그 이정표에는 오로지 마음과 성품과 힘을 다해 하나님을 사랑하는 자만이 축복과 생명, 즉 천국을 간다고 적혀 있다.

　　마음과 성품과 힘을 다해 하나님을 사랑하는 사람은 하나님의 계명을 지킨다. "너희가 나를 사랑하면 나의 계명을 지키리라"(요 14:15). "나의 계명을 지키는 자라야 나를 사랑하는 자니 나를 사랑하는 자는 내 아버지께 사랑을 받을 것이요 나도 그를 사랑하여 그에게 나를 나타내리라"(요 14:21). 그러므로 모세 선지자가 이스라엘 백성에게 제시했던 축복과 저주, 생명과 사망을 결정하는 유일한 이정표인 마음과 성품과 힘을 다해 하나님을 사랑하는 것은 결국 하나님의 계명을 지키는 것으로만 확증된다.

구약에서 하나님의 계명의 모든 것은 하나님을 사랑하고 형제를 사랑하는 것이다. "예수께서 이르시되 네 마음을 다하고 목숨을 다하고 뜻을 다하여 주 너의 하나님을 사랑하라 하셨으니 이것이 크고 첫째 되는 계명이요 둘째도 그와 같으니 네 이웃을 네 자신같이 사랑하라 하셨으니 이 두 계명이 온 율법과 선지자의 강령이니라"(마 22:37~40).

천지가 없어지기 전에는 율법의 일점일획도 없어지지 않는다고 말씀하셨던 주님께서는 구약 율법 곧 구약 계명의 본질을 사랑이라고 말씀하시면서 제자들을 향해 사랑의 새 계명을 지킬 것을 당부하셨다. "내가 아버지의 계명을 지켜 그의 사랑 안에 거하는 것같이 너희도 내 계명을 지키면 내 사랑 안에 거하리라"(요 15:10). "내 계명은 곧 내가 너희를 사랑한 것같이 너희도 서로 사랑하라 하는 이것이니라"(요 15:12). 그러므로 예수 그리스도의 사랑의 새 계명을 실천하는 자만이 예수 그리스도의 사랑 안에 거할 수 있다.

이스라엘 백성이 할례를 받았다고 해서, 교인들이 세례를 받았다고 해서 그것이 하나님을 사랑하는 것이 아니다. 이스라엘 백성이 짐승과 곡물로 헌물을 드렸다고 해서, 교인들이 예배 시간에 헌금을 드렸다고 해서 그것이 하나님을 사랑하는 것이 아니다. 기도 많이 하는 이스라엘 백성과 교인들이 하나님을 사랑하는 것이 아니다. 하나님 사랑은 신앙의 년 수와 신앙의 직급을 따라 비례하는 것도 아니다.

하나님을 사랑하는 유일한 증거는 그분의 계명을 지키는 것이고, 그분의 계명을 지키는 것은 우리가 사랑을 실천하는 것이다. 그러므로 초대 교회 성도들은 인생의 꿈과 비전을 긍정적으로 생각하고 입술로 시인했던 것이 아니라 사도행전 4장 32~35절에서처럼 놀랍고도 엄청난 사랑을 실천함으로 하나님을 향한 그들의 뜨거운 사랑을 확증했다.

축복과 저주, 생명과 사망, 천국과 지옥의 두 가지 길 가운데서 우리를 축복과 생명, 즉 천국으로 인도하는 유일한 신앙의 이정표는 마음과 성품과 힘을 다해 하나님을 사랑하는 것이다. 그리고 마음과 성품과 힘을 다해 하나님을 사랑하는 자는 예수 그리스도의 새 계명을 힘써 지켜 행한다. 결국 주의 이름으로 선지자 노릇 하는 자마다 천국 가는 것이 아니며, "주여! 주여!" 하는 자마다 천국 가는 것이 아니라 하나님의 뜻대로 행하는 사람이 천국을 간다.

하나님의 뜻은 우리가 서로 사랑하는 것이다. 그러므로 참된 선지자는 주의 이름으로 귀신을 많이 쫓아내는 사람도 아니고, 이적을 많이 행하는 사람도 아니며, 백성들에게 주의 이름으로 꿈과 비전을 많이 심어 주는 사람도 아니다. 참된 선지자는 "주여! 주여!" 하는 신앙인들을 하나님의 뜻대로 철저하게 사랑하는 사람으로 양육하는 사람이다.

그런데 오늘날 많은 거짓 선생들이 백성에게 제시하는 천국과 지옥을 결정하는 유일한 신앙의 이정표에는 '마음과 성품과 힘을 다한 하나님 사랑'이라는 글귀가 적혀 있지 않고, 가지각색의 유행어들이 적혀 있다. '꿈은 이루어진다. 생각한 대로 이루어진다. 입술로 시인하는 대로 이루어진다. 잘되는 나를 꿈꾸라. 성공을 꿈꾸라.' 등이다.

그런데 내 꿈을 이루는 것과 천국 가는 것이 도대체 무슨 상관이 있는가? 천국 가지 못하는 많은 세상 사람도 지금 이 시간 꿈을 디자인하고 그 꿈을 이루기 위해 달려가면서 어쩌면 예수 믿는 우리보다 더 많은 꿈을 이루고 살아간다.

입술뿐인 신앙인들은 세례받고 헌금하고 기도하고 직분 받았으니 천국은 떼 놓은 당상이라고 생각하면서 인생의 꿈을 먹고산다. 그러나 우리가 먹고살아야 하는 것은 인생의 꿈이 아니라 살아 있는 하나님의 말씀이고, 그 말씀의 뜻대로 살지 않는다면 결단코 구원에 이르지 못한다. 오늘날 이름뿐인 신앙인들의 신앙의 소망과 목적은 베드로후서 3장 14절의 말씀처럼 주님이 이 땅에 오시는 그 한 날을 바라보며 흠도 점도 없이 나타나기를 힘쓰는 거룩함이 아니라 긍정적 사고와 긍정적 입술로 인생의 꿈을 이루는 것이 되었다.

우리는 내가 세례받았기 때문에, 예배 시간에 헌금을 드리고 있기 때문에, 새벽기도 철야기도 금식기도를 많이 하기 때문에 지옥 가지 않고 천국 갈 것이라고 착각하고 있으며, 자신의 신앙의 년 수와 신앙의 직급을 천국 가는 보증 수표로 착각하고 있다. 그러나 구약 이스라엘 백성은 수많은 헌물을 드리고도, 절기를 부지런히 지키고도, 많은 성회를 참석하고도, 기도의 손을 많이 들고도 소돔의 관원들로 고모라의 백성으로 정죄 받고(사 1:10) 손에 피가 가득한 살인자들로 정죄 받았다(사 1:15). "너희 소돔의 관원들아 여호와의 말씀을 들을지어다 너희 고모라의 백성아 우리 하나님의 법에 귀를 기울일지어다 여호와께서 말씀하시되 너희의 무수한 제물이 내게 무엇이 유익하뇨 나는 숫양의 번제와 살진 짐승의 기름에 배불렀고 나는 수송아지나 어린 양이나 숫염소의 피를 기뻐하지 아니하노라 너희가 내 앞에 보이러 오니 이것을 누가 너희에게 요구하였느냐 내 마당만 밟을 뿐이니라 헛된 제물을 다시 가져오지 말라 분향은 내가 가증히 여기는 바요 월삭과 안식일과 대회로 모이는 것도 그러하니 성회와 아울러 악을 행하는 것을 내가 견디지 못하겠노라 내 마음이 너희의 월삭과 정한 절기를 싫어하나니 그것이 내게 무거운 짐이라 내가 지기에 곤비하였느니라 너희가 손을 펼 때에 내가 내 눈을 너희에게서 가리고 너희가 많이 기도할지라도 내가 듣지 아니하리니 이는 너희의 손에 피가 가득함이라 너희는 스스로 씻으며 스스로 깨끗하게 하여 내 목전에서 너희 악한 행실을 버리며 행악을 그치고 선행을 배우며 정의를 구하며 학대받는 자를 도와주며 고아를 위하여 신원하며 과부를 위하여 변호하라 하셨느니라"(사 1:10~17).

소돔의 관원들로 정죄를 받았던 이스라엘의 목회자들은 백성을 철저하게 사랑의 계명을 실천하는 사람으로 양육하지는 않으면서 백성이 성전에 제물을 가져오기 때문에, 월삭과 절기와 성회를 지키기 때문에, 성전에서 손을 들고 많이 기도하기 때문에 그들을 구원받은 아브라함의 자손이라고 축복했고, 그들을 구원받은 천국 백성으로 안심을 시켰다. 하기야 백성의 헌물로 호위호식하며 부귀와 영화를 누리던 이스라엘 목회자들이 어떻게 백성을 철저한 사랑의 계명을 실천하는 신앙인들로 양육할 수 있었겠는가?

오늘날도 마찬가지이다. 그 옛날 사도들처럼 하나님으로부터 직접 계시를 받은 것도 아니고, 예수 그리스도를 직접 본 것도 아니고, 고생하는 것도 아니고, 헌신하는 것도 아니고, 희생하는 것도 아니면서 대우와 보수는 사도들보다 더 받으려고 하는 목회자들이 어떻게 백성에게 부모와 처자와 소유에 대한 철저한 자기 부인의 십자가 길을 가르칠 수 있겠는가? 두 벌 옷도 가져서는 안 되는 희생과 헌신과 절제의 참된 제자도를 잃어버린 배부른 목회자들이 어떻게 백성을 사도행전 4장 32~35절에서 증언하는 사랑의 삶을 실천하는 사람으로 양육할 수 있겠는가?

하나님께서는 이사야 선지자를 통해 무수한 제물을 가져오고 수도 없이 많은 제목의 예배를 드리며 성전에서 손을 들고 기도하는 많은 백성을 향해 고모라의 백성이라고 정죄하셨고(사 1:10), 성전 마당만 밟는 어리석은 백성이라고 책망하셨고(사 1:12), 손에 피가 가득한 살인자들이라고 정죄하셨다(사 1:15). 이처럼 이스라엘 백성이 무수히 많은 헌물을 드리고, 수없이 많은 예배를 드리고, 수없이 많은 기도를 하고서도 살인자들로 정죄를 받았던 것은 그들이 악업을 버리지 못하고 악행을 그치지 않았기 때문이다(사 1:16).

그러면 그들이 버리지 못하고 쌓았던 악행과 악업이 무엇인가? 이에 대해 이사야 선지자는 그들에게 선행의 열매가 없고 공의를 실천하는 삶이 없는 것, 바로 그것이 그들의 악행이고 악업이라고 지적했다(사 1:17). 그러므로 이스라엘 백성은 세상적인 기준의 극한 악행과 악업을 범해서 악인이 되는 것이 아니라 율법을 받은 하나님의 선민으로서 선행의 열매를 적극적으로 맺지 못하고 공의를 적극적으로 실천하지 못하는 바로 그 죄악 때문에 악을 행하는 사람이 되고, 악인이 된다. 결국, 이사야 1장 15~17절의 말씀을 요약하면 신앙인이 적극적으로 선행의 열매를 맺지 못하고 적극적으로 공의를 실천하지 못하면 바로 그것이 심판받을 악행이고 악업이며, 손에 피가 가득한 살인죄를 범하는 것이다.

오늘날도 신앙인이 신앙인답지 못하고 선행의 열매를 맺지 못하고 공의를 실천하지 않으면 바로 그 자체가 악취 나는 이방의 들포도가 되는 것이다. "나는 내가 사랑하는 자를 위하여 노래하되 내가 사랑하는 자의 포도원을 노래하리라 내가 사랑하는 자에게 포도원이 있음이여 심히 기름진 산에로다 땅을 파서 돌을 제하고 극상품 포도나무를 심었도다 그 중에 망대를 세웠고 또 그 안에 술틀을 팠도다 좋은 포도 맺기를 바랐더니 들포도를 맺었도다"(사 5:1~2). "무릇 만군의 여호와의 포도원은 이스라엘 족속이요 그가 기뻐하시는 나무는 유다 사람이라 그들에게 정의를 바라셨더니 도리어 포학이요 그들에게 공의를 바라셨더니 도리어 부르짖음이었도다"(사 5:7). 그러므로 요한계시록 14장 17~20절의 진노의 포도주 틀에서 심판을 받는 포도송이는 선행과 공의의 열매를 맺지 못하고 이방의 들포도가 된 "주여! 주여!" 하는 신앙인들이다.

그러면 하나님께서 이스라엘 백성에게 요구하셨던 선행과 공의가 무엇인가? 그것은 학대받는 자를 도와주고 고아를 위해 신원하고 과부를 위해 변호하는 것이다(사 1:17). 신앙의 법인 하나님의 말씀을 지키고 살아야 하는 신앙인이 학대받는 자를 돕지 않고 고아를 위해 신원하지 않고 과부를 위해 변호하지 않는 것이 바로 악행이고 악업이며, 손에 피가 가득한 살인자가 되는 죄악이다. 따라서 오늘날 지극히 작은 형제 교인과 지극히 작은 형제 선교사와 핍절한 이웃을 적극적으로 돕지 않는 것은 악행이고 악업이며 손에 피가 가득한 살인죄를 범하는 것이다.

하나님께서 율법에서 구현하고자 하셨던 철저한 공의와 사랑을 초대 교회 성도들은 자기 것을 자기 것이라 하지 않고 내어 주고 나누어 주고 베풀어 주는 사랑의 실천을 통해 그 가운데 핍절한 자가 없는 아름다운 공동체를 이룸으로써 완성했다(행 4:32~35). 이처럼 하나님께서 요구하셨던 선행과 공의는 세상 사람들의 상식으로 이해가 되지 않는 놀랍고도 철저한 사랑이다. 그러므로 우리가 하나님으로부터 악을 행하는 자로 정죄를 받지 않고, 악업을 쌓는 자로 정죄 받지 않고, 손에 피가 가득한 살인자들로 정죄 받지 않기 위해서는 하나님이 명하신 사랑의 새 계명을 적극적으로 철저하게 초대 교회처럼 모든 소유를 버리기까지 실천해야 한다(눅 14:26~27, 33).

생색내기의 사랑으로 온전한 예수 그리스도의 사랑을 실천한 것인 양 칭찬받는 것은 신앙의 위선이고 신앙의 외식이다. 사도행전 5장에 보면, 아나니아와 삽비라 부부는 하나님 앞에 상당한 액수의 헌금을 했지만 부분을 가지고 전체를 헌금한 것인 양 속였던 것이 신앙의 외식이 되어 성물 모독죄에 걸리고 성령을 속인 죄에 걸려서 그 자리에서 즉사하고 말았음을 유념해야 한다.

하나님께서 당신의 백성에게 요구하시는 선행과 공의는 일 년에 몇 번 불우이웃 돕기 성금 내고 달동네 쌀 몇 가마니 돌리는 정도나, 화려하고 거대한 성전 건물 짓는 데 교회 재정 다 쏟아붓고 10%도 안 되는 재정으로 선교하고 구제했다고 생색내는 정도의 자선이 아니다. 그런 정도의 사랑은 일반 종교 단체들도 하고 자선 단체들도 얼마든지 행하는 사랑이다.

오늘날 많은 교회가 재정의 극히 일부분으로 구제하고는 예수 그리스도의 온전한 사랑을 실천한 것인 양 칭찬받는 것은 신앙의 외식이다. 예수 그리스도께서 우리에게 명하신 사랑은 그 정도의 시시한 사랑이 아니다.

요한계시록 9장 21절에서는 땅에 거하는 자들이 살인죄를 회개하지 않는다고 책망하고 있다. 그리고 요한계시록 22장 15절에는 살인자들은 거룩한 성 새 예루살렘에 들어갈 수 없다고 경고하고 있다. 여기서 살인자는 실제 살인죄로 교도소에 가 있는 범죄자들을 말하는 것이 아니다.

이사야 선지자 당시에 손에 피가 가득한 자들로 정죄 받았던 자들은 성전을 출입하고, 성전에서 예배를 드리고, 성전에서 헌물을 드리고, 성전에서 손을 들고 많이 기도하는 사람들이었다. 그러므로 요한계시록에서 경고하고 있는 천국 가지 못할 살인자들은 예수 그리스도의 새 계명의 말씀대로 사랑의 선행을 철저하게 행하지 않고, 사랑의 공의를 실천하지 않은 이름뿐인 신앙인들이다.

오늘 우리 주위에는 지극히 작고 지극히 가난한 형제 교인들, 형제 교회들, 형제 목회자들, 형제 선교사들이 얼마나 많이 있는가? 그들 가운데 예수 그리스도가 계시건만 우리는 그들을 위해서 한 것이 무엇이 있는가? 그들을 향해 내 것을 내 것이라 하지 않고 나눌 수 있는 사도행전 4장 32~35절에서 증언하는 사랑 삶을 10분의 1이라도 행하지 못했다면 우리 모두는 악행과 악업을 쌓은 자들이고 손에 피가 가득한 살인을 범한 종교인들이다.

이제 우리가 배우고 힘써야 하는 삶은 응답받기 위한 기도법, 축복받기 위한 예배법, 꿈을 이루기 위한 긍정적 사고법, 출석 교인 숫자 배가 부흥 시키는 전도법과 프로그램이 아니라(마 24:15) 하나님의 말씀대로 철저하게 사랑을 실천하는 삶이다.

하나님의 말씀대로 철저하게 사랑하는 자가 하나님을 마음과 성품과 힘을 다해 사랑하는 자이고, 이 사랑만이 우리를 영생의 지복으로 인도하는 유일한 이정표이며, 영원히 빛나는 천국 문 안에서, 곧 거룩한 성 새 예루살렘 안에서 빛이 되시는 하나님을 영원히 대면하고 그 생명을 호흡하기 위한 유일한 구원의 이정표가 되는 것이다.

이 땅에 오셨던 예수 그리스도께서는 우리에게 빛과 어두움, 성 안과 성 밖, 문 안과 문 밖의 두 가지 길을 선언하셨다. 그러므로 하나님의 뜻을 행한 자만이 거룩한 성 새 예루살렘으로 상징된 천국을 들어가게 될 것이고, 그렇지 못한 자는 바깥 어두움 가운데서, 즉 성 밖에서 슬피 울며 이를 갈게 될 것이다.

사회법은 지극히 작은 자를 적극적으로 돕지 않았다고 해서 살인자라고 말하지 않지만, 하나님의 법인 신앙의 법은 사랑의 새 계명을 적극적으로 실천하지 않는 사람들을 살인자들로 정죄한다. 그것은 하나님께서 많이 준 자에게 많은 것을 요구하시기 때문이다.

오늘 우리는 예수 그리스도의 목숨 버리신 사랑으로 인해 세상 가운데서 유일하게 택함 받은 거룩한 백성이며 거룩한 나라가 되었다. 이제 우리에게는 예수 그리스도의 철저한 사랑의 새 계명을 행하는 삶을 살아야 할 마땅한 의무가 주어져 있다.

18.
구원을 위한 손목과 미간의 표

모세 오경의 마지막 책인 신명기서에서 모세 선지자는 세상 사람들을 향해서가 아니라 신앙의 후세대를 향해서 그들 미래의 복과 저주, 그들 미래의 생명과 사망, 그들 미래의 천국과 지옥을 결정하는 유일한 신앙의 이정표는 마음과 성품과 힘을 다해 하나님을 사랑하는 것이라고 했다.

그렇다면 신앙인이 마음과 성품과 힘을 다해 하나님을 사랑하는 증거는 무엇인가? 그 증거는 오로지 우리가 율법과 선지자의 모든 강령이며 예수 그리스도께서 우리에게 명하신 새 계명인 사랑을 실천하는 것이라고 성경은 말하고 있다.

신앙에 회색지대란 있을 수 없다. 그러므로 미지근한 신앙은 주님께서 입에서 토해 내치고 싶으실 정도로 매스꺼운 것이다(계 3:16). 신명기서는 이 사실에 대해 분명하고도 확실하게 경고하고 있다. 그러므로 오늘 신앙의 세대가 배워야 하는 것은 "꿈이 있는 자는 망하지 않는다."라는 것이 아니라 하나님의 말씀대로 철저하게 사랑해야한다는 것이다. 그리고 신앙의 후세대가 오늘 이 시간 두려워해야 하는 것은 긍정적 사고와 긍정적 입술이 없이는 꿈이 이루어지지 않는다는 사실이 아니라 하나님의 말씀대로 철저하게 사랑하지 않으면 지옥 간다는 사실이다.

구약에서 세상 사람들은 할례받은 이스라엘 백성이 아니기에 그들은 이미 심판받은 존재들이다. 신약에서 세상 사람들은 예수를 영접하지 않았기 때문에 이미 심판을 받은 것이다. 그러므로 생명과 사망, 축복과 저주의 두 갈림길의 길목에 서 있는 사람은 바로 신앙인들이다.

모세 선지자는 신명기서에서 세상 사람들이 아니라 이스라엘 백성을 향해 하나님께서 명하신 모든 말씀을 준행해서 생명을 얻든지 아니면 그 모든 말씀을 지켜 행하지 않아서 저주를 받든지 양자택일할 것을 촉구하고 있다. "네가 만일 네 하나님 여호와의 말씀을 순종하지 아니하여 내가 오늘 네게 명령하는 그의 모든 명령과 규례를 지켜 행하지 아니하면 이 모든 저주가 네게 임하며 네게 이를 것이니"(신 28:15). "보라 내가 오늘 생명과 복과 사망과 화를 네 앞에 두었나니 곧 내가 오늘 네게 명령하여 네 하나님 여호와를 사랑하고 그 모든 길로 행하며 그의 명령과 규례와 법도를 지키라 하는 것이라 그리하면 네가 생존하며 번성할 것이요 또 네 하나님 여호와께서 네가 가서 차지할 땅에서 네게 복을 주실 것임이니라 그러나 네가 만일 마음을 돌이켜 듣지 아니하고 유혹을 받아 다른 신들에게 절하고 그를 섬기면 내가 오늘 너희에게 선언하노니 너희가 반드시 망할 것이라 너희가 요단을 건너가서 차지할 땅에서 너희의 날이 길지 못할 것이니라 내가 오늘 하늘과 땅을 불러 너희에게 증거를 삼노라 내가 생명과 사망과 복과 저주를 네 앞에 두었은즉 너와 네 자손이 살기 위하여 생명을 택하고 네 하나님 여호와를 사랑하고 그의 말씀을 청종하며 또 그를 의지하라 그는 네 생명이시요 네 장수이시니 여호와께서 네 조상 아브라함과 이삭과 야곱에게 주리라고 맹세하신 땅에 네가 거주하리라"(신 30:15~20).

우리가 지켜야 할 하나님의 말씀은 하나님의 말씀 중 일부가 아니라 하나님께서 우리에게 명하신 모든 율례와 법도이다. 그러나 부패하고 연약하고 욕심 많은 우리가 어떻게 그 모든 명령과 규례를 지켜 행할 수 있겠는가? 그러므로 우리 신앙의 여정은 이미 천국 문 앞에 섰다 할 수 있는 것이 아니며, 이미 영생을 받았다 할 수 있는 것이 아니며, 이미 구원을 이루었다 할 수 있는 것이 아니며, 오로지 부름의 상을 향해 앞만 보고 달려가야 하는 필생의 경주이고 싸움이다.

우리는 하나님께서 우리에게 명하신 모든 명령과 규례를 지켜 행해야 함에도 온전히 다 지킬 수 없기 때문에 오늘 이 시간도 두렵고 떨림으로 우리의 구원을 이루어 가는 것이다. "그러므로 나의 사랑하는 자들아 너희가 나 있을 때뿐 아니라 더욱 지금 나 없을 때에도 항상 복종하여 두렵고 떨림으로 너희 구원을 이루라"(빌 2:12).

모세 선지자는 이스라엘 백성이 살고 죽고, 축복받고 심판받는 갈림길의 길목에 오로지 하나의 이정표를 세우면서 다음과 같이 경고했다. "이스라엘아 들으라 우리 하나님 여호와는 오직 유일한 여호와이시니 너는 마음을 다하고 뜻을 다하고 힘을 다하여 네 하나님 여호와를 사랑하라 오늘 내가 네게 명하는 이 말씀을 너는 마음에 새기고 네 자녀에게 부지런히 가르치며 집에 앉았을 때에든지 길을 갈 때에든지 누워 있을 때에든지 일어날 때에든지 이 말씀을 강론할 것이며 너는 또 그것을 네 손목에 매어 기호를 삼으며 네 미간에 붙여 표로 삼고 또 네 집 문설주와 바깥 문에 기록할지니라"(신 6:4~9).

마음과 성품과 힘을 다해 하나님을 사랑하는 것만이 우리를 구원하는 손목의 기호가 되고 미간의 표가 된다. 그러므로 백성들의 이마와 손목에 오로지 하나님 제일의 신앙, 하나님 최고의 신앙, 하나님 우선의 신앙, 하나님 유일의 신앙이 표시가 되도록 양육하는 하나님의 말씀이 바로 '하나님의 표', 곧 '하나님의 인'이다.

백성의 신앙을 마음과 성품과 힘을 다해 하나님을 사랑하도록 하는 말씀으로 그들의 이마와 손목에 구원의 표를 치지 않는 다른 모든 미지근한 교훈적인 가르침들은 사람의 계명이 되고(사 29:13), 그 사람의 계명이 바로 하나님의 인이 아닌 짐승의 인, 짐승의 표, 즉 666(계 13:16~18)이 된다.

이스라엘 백성의 필생의 의무는 자손 대대로 유일하신 야훼 하나님에 대해 마음과 성품과 힘을 다한 사랑을 존속시키는 것이다. 이를 위해서 이스라엘 백성은 그들의 자녀들에게 오로지 한 가지 신앙의 본질을 가르치고 가르쳐야 했다. 그것은 마음과 성품과 힘을 다한 하나님 사랑이다. 이를 위해서 이스라엘 백성이 하나님으로부터 부여받은 명령은 집에 앉았을 때든지 길에 행할 때든지 누웠을 때든지 일어날 때든지 하나님의 말씀을 강론하는 것이다.

이스라엘 백성을 천국 보낼 수 있는 유일한 구원의 표는 '마음과 성품과 힘을 다한 하나님 사랑'이었기에 모세 선지자는 이스라엘 백성의 파국을 경고하면서 그들이 먼 훗날 심판을 당할 이유는 그들이 하나님을 섬기지 않기 때문이 아니라 하나님을 섬기기는 섬기되 기쁘고 즐거운 마음으로 섬기지 않기 때문이며, 바로 이것이 그들이 먼 훗날 철저하게 심판받을 신앙의 죄악임을 경고했다. "네가 모든 것이 풍족하여도 기쁨과 즐거운 마음으로 네 하나님 여호와를 섬기지 아니함으로 말미암아 네가 주리고 목마르고 헐벗고 모든 것이 부족한 중에서 여호와께서 보내사 너를 치게 하실 적군을 섬기게 될 것이니 그가 철 멍에를 네 목에 메워 마침내 너를 멸할 것이라 곧 여호와께서 멀리 땅끝에서 한 민족을 독수리가 날아오는 것같이 너를 치러 오게 하시리니 이는 네가 그 언어를 알지 못하는 민족이요 그 용모가 흉악한 민족이라 노인을 보살피지 아니하며 유아를 불쌍히 여기지 아니하며 네 가축의 새끼와 네 토지의 소산을 먹어 마침내 너를 멸망시키며 또 곡식이나 포도주나 기름이나 소의 새끼나 양의 새끼를 너를 위하여 남기지 아니하고 마침내 너를 멸절시키리라 그들이 전국에서 네 모든 성읍을 에워싸고 네가 의뢰하는 높고 견고한 성벽을 다 헐며 네 하나님 여호와께서 네게 주시는 땅의 모든 성읍에서 너를 에워싸리니 네가 적군에게 에워싸이고 맹렬한 공격을 받아 곤란을 당하므로 네 하나님 여호와께서 네게 주신 자녀 곧 네 몸의 소생의 살을 먹을 것이라 너희 중에 온유하고 연약한 남자까지도 그의 형제와 그의 품의 아내와 그의 남은 자녀를 미운 눈으로 바라보며 자기가 먹는 그 자녀의 살을 그중 누구에게든지 주지 아니하리니 이는 네 적군이 네 모든 성읍을 에워싸고 맹렬히 너를 쳐서 곤란하게 하므로 아무것도 그에게 남음이 없는 까닭일 것이며 또 너희 중에 온유하고 연약한 부녀 곧 온유하고 연약하여 자기 발바닥으로 땅을 밟아 보지도 아니하던 자라도 자기 품의 남편과 자기 자녀를 미운 눈으로 바라보며 자기 다리 사이에서 나온 태와 자기가 낳은 어린 자식을 남몰래 먹으리니 이는 네 적군이 네 생명을 에워싸고 맹렬히 쳐서 곤란하게 하므로 아무것도 얻지 못함이리라"(신 28:47~57). 그래서 모세 이후 모든 선지자는 이 한 가지 신앙의 본질을 가지고 입으로만 하나님을 가까이하는 "주여! 주여!" 하는 이스라엘 백성을 하나님의 율법의 법정에 세웠다.

이스라엘 백성이 하나님을 섬기지 않는다는 것이 아니다. 그들이 비록 하나님을 섬기기는 섬기되 그 섬김에 기쁨과 즐거운 마음이 없다면 그들의 섬김은 헛된 것이 되고, 그들의 예배도 헛된 것이 되고, 그들의 찬송도 헛된 것이 되는 것이다. 그래서 모세 선지자는 하나님을 섬기기는 섬기되 그 섬김 가운데 기쁨과 즐거움이 없는 이스라엘 백성의 파국을 경고했던 것이다.

이 예언이 있은 후 1,000년이 지나 주전 586년, 그리고 다시 600년이 지나 주후 70년에 이스라엘 백성이 철저하게 멸망했던 이유의 근원은, 그들이 하나님을 섬기기는 섬기되 그 섬김에 기쁨과 즐거움이 없었던 무성의함이었다. 모든 우상 숭배와 신앙의 방종과 신앙의 나태함과 신앙의 변질은 하나님을 섬기기는 섬기되 기쁨과 즐거운 마음으로 섬기지 않는 이 한 가지 이유로부터 비롯된다.

오늘날 교회 세대가 입으로는 "주여! 주여!" 하며 하나님을 섬기기는 섬기지만 기쁨과 즐거움으로 하나님을 섬기지 않기 때문에, 한 주일 168시간 중에 단 한 시간만 하나님께 예배드리고는 나머지 시간을 그토록 자기를 위해 쓰고, 가족을 위해 쓰고, 세상의 탐욕과 재미에 빠져 하나님도 사랑하고 세상도 사랑하고, 하나님도 사랑하고 물질도 사랑하고 있는 것이다.

결국 이스라엘 백성은 모세의 경고의 예언이 있은 후 독수리의 날음같이 원방에서 올라온 이족인 바벨론과 로마에 의해 주전 586년, 주후 70년에 철저한 파멸을 경험했다. 그날에 그들은 하나님의 도성이라고 자부했던 거룩한 성 예루살렘을 에워싸고 포위한 바벨론과 로마 군대의 고사 작전에 의해 먹을 양식이 없어 종국에는 유순하고 연약한 부녀까지 자기들 다리 사이에서 나온 태와 자기의 낳은 어린 자식을 가만히 뜯어 먹었다고 역사는 증언하고 있다.

하나님께서 필요로 하는 사람은 할례받고 세례받은 바닷가의 모래와 같이 많은 입술뿐인 신앙인들이 아니라 마음과 성품과 힘을 다해 하나님을 사랑해서 율법의 모든 말씀을 지켜 행하며 여호와라 하는 영화롭고 두려운 이름을 경외하는 소수의 남은 자들, 즉 하나님의 뜻을 행하는 신실한 사람들이다. 그러므로 모세 선지자는 하나님을 기쁘고 즐거운 마음으로 섬기지 않을 신앙의 후세대에게 철저한 파멸을 경고한 후, 하나님의 모든 명령을 지켜 행하지 않을 신앙의 후세대를 향해 동일한 파멸, 동일한 심판을 경고했다. "네가 만일 이 책에 기록한 이 율법의 모든 말씀을 지켜 행하지 아니하고 네 하나님 여호와라 하는 영화롭고 두려운 이름을 경외하지 아니하면"(신 28:58). "너희가 하늘의 별같이 많을지라도 네 하나님 여호와의 말씀을 청종하지 아니하므로 남는 자가 얼마 되지 못할 것이라 여호와께서 너희에게 선을 행하시고 너희를 번성하게 하시기를 기뻐하시던 것같이 이제는 여호와께서 너희를 망하게 하시며 멸하시기를 기뻐하시리니 너희가 들어가 차지할 땅에서 뽑힐 것이요 여호와께서 너를 땅 이 끝에서 저 끝까지 만민 중에 흩으시리니 네가 그곳에서 너와 네 조상들이 알지 못하던 목석 우상을 섬길 것이라"(신 28:62~64).

이사야 선지자는, 모세 선지자가 모압 평지에서 신앙의 모든 후세대를 향해 "너희가 하늘의 별같이 많을지라도 네 하나님 여호와의 말씀을 청종하지 아니하므로 남는 자가 얼마 되지 못할 것이라"(신 28:62)고 경고했던 예언의 연속선에서 이스라엘 백성 가운데 다수의 파멸과 남은 자만의 구원을 경고했다. "남은 자 곧 야곱의 남은 자가

능하신 하나님께로 돌아올 것이라 이스라엘이여 네 백성이 바다의 모래 같을지라도 남은 자만 돌아오리니 넘치는 공의로 파멸이 작정되었음이라"(사 10:21~23). 신명기서와 이사야서의 이 말씀에서 구약의 '남은 자 사상'을 볼 수 있다.

남은 자 사상은 신약에 와서 '이긴 자 사상'으로 그 맥이 이어진다. 종말에도 모든 세대의 교회를 상징하는 일곱 교회 교인들 모두가 구원받는 것이 아니라 '이긴 자'들만이 생명나무의 과실을 먹고(계 2:7), 둘째 사망의 해를 받지 않으며(계 2:11), 새 이름의 축복을 받으며(계 2:17), 만국을 다스리는 권세를 받으며(계 2:26), 생명책에서 그 이름이 흐려지지 않으며(계 3:5), 거룩한 성 새 예루살렘의 기둥이 되며(계 3:12), 예수 그리스도와 함께 하나님의 보좌에 앉게 될 것이다(계 3:21).

오늘 교회 세대에 "주여! 주여!" 하는 교인들의 숫자가 아무리 하늘의 별과 같이 많다 할지라도 마음과 성품과 힘을 다해 하나님을 사랑하지 않고 하나님의 뜻대로 행하지 않는 모든 신앙인은 결단코 천국에 들어갈 수 없다.

남은 자, 곧 이긴 자의 축복을 받기 위해서는 "주여! 주여!" 하며 하나님을 입으로만 섬겨서 되는 것이 아니라 기쁨과 즐거운 마음으로 섬겨야 하며, 기쁨과 즐거운 마음으로 하나님을 섬기는 것이 바로 마음과 성품과 힘을 다해 하나님을 사랑하는 것이다. 그리고 하나님 사랑은 하나님께서 행하신 모든 명령과 규례, 곧 주님께서 분부하신 모든 것을 지켜 행하는 삶이다(신 28:58; 마 28:20; 요 14:15, 21).

그런데 구약 시대나 신약 시대나 많은 거짓 선생이 생명과 사망의 길을 마주하고 있는 신앙인들을 향해 여러 가지 이름의 이정표를 세워 왔다. 그들이 세웠던 많은 헛된 이정표들을 한마디로 요약하면 '행함이 없는 믿음'이다. 그래서 오늘날은 행함이 없어도 세례받은 것을, 헌물과 헌금을 드리는 것을, 기도 많이 하는 것을 구원받을 믿음의 증거로 보게 되었다. 그러나 참된 믿음은 마음과 성품과 힘을 다해 하나님을 사랑하는 삶이고, 하나님의 뜻을 행하는 삶이다(약 2:14, 17, 22).

구약 시대나 신약 시대의 많은 거짓 선생이 하나님 백성의 신앙을 마음과 성품과 힘을 다해 하나님을 사랑하고, 그분의 뜻을 행하는 삶을 목적으로 양육하는 것이 아니라 백성이 할례받고 세례받고 헌금하고 기도만 하면 천국 백성이라고 안심시켰다. 바로 이들의 잘못된 교훈이 하나님의 백성을 천국 보내지 못하고 지옥 보내는 짐승의 표 666이다. 그것은 백성의 이마와 손목에 오직 하나이신 하나님을 마음과 성품과 힘을 다해 사랑하라(신 6:4~8), 곧 하나님을 기쁘고 즐거운 마음으로 섬겨라(신 28:47), 책에 기록된 모든 명령을 지켜 행하라(신 28:58)는 것이 '하나님의 인'이고 '하나님의 말씀'이기 때문이다.

백성이 입으로만 "주여! 주여!" 하게 만드는 가벼운 교훈들, 부드러운 교훈들, 신바람 나는 교훈들, 이 모든 교훈이 교회를 천국 보내지 못하는 사람의 교훈이고 사람의 계명이기 때문에 하나님의 인이 아니라 짐승의 표 666이다.

오늘날은 행함이 없는 믿음을 가진 바닷가의 모래와 같은 신앙인들에 의해 말로만의 사랑이 넘쳐 난다. 지금은 어느 때보다도, 내 것을 내 것이라 하지 않고 나누어 주었던 초대 교회 성도들의(행 4:32~35) 실천적 처음 사랑의 행위를(계 2:5) 가난한 형제 교인과 가난한 형제 교회와 가난한 오지의 선교사들을 향해 공급해야 할 때이다. 바로 이 실천적 사랑이 세상의 도덕가가 흉내 낼 수 없고, 세상의 자선 사업가가 흉내 낼 수 없는, 오로지 마음과 성품과 힘을 다해 하나님을 사랑하는 참된 신앙인만이 비출 수 있는 예수 그리스도의 사랑의 빛이다.

하나님이 우리에게 요구하신 사랑의 계명은 국민윤리 정도의 사랑이 아니다. 자선 사업 정도의 사랑도 아니다. 바로 이 사랑의 선행이 우리 손목의 기호가 되고 미간의 표가 되도록 가르치는 것이 하나님의 인이고, 참된 복음이다. 그러므로 구원받았다고 자부하는 우리 자신에게 이와 같은 사랑의 선행이 없다면 우리는 하나님의 복음인 하나님의 인을 맞은 것이 아니라 사람의 계명, 즉 짐승의 인을 맞은 것이다.

지금 교회는 두렵고 떨림으로 처음 사랑의 행위를(행 4:32~35; 계 2:5) 회복하려는 신앙의 열심 없이도 구원받았다고 생각하는 신앙의 깊은 잠에 빠져 있고, 그 결과 처음 사랑의 행위를 결실하지 못하는 신앙의 겨울 가운데 있다. 그런 신앙으로는 결단코 지옥 간다는 것이 하나님의 선악과 명령이고, 하나님의 말씀이고, 예수 그리스도의 복음이고, 하나님의 인(印)이다.

19.
복 빌어 주는 자판기들

우리는 행함만을 배워서도 안 되겠지만 믿음만을 배워서도 안 된다. 그것은 사도들의 모든 서신서 가운데 가장 먼저 기록된 것으로 전해지는 야고보 성경이 믿음과 행함은 함께하는 것이라고 했기 때문이다. "네가 하나님은 한 분이신 줄을 믿느냐 잘하는도다 귀신들도 믿고 떠느니라 아아 허탄한 사람아 행함이 없는 믿음이 헛것인 줄을 알고자 하느냐 우리 조상 아브라함이 그 아들 이삭을 제단에 바칠 때에 행함으로 의롭다 하심을 받은 것이 아니냐 네가 보거니와 믿음이 그의 행함과 함께 일하고 행함으로 믿음이 온전하게 되었느니라 이에 성경에 이른바 아브라함이 하나님을 믿으니 이것을 의로 여기셨다는 말씀이 이루어졌고 그는 하나님의 벗이라 칭함을 받았나니 이로 보건대 사람이 행함으로 의롭다 하심을 받고 믿음으로만은 아니니라"(약 2:19~24).

행함이 없는 믿음은 헛된 것이다. 그러므로 지금 우리가 예수 그리스도를 믿는 믿음을 가졌다는 것이 중요한 것이 아니다. 귀신들도 하나님은 한 분뿐이심을 믿고 떤다고 했다. 온전한 믿음은 행함과 함께 일하는 믿음이다.

야고보 선생은 행함과 함께 일하는 믿음의 예로 아브라함을 들고 있다. 아브라함은 믿음으로만 의롭다 하심을 받은 것이 아니라 하나님의 말씀에 전적으로 순종해서 그 사랑했던 독자 이삭을 하나님의 말씀대로 제단의 제물로 바치는 행동을 취했을 때 비로소 의롭다 하심을 받고 하나님의 벗이라 칭함을 받았고, 모든 믿는 자의 조상이 되었다. 따라서 믿음은 행함으로 온전해지는 것이다.

야고보 선생은 행함이 없는 믿음은 죽은 것으로서 우리를 구원할 수 없다고 결론 내렸다. "내 형제들아 만일 사람이 믿음이 있노라 하고 행함이 없으면 무슨 유익이 있으리요 그 믿음이 능히 자기를 구원하겠느냐"(약 2:14). "이와 같이 행함이 없는 믿음은 그 자체가 죽은 것이라"(약 2:17). 그러므로 오늘 우리가 배워야 하는 것은 무엇을 행해야 할 것인가, 어떻게 행해야 할 것인가 하는 것이다.

성경이 말하는 행함은 긍정적 사고와 삶의 방식이 아니라 하나님의 말씀이라면 아무리 나에게 손해가 되고, 나에게 불명예가 되고, 심지어 죽음을 수반하는 고통이 따른다고 할지라도 그 말씀을 지켜 행하는 것이다. 그러므로 주님께서 사랑의 새 계명을 명령하셨으면 나에게 아무리 막대한 금전적 손실이 온다고 할지라도 그 말씀을 지켜 행하기 위해 사도행전 4장 32~35절의 말씀처럼 사랑의 새 계명을 실천해야 한다.

지금 우리가 배워야 하는 것은 인생의 꿈을 입술로 시인하는 법도 아니고 문제 해결 받으려는 기도 응답법도 아니라, 어떻게 하면 예수 그리스도의 십자가 앞에 나의 정과 욕심을 못 박고 자기를 부인하는 십자가를 지는 삶을 실천할 것인가 하는 것이다. 모든 소유를 버리기까지 주님을 따를 것인가 하는 것이다(눅 14:33). 그것은 모든 소유를 버리기까지 주를 따를 수 있을 때, 초대 교회와 같은 처음 사랑의 행위를 회복할 수 있기 때문이다(행 4:32~35: 계 2:5).

구약의 거짓 선생들은 이스라엘 동네 밖에, 이스라엘 나라 밖에 있었던 것이 아니라 이스라엘 동네 안에서, 성전 안에서 말씀대로 지켜 행하지 않는 이스라엘을 향해 심판은 경고하지 않으면서 허구한 날 복 타령하고 복 받는 법이나 가르치는 사람들이었다. 그러나 참된 선지자는 하나님으로부터 예루살렘 동네에 보냄을 받고 백성에게 철저한 행함을 촉구했다. 이스라엘 대대로 복 타령하던 선생들, 바로 그들 때문에 종국에는 이스라엘 백성이 멸망하고 말았다.

모세 선지자는 그의 마지막 고별 설교인 신명기 28~32장에서 복 받는 꿈 법이나 복 받기 위한 긍정적 사고와 긍정적 입술 법이나 문제 해결 받기 위한 비상 금식기도법을 가르쳤던 것이 아니라 오로지 기쁨과 즐거움으로 하나님을 사랑하며 그 하나님이 명하신 모든 규례를 지켜 행해야 할 것을 가르쳤다. 그러므로 그 모든 명령을 지켜 행하지 않으면 원방 땅끝에서 독수리의 날음같이 올라오는 대적에 의해 그들의 성읍이 초토화되고 필경은 멸망할 것임을 경고했다(신 28:47, 48~57, 58, 59~68).

그런데 이 경고가 발해진 후 천 년의 세월이 지나 예레미야 선지자는 모세 선지자의 경고대로 마침내 폐허가 되어 버리고 만 예루살렘 성벽에 걸터앉아 다음과 같이 비통한 슬픔을 노래했다. "내 눈이 눈물에 상하며 내 창자가 끊어지며 내 간이 땅에 쏟아졌으니 이는 딸 내 백성이 패망하여 어린 자녀와 젖 먹는 아이들이 성읍 길거리에 기절함이로다 그들이 성읍 길거리에서 상한 자처럼 기절하여 그의 어머니들의 품에서 혼이 떠날 때에 어머니들에게 이르기를 곡식과 포도주가 어디 있느냐 하도다 딸 예루살렘이여 내가 무엇으로 네게 증거하며 무엇으로 네게 비유할까 처녀 딸 시온이여 내가 무엇으로 네게 비교하여 너를 위로할까 너의 파괴됨이 바다같이 크니 누가 너를 고쳐 줄소냐 네 선지자들이 네게 대하여 헛되고 어리석은 묵시를 보았으므로 네 죄악을 드러내어서 네가 사로잡힌 것을 돌이키지 못하였도다 그들이 거짓 경고와 미혹하게 할 것만 보았도다"(애 2:11~14).

예레미야 선지자는 이스라엘 백성이 패망하게 된 것은 이스라엘 백성의 선지자들 때문이고, 그 선지자들은 거짓 경고와 미혹하게 할 것만 보았다고 통탄해한다. 거짓 선지자의 미혹으로 하나님의 백성이 패망했고, 하나님의 백성을 미혹한 거짓 선지자는 이스라엘 백성의 지도자들이고 이스라엘 백성의 선지자들이라는 것이 예레미야의 진단이다.

여기서 우리는 거짓 선지자의 미혹의 비밀을 발견하게 된다. 이스라엘 백성의 패망의 선봉이 된 선지자들은 모압 족속의 제사장도 아니고, 암몬 족속의 제사장도 아니며, 애굽의 제사장도 아니고, 바로 이스라엘 백성 가운데 있는 선지자들이었고, 그 선지자들은 거짓 경고와 미혹하게 할 것만 보았던 자들이다. 결국, 이스라엘 백성 가운데 거짓 선지자의 미혹이 있었던 것이다.

바로 이들은 행함이 없는 믿음만을 강조했던 백성의 선지자들이었고, 그들은 백성의 잘못된 신앙생활을 책망하지는 못하면서 백성에게 헛된 인생의 꿈이나 심어 주었다. 그들의 가르침을 요약하면 우리는 구원받은 아브라함 자손이기에 기도만 하면 무조건 승리하고 형통하고 해결 받는다는 것이었다.

말세에도 주님께서 그토록 경계하셨던 거짓 선지자의 미혹(마

24:4~5, 11, 23~25)의 주인공은 오늘 우리 교회 세대 가운데서 행함이 없는 믿음을 가르치며 축복 타령하는 목회자들이다.

오늘 교회 세대 가운데 축복 타령하는 목회자들 때문에, 그들의 거짓된 복음 때문에, 그들의 미혹 때문에 바닷가의 모래와 같이 많은 교인이 행함의 열매를 맺지 못하고 잎만 무성한 무화과나무가 되어 버렸다. 이들의 가르침 또한 그 옛날 이스라엘의 거짓 선지자들의 교훈처럼 우리는 구원받은 천국 백성이기에 기도만 하면 무조건 승리하고 형통하고 해결 받는다는 것이다.

지금은 회개에 합당한 열매를 맺지 못하는 무화과나무를 향해 심판의 도끼가 준비되고 있건만 백성의 목회자들은 아직도 꿈 타령이나 하고, 축복 타령이나 하고, 문제 해결 타령이나 하고 있다. 그들의 전매특권은 예배당에서 헌금하는 백성을 향해 무조건 "복 받을지어다!" 하는 것이다.

신명기 28장 1~14절에서는 하나님의 백성이 약속받은 먹기 좋은 축복의 열매들이 나열되어 있다. "네가 네 하나님 여호와의 말씀을 삼가 듣고 내가 오늘 네게 명령하는 그의 모든 명령을 지켜 행하면 네 하나님 여호와께서 너를 세계 모든 민족 위에 뛰어나게 하실 것이라 네가 네 하나님 여호와의 말씀을 청종하면 이 모든 복이 네게 임하며 네게 이르리니 성읍에서도 복을 받고 들에서도 복을 받을 것이며 네 몸의 자녀와 네 토지의 소산과 네 짐승의 새끼와 소와 양의 새끼가 복을 받을 것이며 네 광주리와 떡 반죽 그릇이 복을 받을 것이며 네가 들어와도 복을 받고 나가도 복을 받을 것이니라 여호와께서 너를 대적하기 위해 일어난 적군들을 네 앞에서 패하게 하시리라 그들이 한 길로 너를 치러 들어왔으나 네 앞에서 일곱 길로 도망하리라 여호와께서 명령하사 네 창고와 네 손으로 하는 모든 일에 복을 내리시고 네 하나님 여호와께서 네게 주시는 땅에서 네게 복을 주실 것이며 여호 와께서 네게 맹세하신 대로 너를 세워 자기의 성민이 되게 하시리니 이는 네가 네 하나님 여호와의 명령을 지켜 그 길로 행할 것임이니라 땅의 모든 백성이 여호와의 이름이 너를 위하여 불리는 것을 보고 너 를 두려워하리라 여호와께서 네게 주리라고 네 조상들에게 맹세하신 땅에서 네게 복을 주사 네 몸의 소생과 가축의 새끼와 토지의 소산을 많게 하시며 여호와께서 너를 위하여 하늘의 아름다운 보고를 여시 사 네 땅에 때를 따라 비를 내리시고 네 손으로 하는 모든 일에 복을 주시리니 네가 많은 민족에게 꾸어줄지라도 너는 꾸지 아니할 것이 요 여호와께서 너를 머리가 되고 꼬리가 되지 않게 하시며 위에만 있 고 아래에 있지 않게 하시리니 오직 너는 내가 오늘 네게 명령하는 네 하나님 여호와의 명령을 듣고 지켜 행하며 내가 오늘 너희에게 명령 하는 그 말씀을 떠나 좌로나 우로나 치우치지 아니하고 다른 신을 따 라 섬기지 아니하면 이와 같으리라"(신 28:1~14).

하나님의 백성은 성읍에서도 복을 받을 수 있고, 들에서도 복을 받을 수 있다. 하나님의 백성은 몸의 소생과 토지의 소산과 짐승의 새 끼와 우양의 새끼의 복을 받을 수 있다. 하나님의 백성은 광주리와 떡 반죽 그릇의 복을 받을 수 있다. 하나님의 백성은 들어와도 복을 받고 나가도 복을 받을 수 있다. 하나님의 백성은 그들 앞에서 한 길로 들 어온 대적을 일곱 길로 도망하게 할 수 있다. 하나님의 백성은 창고와 손으로 하는 모든 일에 복을 받을 수 있다. 하나님의 백성은 하늘의 아름다운 보고를 여시고 그들의 땅에 때를 따라 비를 내리시는 하나 님의 축복을 받을 수 있다. 하나님의 백성은 꾸어 줄지라도 꾸지 않는 복을 받을 수 있으며, 머리가 되고 꼬리가 되지 않는 복을 받을 수 있으며, 위에만 있고 아래에 있지 않은 복을 받을 수 있다. 그러나 모세 선지자는 이 축복 선언문의 맨 앞의 1절과 맨 뒤의 14절에 단서 조항을 달아 놓았다.

그 단서 조항은 이 같은 복을 받기 위해서는 반드시 하나님께서 백성에게 명하신 모든 명령과 규례를 지켜 행해야 한다는 것이다. 이스라엘이 백성이 지켜 행해야 하는 명령과 규례는 하나님께서 백성에게 명하신 모든 명령 가운데 몇 가지의 명령이 아니라 모든 명령이었다(신 28:1). 그리고 이 모든 명령을 지켜 행하기 위해 이스라엘 백성은 좌로나 우로나 치우치지도 말아야 했다(신 28:14). 그러므로 이스라엘 백성이 배워야 했던 것은 복 받는 법이 아니라 모든 말씀을 지켜 행하는 법이었다. 따라서 참된 선지자들은 그 입에서 '복! 복! 복!'이 나왔던 것이 아니라 항상 모든 말씀을 지켜 행하지 않는 백성을 향해 강력한 회개를 촉구하면서 그들에게 하나님의 모든 명령을 지켜 행하지 않으면 심판받을 것을 경고했던 것이다.

그러나 거짓 경고와 미혹하게 할 것만 보았던 많은 목회자가 입만 열었다 하면 "성읍에서도 복 받고, 들에서도 복 받고. 몸의 소생과 토지의 소산과 짐승의 새끼와 우양의 새끼의 복을 받고, 광주리와 떡반죽 그릇의 복을 받고, 들어와도 복을 받고 나가도 복을 받고, 한 길로 들어온 대적을 일곱 길로 도망가게 하는 능력과 권세를 받고, 창고와 손으로 하는 모든 일에 복을 받고, 꾸어 줄지라도 꾸지 않고, 머리가 되고 꼬리가 되지 않고, 위에만 있고 아래만 있지 않은 복을 받는" 것에 대해서만 이야기했다.

그들의 입에서는 '복! 복! 복!'이 떠나지 않았다. 그러면서 그들은 백성을 향해 복 받는 법은 가르치고, 복 받기 위해서 꿈을 가지라고는 가르치고, 복 받기 위해서 긍정적 사고와 긍정적 입술을 가지라고는 가르치면서도 하나님의 모든 명령을 지켜 행해야 할 것에 대해서는 가르치지 않고, 하나님의 모든 명령을 지켜 행하지 않으면 철저하게 심판받는다는 것에 대해서는 경고하지 않았다. 결국, 입만 열었다 하면 복! 복! 복! 하는 거짓 목회자들의 미혹된 가르침 때문에 이스라엘 백성은 파국을 맞이하고 말았다.

오늘날에도 꿈꾸는 믿음법은 가르치면서도, 긍정적 사고와 긍정적 입술의 믿음법은 가르치면서도, 창조적 믿음법은 가르치면서도, 영향력 있는 인생이 되는 믿음법은 가르치면서도, 하나님의 모든 말씀을 철저하게 지켜 행해야 하는 십자가의 길, 철저한 제자도(눅 14:26~27, 33)를 행하지 않으면 결단코 하나님의 나라에 들어갈 수 없다고 가르치지 않는 목회자들로 말미암아 교회 안에는 "주여! 주여!" 하는 입술의 믿음을 가진 사람은 넘쳐 나도 하나님의 뜻대로 행하는 사람은 찾아보기 힘들다. 그러므로 교회 세대의 결국은 인자가 다시 올 때 믿음을 보겠느냐는 주님의 예언을 따라 복! 복! 복! 하다가 열매 맺지 못한 이파리만 무성한 무화과나무가 되어 철저한 심판을 당하고야 말 것이다. 바로 이것이 진정한 예언이고 참 복음이다.

바로 이 심판이 사도 바울이 경고했던 참감람나무와 돌감람나무의 비유이다. "또한 가지 얼마가 꺾이었는데 돌감람나무인 네가 그들 중에 접붙임이 되어 참감람나무 뿌리의 진액을 함께 받는 자가 되었은즉 그 가지들을 향하여 자랑하지 말라 자랑할지라도 네가 뿌리를 보전하는 것이 아니요 뿌리가 너를 보전하는 것이니라 그러면 네 말이 가지들이 꺾인 것은 나로 접붙임을 받게 하려 함이라 하리니 옳도다 그들은 믿지 아니하므로 꺾이고 너는 믿으므로 섰느니라 높은 마음을 품지 말고 도리어 두려워하라 하나님이 원 가지들도 아끼지 아니하셨은즉 너도 아끼지 아니하시리라 그러므로 하나님의 인자하심과 준엄하심을 보라 넘어지는 자들에게는 준엄하심이 있으니 너희가 만일 하나님의 인자하심에 머물러 있으면 그 인자가 너희에게 있으리라 그렇지 않으면 너도 찍히는 바 되리라"(롬 11:17~22).

오늘 우리 이방인 교회 시대는 모두가 구원받는 시대가 아니라 참 감람나무인 이스라엘 백성이 떨어져 나간 가지 얼마에 접붙임이 된 시대에 불과하다. 구약으로 말하면 이스라엘 백성 모두가 아니라 남은 자들만이 하나님께로 돌아오고, 신약으로 말하면 일곱 교회 교인 모두가 아니라 이긴 자만 구원받는다. 그러므로 자긍하지 말고 두렵고 떨림으로 열매를 맺어야 한다. 그것은 원 가지들도 아끼지 않으신 하나님께서 심판의 날에 우리 이방인 교회 세대를 아껴 보지 않으실 것이기 때문이다. 지금, 믿음을 가진 우리에게 가장 필요한 것은 하나님의 철저한 말씀대로 행함의 열매를 결실하는 것이다.

20.

우리는 지금 중언부언하는 기도를 드린다

이사야 1장 15~17절에 보면 이스라엘 백성은 심판받을 길로 나아가고 있으면서도 성전에 나와서 손을 들고 기도는 많이 하던 사람들이었다. 그들은 하나님의 말씀대로 자기 소유를 포기하면서까지 철저한 사랑은 실천하지 못하면서도, 그래서 하나님께 책망을 받고 있으면서도 금식기도는 열심히들 했다(사 58:6~7).

오늘날에도 새벽기도회 철야기도회 열심히 출석하고, 금식기도 열심히 했음에도 심판받을 사람들의 기도의 특징이 중언부언하는 기도이다.

우리는 중언부언하는 기도를 잠이 와서 졸아가면서 했던 말 또 하고 했던 말 또 하며 중얼거리는 기도나, 기도를 유창하게 하지 못하는 사람들이 더듬더듬하는 기도나, 두서없이 이말 저말 하는 기도로 생각한다. 그러나 중언부언하는 기도는 '구하기 전에 우리에게 있어야 할 것을 하나님 아버지께서 아신다.'는 것을 믿지 못하는 사람들이 하는 기도이다. "또 기도할 때에 이방인과 같이 중언부언하지 말라 그들은 말을 많이 하여야 들으실 줄 생각하느니라 그러므로 그들을 본받지 말라 구하기 전에 너희에게 있어야 할 것을 하나님 너희 아버지께서 아시느니라"(마 6:7~8).

구하기 전에 우리에게 있어야 할 것을 아시는 하나님 아버지께 중언부언 기도하지 말아야 한다. 중언부언하는 기도는 하나님 나라 밖 사람들 곧 이방인 기도의 특징이다. 중언부언 기도는 말을 많이 하는 기도이다. 그러면 이방인들이 하는 중언부언 기도는 어떤 말을 많이 하는 기도인가? 이에 대해 주님께서는 다음과 같이 말씀하셨다. "그러므로 염려하여 이르기를 무엇을 먹을까 무엇을 마실까 무엇을 입을까 하지 말라 이는 다 이방인들이 구하는 것이라 너희 하늘 아버지께서 이 모든 것이 너희에게 있어야 할 줄을 아시느니라"(마 6:31~32).

이방인들이 중언부언하며 많은 말로 구하는 기도 제목은 '무엇을 먹을까 마실까 입을까' 하는 문제와 관련되어 있다. 이방인들은 먹고 마시고 입고와 관련된 세상 염려에 속한 인생 문제를 가지고 많은 말을 하며 기도한다. 그러므로 중언부언하는 기도는 먹을 문제, 마실 문제, 입을 문제와 관련된 염려 때문에 많은 말을 하는 기도이다. 결국, 먹을 문제와 마실 문제와 입을 문제를 가지고 기도하는 사람들은 하나님께서 우리에게 이 모든 것이 있어야 할 줄을 아신다는 사실을 믿지 못하는 믿음 없는 사람들이다.

먹을 문제와 마실 문제와 입을 문제를 가지고 유창하게 기도하는 사람들은 기도를 잘하는 사람들도 아니고 믿음이 좋은 사람들도 아니다. 오히려 우리에게 이 모든 것이 있어야 함을 아시는 하나님을 믿지 않는 사람들이며 의심하는 사람들이다. 그러므로 참 신앙인들은 먹을 문제와 마실 문제와 입을 문제를 가지고 하나님께 구하고 찾고 두드리지 않는다.

주님께서는 우리에게 이방인들의 기도를 본받지 말라고 하셨다

(마 6:8). 그것은 우리에게 있어야 할 모든 것을 아시는 하나님을 우리가 믿고 신뢰해야 하기 때문이다. 이방인들처럼 기도하는 사람들이 꼭 먹을 문제와 마실 문제와 입을 문제를 가지고 많은 말로 하나님께 기도한다. 그래서 그들은 늘 인생 문제를 가지고 "주시옵소서. 해결해 주시옵소서. 역사해 주시옵소서. 응답해 주시옵소서. 될 줄 믿습니다. 역사해 주실 줄 믿습니다. 이루어질 줄 믿습니다."라고 유창하게 기도한다. 그러나 그들은 이방인들이다(마 6:7).

중언부언 기도하는 사람들은 인생의 먹을 문제와 마실 문제와 입을 문제를 구하면서 그것이 마치 하나님의 나라와 의를 위한 것인 양 믿음의 꿈으로 포장해서 기도한다. 그러나 주님께서는 우리에게 다음과 같이 기도를 가르쳐 주셨다. "그러므로 너희는 이렇게 기도하라 하늘에 계신 우리 아버지여 이름이 거룩히 여김을 받으시오며 나라가 임하시오며 뜻이 하늘에서 이루어진 것같이 땅에서도 이루어지이다 오늘 우리에게 일용할 양식을 주시옵고 우리가 우리에게 죄지은 자를 사하여 준 것같이 우리 죄를 사하여 주시옵고 우리를 시험에 들게 하지 마시옵고 다만 악에서 구하시옵소서 (나라와 권세와 영광이 아버지께 영원히 있사옵나이다 아멘)"(마 6:9~13).

주님께서 가르쳐 주신 기도에 의하면 우리가 먹을 문제와 마실 문제와 입을 문제를 위해서 기도해야 하는 것의 한계는 일용할 양식이다. 일용할 양식이 없는 경우에만 우리는 먹을 문제와 마실 문제와 입을 문제를 위해서 기도할 수 있다. 그러므로 우리가 가지고 있는 응답 받고 싶고 해결 받고 싶은 인생의 문제는 일용할 양식의 한계를 초월한 탐욕이다. 탐욕은 곧 정욕이며 주님께서는 정욕으로 구하는 것은 듣지 않으신다(약 4:3).

물론 많은 사람이 기도해서 좋은 배필 만났고, 좋은 대학 들어갔고, 물질 문제 해결 받았고, 사업 문제 해결 받았다고 한다. 그러나 예수 믿지 않는 세상 사람들도 좋은 배필 만나고, 좋은 대학 들어가고, 많은 물질 축복받고, 사업에 성공한다. 결국, 그들의 형통과 축복은 하나님으로부터 말미암은 것이 아니다. 그러므로 그것은 천하만국 영광에 속한 형통이고 축복이다. 천하만국 영광은 사탄으로부터 기인한다. "마귀가 또 예수를 이끌고 올라가서 순식간에 천하만국을 보이며 이르되 이 모든 권위와 그 영광을 내가 네게 주리라 이것은 내게 넘겨준 것이므로 내가 원하는 자에게 주노라 그러므로 네가 만일 내게 절하면 다 네 것이 되리라"(눅 4:5~7).

우리에게 필요한 것은 기도해서 어떤 소원을 성취했는가 하는 것이 아니고 내가 드리는 기도의 제목과 목적이 하나님의 나라와 의에 합당한 것인지 아닌지를 분별하는 것이다. 배필 문제, 진학 문제, 취직 문제, 물질 문제, 사업 문제 등등은 먹고 마시고 입고의 문제이다. 그러므로 이러한 일들은 결단코 참된 신앙인의 기도 제목이 될 수 없다.

사도 바울은 교회에게 먹을 것과 입을 것이 있다면 족한 줄로 알고 부(富)하려 하지 말라고 교훈했다. 그리고 우리 신앙의 싸움은 먹고 마시고 입고를 위한 싸움이 아니라 영생을 위한 믿음의 선한 싸움이라고 했다. "그러나 자족하는 마음이 있으면 경건은 큰 이익이 되느니라 우리가 세상에 아무것도 가지고 온 것이 없으매 또한 아무것도 가지고 가지 못하리니 우리가 먹을 것과 입을 것이 있은즉 족한 줄로 알 것이니라 부하려 하는 자들은 시험과 올무와 여러 가지 어리석고 해로운 욕심에 떨어지나니 곧 사람으로 파멸과 멸망에 빠지게 하는 것이라 돈을 사랑함이 일만 악의 뿌리가 되나니 이것을 탐내는 자들은 미혹을 받아 믿음에서 떠나 많은 근심으로써 자기를 찔렀도다 오직 너 하나님의 사람아 이것들을 피하고 의와 경건과 믿음과 사랑과 인내와 온유를 따르며 믿음의 선한 싸움을 싸우라 영생을 취하라 이를 위하여 네가 부르심을 받았고 많은 증인 앞에서 선한 증언을 하였도다"(딤전 6:6~12).

우리는 이 세상의 부와 성공이 아니라 영생을 쟁취하기 위해 신앙의 싸움을 한다. 영생을 위해 우리에게 필요한 것은 좋은 배필 만나고, 좋은 대학 들어가고, 물질 문제 해결 받고, 사업 문제 해결 받는 것이 아니라, 의와 경건과 믿음과 사랑과 인내와 온유를 이루어 주님의 형상을 닮아 가는 것이다. 그러므로 의와 경건과 믿음과 사랑과 인내와 온유를 이루기 위한 목적의 기도가 영생의 꿈을 이루기 위한 하나님의 나라와 의를 구하는 기도이다(마 6:33). 따라서 인생의 부요와 형통을 목적으로 하는 기도는 먹을 것과 입을 것이 있은즉 족한 줄을 알아야 하는 신앙의 본분을 망각한 기도이고, 부하려 하는 탐욕의 기도이다.

이제 우리는 물질 문제 해결해 주시기를 기도하지 말고 하나님의 말씀대로 열매 맺는 삶을 살게 해 주시기를 기도해야 한다. 자녀를 좋은 대학 가게 해 주시기를 기도하지 말고 자녀가 하나님의 뜻대로 사는 신앙인이 되게 해 주시기를 기도해야 한다. 남편의 사업이 잘되고 남편이 직장에서 승진하게 해 주시기를 기도하지 말고 남편이 하나님의 말씀대로 사는 신앙인이 되게 해 주시기를 기도해야 한다. 좋은 대학 들어가는 것보다, 좋은 직장 입사하는 것보다, 천국 들어가는 것이 더 큰 축복이고 영광이다. 천국은 좋은 대학 나오고 좋은 직장 입사한 사람이 들어가는 곳이 아니라, 마음과 성품과 힘을 다해 하나님을 사랑하며 그분의 말씀대로 철저하게 순종하는 사람이 들어가는 곳이다.

모세 선지자는 신앙의 후세대를 향해 좋은 대학, 좋은 직장을 들어가기 위한 꿈과 비전을 가르쳤던 것이 아니라 마음과 성품과 힘을 다해 하나님을 사랑해야 하는 오로지 한 가지 신앙의 절대적 의무를 가르쳤다. "이스라엘아 들으라 우리 하나님 여호와는 오직 유일한 여호와이시니 너는 마음을 다하고 뜻을 다하고 힘을 다하여 네 하나님 여호와를 사랑하라 오늘 내가 네게 명하는 이 말씀을 너는 마음에 새기고 네 자녀에게 부지런히 가르치며 집에 앉았을 때에든지 길을 갈 때에든지 누워 있을 때에든지 일어날 때에든지 이 말씀을 강론할 것이며"(신 6:4~7). 그러므로 자녀가 좋은 직장, 좋은 대학 들어가는 것보다 천국 들어가는 것을 간절히 원하는 사람은 자녀가 집에 앉았을 때 공부하고 학원 가라고 야단만 칠 것이 아니라, 오직 하나이신 하나님을 마음과 성품과 힘을 다해 사랑하는 사람이 되라고 훈계해야 하며, 자녀가 길을 행할 때 영어 단어 외우라고만 닦달하지 말고 오직 하나이신 하나님을 마음과 성품과 힘을 다해 사랑하는 사람이 되라고 훈계해야 하며, 자녀가 집에 누웠을 때 일어나 공부하라고만 소리치지 말고 오직 하나이신 하나님을 마음과 성품과 힘을 다해 사랑하는 사람이 되라고 훈계해야 하며, 자녀가 아침에 잠자리에서 일어날 때 빨리 가방 챙겨 들고 학교 가라고 채근하기 전에 먼저 오늘 하루, 오직 하나이신 하나님을 마음과 성품과 힘을 다해서 사랑하라고 권고해야 한다. 바로 이것이 성경적 자녀 교육법이다.

오늘 우리 자녀에게 필요한 것은 다니엘 학습법이 아니라, 다니엘이 보여 준 죽음을 불사하는 하나님 사랑법이다. 오늘 내 남편에게 필요한 것도 승진과 출세와 성공이 아니며, 천국을 반드시 들어가는 것이다. 그리고 내 남편이 천국 가기 위해서 필요한 것은 하나님을 마음과 성품과 힘을 다해 사랑하고 하나님의 뜻을 행하는 사람이 되는 것이다.

남편의 영혼을 진실로 사랑하는 아내라면 남편에게 외식(外食)하지 않는다고, 여행 데려가지 않는다고, 좋은 옷 사주지 않는다고, 재미있게 대화해 주지 않는다고, 생활비 넉넉하게 주지 않는다고 세상적 바가지만 긁지 말고, 기도하자고, 말씀 보자고, 예배드리자고, 하나님의 나라와 의를 이루어 가자고, 하나님을 마음과 성품과 힘을 다해 사랑하자고, 하나님의 뜻대로 살아가자고 신앙의 바가지를 긁는 사람들이 되어야 한다. 그러므로 예수 믿는 신앙인들의 간절한 첫 번째 기도 제목은 자녀의 대학 진학이나 취직과 결혼, 그리고 남편이나 아내나 자녀의 승진과 출세와 성공이 아니라 그들이 마음과 성품과 힘을 다해 하나님을 사랑하는 사람이 되는 것과 하나님의 뜻을 행하는 사람이 되는 것이다. 바로 이것이 하나님의 나라와 의를 구하는 기도이다.

21.
하나님이 기뻐하시는 금식기도

　많은 신앙인이 사생결단의 기로에 서서 인생의 목적을 위해 "죽으면 죽으리이다"(에 4:16)라고 결의를 다지며 금식을 한다. 그러나 에스더의 "죽으면 죽으리이다"의 금식기도는 자기 개인을 위한 진학 문제, 결혼 문제, 직장 문제, 물질 문제, 사업 문제 때문이 아니라, 하나님의 백성인 이스라엘을 구원하기 위한 헌신의 기도, 섬김의 기도, 신령한 목적의 기도였다. 결국 에스더의 금식기도는 하나님의 나라와 의를 이루기 위해 자신의 생명을 던진 사생결단의 기도이다.

　하나님의 나라와 의를 위한 목적이 아니라, 자기 인생의 목적을 위해 금식하며 기도하는 사람들이 가장 사랑하는 성경 구절이 이사야 58장 6절 말씀이다. "내가 기뻐하는 금식은 흉악의 결박을 풀어 주며 멍에의 줄을 끌러 주며 압제당하는 자를 자유하게 하며 모든 멍에를 꺾는 것이 아니겠느냐"(사 58:6). 이 성경 말씀은 금식기도원에 가장 많이 붙어 있는 성경 구절이다. 그래서 많은 신앙인이 오늘날도 자신의 삶을 얽어매고 있는 인생 문제의 결박을 풀어 달라고 생떼를 쓰고, 삶의 미래를 어둡게 만드는 인생 문제 멍에의 줄을 끊어 달라고 생떼를 쓰며 이 말씀 한 구절을 붙잡고 사생결단의 금식을 한다. 그러나 이 말씀은 그런 목적이 아니며, 그런 용도가 아니며 그런 의미가 아니다.

우리가 명심해야 하는 것은 하나님의 말씀을 자기 인생의 목적을 위해서 읽는다면 그곳에 결단코 자기를 부인하는 십자가의 생명 길을 발견할 수 없다. 이사야 58장 6절의 말씀을 읽으면서 자기 인생 문제의 결박을 풀어 주고 멍에의 줄을 끊어 달라고 기도하는 것은 하나님의 말씀을 사리사욕에 적용하기 위해 잘못 인용하고 해석한 것이다. 바로 이것이 하나님의 말씀을 사사로이 푸는 죄이다. 오늘날 하나님의 말씀을 자기를 위해서 읽고 적용하는 사람들이 신령한 하나님의 말씀을 사사로이 풀고(벧후 1:20) 적용하는 멸망 받을 죄를 범하고 있다.

하나님의 말씀을 나의 개인적이고 이기적인 용도로 바라보지 말고, 하나님의 나라와 의를 위한 목적으로 바라볼 때, 생명으로 인도하는 진리의 말씀이 된다. 하나님께서 기뻐하는 금식은 흉악의 결박을 풀어 주고 멍에의 줄을 끊어 준다는 이사야 58장 6절의 말씀도 자기 자신을 위한 목적으로 보게 되면 잘못 해석하고 잘못 적용할 수밖에 없다. 그래서 흉악의 결박과 멍에의 줄을 내 인생의 어려운 문제로 오해하게 된다.

먼저 이 말씀의 본질을 이해하기 위해서는 하나님의 율법의 본질을 알아야 한다. 율법의 본질은 사랑이다. 그래서 하나님께서는 이스라엘 백성이 사랑을 실천하는 신앙인이 되게 하시려고 다음의 규례를 명령하셨다.

첫째, 철저한 십일조헌금 신앙과 십일조의 용도이다. 하나님께서는 철저한 십일조를 명하시고 그 용도를 건물 치장이 아니라 소득이 없고 분깃이 없는 레위인들과 사회적 약자들인 고아와 과부와 나그네를 위해 사용할 것을 철저하게 명령하셨다(민 18:20~24; 신 14:22~29).

둘째, 곡물과 열매의 수확 때에 떨어진 이삭과 열매를 남겨 두어서 가난한 자의 것이 되게 하라고 하셨다(레 19:9~10). 오늘날의 의미로 하면 우리 수입의 일정 부분을 평소에 가난한 형제를 위해 나누라는 것이다.

셋째, 안식년에는 밭에 파종하거나 포도원을 다스리지 말고 스스로 난 곡물과 스스로 열매 맺은 포도를 가난한 자들이 먹도록 배려하라고 하셨다(레 25:3~7). 결국, 7년째의 수입은 자기를 위해 쓰지 말고 가난한 형제를 위해 써야 한다는 것이다. 이 의미를 좀 더 확대해석하면 넉넉한 자의 수입의 7분의 1 정도는 자기 것이 아니라 가난한 형제의 몫이라는 것이다. 이만큼 하나님의 사랑의 율법은 이스라엘 백성에게 높은 수준의 윤리를 요구하고 있다.

넷째, 안식년에 이스라엘 백성은 동족 히브리인 종들을 반드시 해방하여 그들의 결박을 풀어 주고 그들의 멍에를 끊어 자유인이 되게 해야 했다(신 15:12). 그 당시 종은 가진 자들의 재산 목록 1호였다. 종이 있어야 넓은 밭을 경작할 수 있고 많은 가축을 관리할 수 있다. 종이 없다면 넓은 밭도 외양간도 유지 관리가 힘들기 때문에 종을 해방한다는 것은 막대한 경제적 손실을 감수해야 함을 의미한다. 그러나 하나님의 사랑의 율법은 아무리 자신의 경제적 손실이 아까워도 안식년이 되면 동족 히브리 종들의 결박을 풀어 주고, 종들의 멍에를 꺾어 주라고 명령하고 있다.

다섯째, 7년의 일곱 번이 지난 50년째 되는 해, 곧 희년에는 히브리인 종뿐만 아니라 타국인 종들까지 그들의 결박을 풀어 주고 멍에를 꺾어서 자유인이 되게 해야 했다. 그리고 여호수아가 각 지파에게 땅을 분배해 준 대로 정해진 기업의 분깃 외에 생전에 저당 잡은 가난한 이웃의 모든 토지를 이유 불문하고 원래 소유주에게 돌려주어야 했다. 이 얼마나 엄청난 사랑의 법인가?

그런데 당시 이스라엘의 부유한 자들은 하나님의 율법이 명하는 수준 대로 나그네와 고아와 과부를 도와주지는 않고, 종들의 결박을 풀어 주고 멍에를 꺾어서 자유인이 되게 해 주지는 않으면서 자기 인생의 풍요와 번영을 위해서 기도는 많이 했다. 그래서 하나님께서는 이와 같은 자들의 잘못된 금식기도를 책망하시면서 참된 금식이 무엇인가를 말씀하시기 위해 "내가 기뻐하는 금식은 흉악의 결박을 풀어 주며 멍에의 줄을 끌러 주며 압제당하는 자를 자유하게 하며 모든 멍에를 꺾는 것이 아니겠느냐 또 주린 자에게 네 양식을 나누어 주며 유리하는 빈민을 집에 들이며 헐벗은 자를 보면 입히며 또 네 골육을 피하여 스스로 숨지 아니하는 것이 아니겠느냐"(사 58:6~7)라고 하셨던 것이다.

여기서 멍에와 결박은 금식 기도자의 인생 문제의 어려움이나 고통이 아니라 그들이 안식년이 되고 희년이 되어도 풀어 주지 않고 있는 종들의 고통이다. 그러므로 하나님께서는 금식기도하는 사람들에게 종들의 결박을 풀어 주고 종들의 멍에를 꺾어 주라는 것이다. 그래서 그들로 자유인이 되게 하라는 것이다. 비록 금식기도하는 사람들이 종들의 결박을 풀어 주고 멍에를 꺾어 줌으로 그들에게 막대한 경제적 손실이 발생한다 할지라도 사랑의 율법을 실천하라는 것이다. 그리고 그 사랑의 실천이 참된 금식이라는 것이다.

참된 금식은 더 벌고 싶고 더 가지고 싶은 탐욕을 굶주리게 하는 것이다. 그래서 주린 자에게 식물을 나누어 주고, 유리하는 빈민을 자기 집에 들이고 벗은 자를 입혀 주고 골육을 피해 스스로 숨지 않는 사랑이다. 결국, 참된 금식기도는 쓸데없이 밥을 굶으면서 자기 인생 문제를 위해서 생떼 쓰는 것이 아니라, 사랑의 새 계명을 실천하는 것이다. 이 엄청난 사랑의 율법을 이해하고 이사야 58장 6절의 말씀을 보면, 하나님께서 말씀하고자 하시는 것이 무엇인가를 알 수 있다.

하나님께서는 자기 인생 문제 유익을 위해서 금식기도를 하는 것보다는 차라리 당신의 말씀대로 사랑의 선행을 실천하는 것이 더 훌륭한 금식이라는 것이다. 즉 사랑의 계명을 실천하고 사랑의 열매를 결실하는 삶이 바로 당신께서 기뻐하시는 금식이라는 것이다. 밥을 금하는 금식이 아니라 욕심을 금하는 금식을 통해 사랑을 실천하라는 것이다. 사랑을 실천하기 위해서는 식욕이 아니라 욕심을 억제해야 한다. 바로 이것이 진정한 금식이다.

오늘 우리는 어떤 목적의 금식을 하고 있는가? 과연 하나님께서 기뻐하시는 금식을 하는가? 가난한 형제를 얽어매고 있는 흉악의 결박을 풀어 주는 사랑을 실천하고 있는가? 가난한 형제를 힘들게 하는 멍에의 줄을 끌러 주며 그들로 자유롭게 하는 사랑을 실천하고 있는가? 주린 자에게 식물을 나눠 주며, 유리하는 빈민을 집에 들이며, 벗은 자를 보면 입히며, 또 골육을 피해 스스로 숨지 않는 사랑을 실천하고 있는가?

하나님께서는 오늘 이 시간도, 먹고 마시고 입고의 문제를 염려하지 말고 하나님의 나라와 의를 구하고 찾고 두드려야 할 당신의 제자 된 교회를 향해 자기 인생의 목적 달성을 위한 금식기도가 아니라 당신의 말씀대로 사랑의 계명을 실천하고 사랑의 열매를 결실하는 삶을 살기를 명령하신다.

사랑의 계명을 실천하고 사랑의 열매를 결실하는 삶이 바로 하나
님께서 기뻐 받으시는 금식이다. 그러므로 오늘 우리가 배워야 하는
것은 문제 해결 받기 위한 '3일 비상 금식 기도법'이 아니라 하나님의
말씀대로 처음 사랑의 행위를 회복해서(행 4:32~35; 계 2:5) 모든 소
유를 버리기까지(눅 14:33) 사랑의 새 계명을 실천하는 삶이다.

22.
믿음으로 믿음에

사도 바울은 두 가지 의미의 믿음에 대해서 말하고 있다. 그에 의하면 믿음에는 두 가지 단계가 있는데 첫 번째가 '믿음에 이르게 하는' 믿음이고, 두 번째가 '믿음으로 이르러야 하는' 믿음이다. "복음에는 하나님의 의가 나타나서 믿음으로 믿음에 이르게 하나니 기록된 바 오직 의인은 믿음으로 말미암아 살리라 함과 같으니라"(롬 1:17).

'믿음'이라고 해서 다 같은 믿음이 아니다. 로마서 1장 17절 말씀에서 우리가 유념해야 하는 것은 "믿음으로 믿음에"라는 이 말씀에서 후자의 믿음이 바울이 말하고자 하는 최종적으로 구원받을 믿음을 의미하고 바울이 복음을 들은 자들에게 기대했던 믿음이라는 것이다.

첫 번째 단계의 "믿음으로"에서 "으로"는 원어로 '근원'을 나타내는 전치사이기 때문에 "믿음으로"는 "믿음에서부터"라는 의미이다. 따라서 첫 단계의 믿음은 예수 그리스도의 대속의 사역을 인지한 사람이 처음으로 예수 그리스도를 주로 고백하는 믿음을 의미하며, 우리는 이 믿음에서부터 신앙생활을 시작한다. 그러므로 이 믿음은 초보의 믿음이다. 그러나 두 번째 단계의 "믿음에"에서 "에"는 원어로 '방향'을 나타내는 전치사다. 그러므로 이 믿음은 그리스도를 고백하게 된 성도가 궁극적으로 지향해야 할 성숙한 믿음이다.

"믿음으로 믿음에"에서 믿음은 초보의 시작 단계에서 장성한 단계로 나아가야 하며, 장성한 단계로 나아간다는 것은 믿음이 성장해야 하고 성숙해야 한다는 것을 의미한다. 이처럼 자라나는 믿음이 살아 있는 믿음이다. 그러므로 성장하지 않는 믿음은, 성숙해지지 않는 믿음은, 즉 믿음으로 믿음에 이르지 않는 믿음은 죽은 믿음이다. 죽은 믿음은 결단코 열매를 맺을 수 없고 우리를 구원할 수 없다(약 2:14, 17).

죽은 믿음은 행함이 없는 믿음으로서 믿음으로 믿음에 이르지 못한 믿음이다. 그래서 히브리서 기자는 우리에게 초보의 도에 머물 것이 아니라 완전한 데로 나아가라고 했다. "그러므로 우리가 그리스도의 도의 초보를 버리고 죽은 행실을 회개함과 하나님께 대한 신앙과 세례들과 안수와 죽은 자의 부활과 영원한 심판에 관한 교훈의 터를 다시 닦지 말고 완전한 데로 나아갈지니라 하나님께서 허락하시면 우리가 이것을 하리라"(히 6:1~3). 이처럼 우리는 죽은 행실을 회개함에 대해서 알고 있다. 하나님에 대한 신앙에 대해서도 듣고 있다. 세례들과 안수와 죽은 자의 부활과 영원한 심판에 관한 교훈에 대해서도 배우고 있다. 그것은 우리가 예수 그리스도를 믿는 믿음을 통해 초보적인 믿음의 길을 걷기 시작했기 때문이다. 그러나 여기서 머물 것이 아니라 완전한 데로 나아가야 한다.

완전한 데로 나아가는 것은 바로 믿음의 성장을 의미한다. 성장하는 믿음은 그 믿음이 살아 있다는 것이다. 그러므로 하나님의 은혜 가운데서 우리의 믿음이 성장하여 완전한 데로 나아가기를 힘써야 한다. 완전한 데로 나아가는 믿음이 믿음으로 믿음에 이르는 믿음이다.

믿음으로 믿음에 이르기를 힘쓰는 사람은, 즉 완전한 데로 나아가기를 힘쓰는 사람은 반드시 신앙의 열매를 맺게 된다. "땅이 그 위에 자주 내리는 비를 흡수하여 밭 가는 자들이 쓰기에 합당한 채소를 내면 하나님께 복을 받고 만일 가시와 엉겅퀴를 내면 버림을 당하고 저주함에 가까워 그 마지막은 불사름이 되리라"(히 6:7~8). 쓰기에 합당한 채소, 바로 이것이 우리가 결실해야 하는 신앙의 열매이다.

믿음으로 말씀을 배운 자가, 또 믿음으로 성령을 받은 자가 결실해야 하는 궁극적 믿음의 열매는 사랑이다. 우리가 믿음으로 믿음에 이르러 가고 있다는 것은 완전한 데로 나아가고 있다는 것이고, 그 완전함이란 사랑 안에서 성취된다. "사랑은 이웃에게 악을 행하지 아니하나니 그러므로 사랑은 율법의 완성이니라"(롬 13:10). "사랑은 언제까지나 떨어지지 아니하되 예언도 폐하고 방언도 그치고 지식도 폐하리라 우리는 부분적으로 알고 부분적으로 예언하니 온전한 것이 올 때에는 부분적으로 하던 것이 폐하리라 내가 어렸을 때에는 말하는 것이 어린아이와 같고 깨닫는 것이 어린아이와 같고 생각하는 것이 어린아이와 같다가 장성한 사람이 되어서는 어린아이의 일을 버렸노라 우리가 지금은 거울로 보는 것같이 희미하나 그 때에는 얼굴과 얼굴을 대하여 볼 것이요 지금은 내가 부분적으로 아나 그 때에는 주께서 나를 아신 것같이 내가 온전히 알리라 그런즉 믿음, 소망, 사랑, 이 세 가지는 항상 있을 것인데 그중의 제일은 사랑이라"(고전 13:8~13).

야고보 선생은 '행함'을 실천적 사랑이라고 했다. 그러므로 그는 우리를 구원할 수 없는 믿음을 죽은 믿음이라고 경고하면서(약 2:14, 17) 죽은 믿음, 즉 우리를 구원할 수 없는 행함이 없는 믿음의 예로 말로만의 사랑, 즉 실제로 물질을 나누지 않는 입술뿐인 사랑의 경우를 예로 들고 있다(약 2:15~16).

사도 요한도 우리가 행해야 할 사랑에 대해 교훈하면서 우리를 위해 목숨을 버리신 예수 그리스도의 사랑을 믿는 성도는 형제를 향해 실천적 사랑의 열매를 결실할 수 있어야 한다고 분명하고도 단호하게 말한다. "그가 우리를 위하여 목숨을 버리셨으니 우리가 이로써 사랑을 알고 우리도 형제들을 위하여 목숨을 버리는 것이 마땅하니라 누가 이 세상의 재물을 가지고 형제의 궁핍함을 보고도 도와줄 마음을 닫으면 하나님의 사랑이 어찌 그 속에 거하겠느냐 자녀들아 우리가 말과 혀로만 사랑하지 말고 행함과 진실함으로 하자"(요일 3:16~18).

오늘날 교회 안에 형식적으로 다정하게 말로 하는 사랑은 넘쳐 난다. 형식적으로 부드럽게 미소 짓는 사랑은 넘쳐 난다. 형식적으로 온화하게 인사하는 사랑은 넘쳐 난다. 그러나 초대 교회 성도들처럼 내 것을 내 것이라 하지 않고 나누어 주는 실천적인 사랑은(행 4:32~35) 찾아보기가 어렵다. 지금 우리에게 필요한 것은 경건의 모양이 아니라 경건의 능력이다. 그러므로 참된 사랑은 외모와 표정으로 나타나는 것을 넘어 실천의 능력으로 나타나야 한다. 실천적 사랑의 열매를 맺기 위해 자라나지 못하는 믿음, 성장하지 못하는 믿음, 성숙해지지 못하는 믿음, 장성해지지 못하는 믿음, 그 믿음은 죽은 믿음이고 결단코 우리를 구원할 수 없다.

지금 우리는 어떤 믿음의 단계에 머물러 있는가? 과연 우리는 믿음으로 믿음에 이르러 가고 있는가? 그분이 다시 오실 때, 우리는 얼굴과 얼굴을 마주 대하게 될 것이다. 그때 우리는 온전한 사랑의 열매를 결실한 자로서만 그분 앞에 부끄럽지 않게 나타날 수 있다.

오늘날 많은 신앙인이 신앙의 열매를 교회 출석일 수로 생각한다. 금요 철야 예배 참석일 수로, 새벽기도 참석일 수로, 헌금 액수로 생각한다. 문제 해결 많이 받고 축복 응답 많이 받은 것으로 생각한다. 긍정적 사고와 입술로 꿈을 디자인하는 것으로 생각한다. 그러나 그 옛날 구약 이스라엘 백성이 그토록 많은 우양의 제사를 드리고도, 성회와 절기를 철저히 준수하고도, 많은 기도와 금식을 하고도 소돔의 관원들이 되고 고모라의 백성이 되고 손에 피가 가득한 살인자들이 되었던 것은 고아와 과부와 학대받는 자를 향한 실천적 사랑이 없었기 때문이다(사 1:10~17).

이스라엘 백성은 셀 수 없는 소와 양을 잡아 제사를 드렸다. 성회와 절기를 열심히 지켰다. 그것도 모자라 금식하며 많은 기도를 올렸다. 그러나 하나님 보시기에 그들은 하나님의 거룩한 마당만 밟는 소돔의 관원들에 불과했고 고모라의 백성에 불과했다(사 1:10~15). 그들은 종교 행위에는 열성을 보였지만 고아와 과부와 학대받는 자를 향해서는 너무나 인색했다. 그들의 인색함으로 배고픈 고아가 굶어 죽었고, 억울한 과부가 속이 터져 죽었고, 학대받는 자가 아파서 죽었다(사 1:15~17).

다가올 종말에 주님 왼편의 염소들도 주의 이름으로 주의 주리신 것과, 목마르신 것과, 나그네 되신 것과, 병드신 것과, 옥에 갇히신 것을 공양했다고 할 것이다(마 25:41~46). 그들이 주의 이름으로 주를 공양했다는 것은 그들도 예수 그리스도를 믿고, 교회를 나오고, 예배를 드리고, 예물을 드리고, 절기를 지키고, 금식을 하고, 기도를 많이 하는 신앙인들이었다는 것이다. 그러나 그들이 영벌에 들어간 것은 꿈과 긍정적 사고가 없어서가 아니라, 지극히 작은 자 하나에게까지 넘쳐 나도록 예수 그리스도의 사랑을 실천하지 않았기 때문이다(마 25:31~46).

오늘 우리에게 주어진 책임과 본분은 꿈을 디자인하며 기뻐하고 흥분하는 것도 아니며, 긍정적 사고와 긍정적 입술로 꿈의 성취를 확신하는 것도 아니며, 죽기까지 열심히 사랑하는 것이다.

하나님을 사랑하는 자는 예수 그리스도의 계명을 지키는 자이다(요 14:15, 21). 예수 그리스도의 계명은 서로 사랑하라는 것이고, 그 사랑은 친구를 위해 자기 목숨을 버릴 수 있는 엄청난 사랑이다(요 15:12~14). 이처럼 예수 그리스도께서 우리에게 명하신 사랑은 형제를 위해서라면 목숨도 버릴 수 있어야 할 정도인데, 목숨보다 중하지 않은 재물을 가지고 형제의 궁핍함을 돕지 않는 자가 어떻게 예수 그리스도의 새 계명을 지키는 예수 그리스도의 친구라고 말할 수 있겠는가(요일 3:16~18).

실천적 사랑으로 풍성한 열매가 결실될 때 우리의 믿음은 살아 있는 온전한 믿음이 되고 바로 이 믿음이 우리를 구원한다. 사랑의 계명을 실천한다는 것은 우리의 믿음이 죽지 않았다는 것이며, 우리의 믿음이 죽지 않았다는 것은 자라나고 성숙해지고 있다는 것이며, 우리의 믿음이 자라나고 성숙한다는 것은 온전한 데로 나아가고 있다는 것이며, 믿음으로 믿음에 이르러 가고 있다는 것이다. 믿음으로 믿음에 이르러 열매를 결실할 때, 그 믿음이 의인을 살리고 의인을 구원한다.

23.
행함이 없는 믿음이 구원을 받을 수 있는가

신약 서신 가운데 가장 먼저 기록된 것으로 알려진 야고보서는 믿음과 행함의 일치를 철저하게 강조하면서 믿음은 행함과 함께 일하고 행함으로 믿음은 온전하게 된다고 했다(약 2:22). 그러므로 행함이 없는 믿음은 죽은 믿음이고 구원과는 상관없는 믿음이다(약 2:14, 17).

야고보 선생은 우리 모두가 자유롭게 하는 율법을 들여다보고 있기 때문에 도를 듣기만 하고 행하지 않는 자는 자신을 속이는 자라고 했다. "너희는 말씀을 행하는 자가 되고 듣기만 하여 자신을 속이는 자가 되지 말라 누구든지 말씀을 듣고 행하지 아니하면 그는 거울로 자기의 생긴 얼굴을 보는 사람과 같아서 제 자신을 보고 가서 그 모습이 어떠했는지를 곧 잊어버리거니와 자유롭게 하는 온전한 율법을 들여다보고 있는 자는 듣고 잊어버리는 자가 아니요 실천하는 자니 이 사람은 그 행하는 일에 복을 받으리라"(약 1:22~25).

사도 바울 복음의 본질 역시 행함이 없는 믿음은 구원받을 수 없다는 것이다. 그러므로 사도 바울 신학의 본질은 믿기만 하면 구원이 아니라 "믿음으로 믿음에"의 신학이다(롬 1:17).

여기서 "믿음으로"의 믿음과 "믿음에"의 믿음은 그 의미가 다르다. 전자(믿음으로)의 믿음은 도의 초보를 받은 자들의 믿음이지만 후자(믿음에)의 믿음은 초보의 믿음이 성장해 열매 맺는 믿음을 의미한다. 그래서 사도 바울은 우리의 믿음이 후자의 믿음, 곧 열매 맺는 믿음을 향해 성장해야 할 것을 분명히 한 것이다. 그러므로 의인을 살리는 믿음은 믿음으로 믿음에 이른 믿음이다.

사실이 이와 같은데도 사도 바울 복음의 본질이 마치 율법의 행함을 도외시하고 오로지 믿음으로만 구원을 받는 것처럼 오늘 우리에게 알려진 것은 그의 서신이 초대 교회 당시에 교회 안에 침투해 들어온 자칭 유대인이라 하는 거짓 교사들의 잘못된 가르침에 대한 변증의 성격을 가지고 저술되었기 때문이다.

사도 바울이 그토록 믿음의 의를 강조했던 배경은 초대 교회 당시에 유대교에서 개종한 많은 기독교인이 구원을 받는 조건에 대해 억지 주장을 펼치고 있었기 때문이다. 기독교로 개종한 유대인들은 태어나면서부터 모세의 율법이 생명을 주는, 즉 구원을 주는 유일한 하나님의 법으로 학습하며 살아왔던 사람들이다. 그러다 보니 그들은 예수를 믿는 믿음으로만 구원을 받는 것이 아니라, 믿음 외에 율법의 명령대로 할례도 받아야 하고, 절기도 지켜야 하고, 율법이 금한 음식을 먹지도 말아야 구원을 받을 수 있다고 말하면서 초대 교회 성도들을 미혹했다. 그들의 주장은 예수 그리스도의 십자가 외에 율법의식의 준수가 구원의 조건이 된다는 것이다. 그 주장대로라면 예수 그리스도만이 유일한 구원의 진리요, 구원의 길이요, 구원의 생명이라는 하나님의 구원 사역이 아무런 의미가 없게 된다. 그리고 예수 그리스도께서는 우리 죄와 구원을 위해 십자가에서 피 흘리시고 죽으실 필요가 없었다.

이런 상황에서 바울은 그런 율법적인 의식이 우리에게 구원을 주는 것이 아니라, 예수 그리스도의 십자가만이 우리에게 구원을 주는 것이기 때문에 예수 그리스도의 십자가를 믿는 믿음을 강조했던 것이다. 결국 사도 바울에게 있어서 '믿음으로만 구원'이라는 선언의 목적은 믿기만 하면 구원이라는 것을 말하고자 함이 아니라, 예수 그리스도를 믿는 믿음 외에 다른 구원의 수단이 결단코 있을 수 없음을 명백히 강조하기 위함이다.

믿음으로만 구원이라는 사도 바울의 주장은 그 당시 예수 그리스도의 십자가 외에 율법의 의식들을 구원의 조건으로 첨가하려는 유대인들의 잘못된 주장에 대한 철저한 반증을 제기하는 과정에서 나왔음을 유념해야 한다. 따라서 사도 바울이 로마서 10장 4절에서 "예수 그리스도는 율법의 마침"이라고 증언했던 것은 율법의 본질에 대한 것이 아니라 율법의 의식에 대한 마침을 말하고자 함이다. 그래서 사도 바울은 다음과 같이 말했다. "먹고 마시는 것과 절기나 초하루나 안식일을 이유로 누구든지 너희를 비판하지 못하게 하라 이것들은 장래 일의 그림자이나 몸은 그리스도의 것이니라"(골 2:16~17).

그런데 오늘 우리는 이러한 배경은 알지 못하고 사도 바울의 복음의 본질을 잘못 이해해서 율법이 요구하는 의와 인과 신을 이루는 선한 삶을 행하는 것조차도 율법주의인 것으로 오해하고 있다. 초대 교회 안에서 많은 방종한 신앙인이 사도 바울이 말한바 '예수 그리스도는 율법의 마침'이라는 선언을 마치 성도들이 율법의 이념을 실천하는 행함의 의무를 힘쓰지 않아도 되는 것으로 이해했듯이 오늘날도 그러한 방종의 교리가 교회 안에서 그 세를 떨치고 있다.

이러한 오해는 율법의 의식을 행하는 것과 율법의 이념을 실천하는 것을 동일하게 생각하는 데서 오는 오해이다. 그러나 율법의 의식을 행하는 것과 율법의 이념을 실천하는 삶은 다른 것이다.

우리는 이제 예수 그리스도 십자가의 구속으로 죄와 사망에서 구원받아 자유롭게 하는 온전한 율법을 들여다보고 있다. 그러므로 우리는 말씀을 듣고 잊어버리는 자들이 되지 말고 오히려 더욱 실행하는 자들이 되어야 한다(약 1:21~25).

사도 바울 복음의 본질은 믿음만이 아니라 믿음과 행함의 일치였다. 그러므로 우리는 사도 바울의 복음을 '그러므로의 신학'이라고도 하는데, 그것은 사도 바울이 믿음으로 말미암는 구원의 의를 그토록 찬양하면서도 또한 성도들을 향해 '그러므로' 구원받은 성도들이 그 은혜에 보답하기 위해 얼마나 철저하게 구별된 삶을 살고 열매 맺는 삶을 살아야 하는 것을 강조하고 있기 때문이다.

사도 바울은 로마서 3장 19~24절에서 율법 아래에서 모두 죄인 되었던 우리가 예수 그리스도로 말미암는 믿음으로 값없이 의롭다 하심을 받게 된 구속의 은혜를 찬양한다. "우리가 알거니와 무릇 율법이 말하는 바는 율법 아래에 있는 자들에게 말하는 것이니 이는 모든 입을 막고 온 세상으로 하나님의 심판 아래에 있게 하려 함이라 그러므로 율법의 행위로 그의 앞에 의롭다 하심을 얻을 육체가 없나니 율법으로는 죄를 깨달음이니라 이제는 율법 외에 하나님의 한 의가 나타났으니 율법과 선지자들에게 증거를 받은 것이라 곧 예수 그리스도를 믿음으로 말미암아 모든 믿는 자에게 미치는 하나님의 의니 차별이 없느니라 모든 사람이 죄를 범하였으매 하나님의 영광에 이르지 못하더니 그리스도 예수 안에 있는 속량으로 말미암아 하나님의 은혜로 값없이 의롭다 하심을 얻은 자 되었느니라" 그러나 계속해서 로마서 3장 31절에서는 '그런즉', 곧 '그러므로' 믿음으로 의롭다 하심을 받은 사람이 율법을 폐하는 것이 아니라 율법을 굳게 세운다고 강조하고 있다. "그런즉 우리가 믿음으로 말미암아 율법을 파기하느냐 그럴 수 없느니라 도리어 율법을 굳게 세우느니라" 여기서 율법을 굳게 세우는 것은 자유롭게 하는 온전한 율법을 듣고 실행하는 삶 즉 열매 맺는 삶이다.

사도 바울은 또한 로마서 5장 17~21절에서 예수 그리스도 한 사람으로 말미암아 모든 사람에게 미친 하나님의 은혜를 찬양하면서 죄가 더한 곳에 은혜가 더욱 넘쳤다고 고백한다. "한 사람의 범죄로 말미암아 사망이 그 한 사람을 통하여 왕 노릇 하였은즉 더욱 은혜와 의의 선물을 넘치게 받는 자들은 한 분 예수 그리스도를 통하여 생명 안에서 왕 노릇 하리로다 그런즉 한 범죄로 많은 사람이 정죄에 이른 것같이 한 의로운 행위로 말미암아 많은 사람이 의롭다 하심을 받아 생명에 이르렀느니라 한 사람이 순종하지 아니함으로 많은 사람이 죄인 된 것같이 한 사람이 순종하심으로 많은 사람이 의인이 되리라 율법이 들어온 것은 범죄를 더하게 하려 함이라 그러나 죄가 더한 곳에 은혜가 더욱 넘쳤나니 이는 죄가 사망 안에서 왕 노릇 한 것 같이 은혜도 또한 의로 말미암아 왕 노릇 하여 우리 주 예수 그리스도로 말미암아 영생에 이르게 하려 함이라" 그러나 연이어지는 로마서 6장 1~4절에서는 이처럼 죄인 된 우리를 의롭다 해 주신 예수 그리스도의 은혜를 받은 우리가 '그러므로' 죄에 거할 수 있느냐고 반문한다. "그런즉 우리가 무슨 말을 하리요 은혜를 더하게 하려고 죄에 거하겠느냐 그럴 수 없느니라 죄에 대하여 죽은 우리가 어찌 그 가운데 더 살리요 무릇 그리스도 예수와 합하여 세례를 받은 우리는 그의 죽으심과 합하여 세례를 받은 줄을 알지 못하느냐 그러므로 우리가 그의 죽으심과 합하여 세례를 받음으로 그와 함께 장사되었나니 이는 아버지의 영광으로 말미암아 그리스도를 죽은 자 가운데서 살리심과 같이 우리로 또한 새 생명 가운데서 행하게 하려 함이라” 결국, 우리가 예수 그리스도의 값없는 은혜를 받았기 때문에 ‘그러므로’ 죄를 짓는 삶을 청산해야 한다는 것이다. 바로 이것이 은혜에 보답하는 ‘그러므로’의 책임이다.

이제 우리는 예수 그리스도로 말미암아 죄 사함의 은혜를 받았기 때문에 죄에 거해서는 안 되며, 새 생명 가운데서 행해야 한다. 새 생명 가운데서 행하는 삶은 바로 자유롭게 하는 온전한 율법을 듣고 실행하는 삶이며, 성령의 열매 맺는 삶이고, 믿음으로 믿음에 이른 삶이고, 행함으로 온전해지는 믿음의 삶이다.

또한, 사도 바울은 에베소서 2장 8~9절에서 우리가 구원의 은혜를 받은 것은 ‘행위’로 말미암은 것이 아니라 예수 그리스도를 믿는 ‘믿음’ 때문이라고 놀라운 구원의 은혜를 찬양한다. “너희는 그 은혜에 의하여 믿음으로 말미암아 구원을 받았으니 이것은 너희에게서 난 것이 아니요 하나님의 선물이라 행위에서 난 것이 아니니 이는 누구든지 자랑하지 못하게 함이라” 여기서 말하는 행위는 율법의 이념을 행하는 것을 의미하는 것이 아니라 율법의 의식을 행하는 것과 율법의 의식을 행함으로 받게 되는 율법적 의를 말한다. 그러므로 사도 바울은 계속 연이어 에베소서 2장 10절에서 이처럼 믿음으로 구원의 은혜를 거저 받은 우리는 선한 일을 위해 지으심을 받은 하나님의 목적을 따라 예수 그리스도 안에서 행하는 삶을 살아야 할 것을 강조하고 있다. “우리는 그가 만드신 바라 그리스도 예수 안에서 선한 일을 위하여 지으심을 받은 자니 이 일은 하나님이 전에 예비하사 우리로 그 가운데서 행하게 하려 하심이니라"

이처럼 사도 바울은 율법의 의식을 구원의 조건으로 제시하는 형식적 율법주의자들을 향해서는 오로지 우리의 구원이 예수 그리스도를 믿는 믿음으로만 주어지는 하나님의 선물임을 강조했고, 또한 율법적 행함의 삶(율법의 이념을 행하는 삶)을 도외시하고 방종한 교인들을 향해서는 철저한 열매 맺는 삶을 요구하고 있다. 그래서 사도 바울은 성도들에게 탐욕의 이름도 부르지 말고 죄악의 모양도 버려야 하는 삶을 살 것을 명령했던 것이다. "음행과 온갖 더러운 것과 탐욕은 너희 중에서 그 이름조차도 부르지 말라 이는 성도에게 마땅한 바니라"(엡 5:3). "악은 어떤 모양이라도 버리라"(살전 5:22).

탐욕의 이름도 부르지 말고, 악은 모양이라도 버리는 삶이 믿음으로 믿음에 이르는 삶이며, 자유롭게 하는 온전한 율법을 듣고 실행하는 삶이며, 율법을 굳게 세우는 삶이며, 새 생명 가운데서 행하는 삶이며, 예수 그리스도의 선한 형상을 이루기 위해 그분 안에서 행하는 삶이다. 그러나 그 옛날이나 오늘이나 많은 방종의 신앙인이 사도 바울 복음의 본질인 행함을 빼내어 버리고 믿음으로만 구원받는 것인 양 기뻐하며 열매 없는 신앙인들이 되어 가고, 열매 없는 잎만 무성한 무화과나무가 되어 가고, 맛을 잃은 소금이 되어 가고, 빛을 잃은 등불이 되어 가며, 하나님도 사랑하고 세상도 사랑하는 두 마음을 가진 음녀들이 되어 간다.

사도 바울의 복음은 방종의 신앙인들에게 오해의 소지가 있었기 때문에 사도 베드로는 그의 서신 말미에 성도들을 향해 다음과 같이 경계했다. "우리는 그의 약속대로 의가 있는 곳인 새 하늘과 새 땅을 바라보도다 그러므로 사랑하는 자들아 너희가 이것을 바라보나니 주 앞에서 점도 없고 흠도 없이 평강 가운데서 나타나기를 힘쓰라 또 우리 주의 오래 참으심이 구원이 될 줄로 여기라 우리가 사랑하는 형제 바울도 그 받은 지혜대로 너희에게 이같이 썼고 또 그 모든 편지에도 이런 일에 관하여 말하였으되 그중에 알기 어려운 것이 더러 있으니 무식한 자들과 굳세지 못한 자들이 다른 성경과 같이 그것도 억지로 풀다가 스스로 멸망에 이르느니라"(벧후 3:13~16).

사도 베드로는 성도들을 향해 주의 다시 오실 날을 바라보며 오로지 흠도 점도 없이 평강 가운데 나타나기를 힘쓰라고 당부하면서, 사도 바울도 그의 서신에서 흠도 점도 없이 주님 앞에 서기 위해 열매 맺는 믿음의 삶을, 율법을 굳건하게 세우는 믿음의 삶을, 새 생명 가운데서 행하는 믿음의 삶을, 예수 그리스도의 선한 형상 안에서 행하는 믿음의 삶을 가르쳤지만 많은 사람이 사도 바울 편지의 본질을 왜곡해 믿기만 하면 구원받았다고 생각하기 때문에 흠도 점도 없이 평강 가운데 나타나기를 힘쓰지 않아도 천국 가는 것인 양 착각하면서 멸망의 길을 가고 있다고 경고했다.

마태 역시, 바울 서신이 이미 교회들에게 보내어진 이후, 바울 복음의 본질을 오해해서 마치 율법적 행함의 삶을 살지 않아도 믿기만 하면 구원이라고 무사 안일하게 생각하며 방종하는 교회 세대를 향해 예수 그리스도는 율법을 폐하러 온 것이 아니라 율법을 굳게 세우고자 오셨음을 선언하면서 율법대로 행하는 삶이 하나님의 뜻을 이루는 삶이라고 행함의 삶을 강조했다. "내가 율법이나 선지자를 폐하러 온 줄로 생각하지 말라 폐하러 온 것이 아니요 완전하게 하려 함이라 진실로 너희에게 이르노니 천지가 없어지기 전에는 율법의 일점일획도 결코 없어지지 아니하고 다 이루리라 그러므로 누구든지 이 계명 중의 지극히 작은 것 하나라도 버리고 또 그같이 사람을 가르치는 자는 천국에서 지극히 작다 일컬음을 받을 것이요 누구든지 이를 행하며 가르치는 자는 천국에서 크다 일컬음을 받으리라 내가 너희에게 이르노니 너희 의가 서기관과 바리새인보다 더 낫지 못하면 결코 천국에 들어가지 못하리라"(마 5:17~20). "나더러 주여 주여 하는 자마다 다 천국에 들어갈 것이 아니요 다만 하늘에 계신 내 아버지의 뜻대로 행하는 자라야 들어가리라"(마 7:21).

사도 바울이 말했던 "믿음으로 믿음에"에서 구원받을 믿음은 후자의 믿음이다. 그러므로 "주여! 주여!" 하는 사람은 전자의 믿음을 가진 사람이고, 하나님의 뜻대로 행하는 사람은 후자의 믿음, 즉 열매 맺는 장성한 믿음을 가진 사람이다.

24.
진노의 포도주 틀에서 심판받을 사람들

사람들은 대부분 좋은 예언 듣기를 기대한다. 그래서 그 예언을 듣고 싶어 주님을 찾으러 간다고 하지만 알고 보면 무당 점쟁이 같은 영을 받은 은사자들을 찾아가서 무릎을 꿇는다. 우리는 우리의 미래를 너무나 알고 싶어 한다. 그러나 우리가 알고 싶어 하는 미래는 너무나 시간적이고 공간적이고 현세적이다. 그래서 알고 싶어 하는 내용도 진학과 취직과 결혼과 물질과 사업과 관련된 문제이고, 내가 앞으로 이 세상에 어떤 영향력을 발휘해서 많은 사람에게 인정을 받을까 하는 문제와 관련되어 있다. 그래도 영향력 있는 인생이 되고픈 자기의 탐욕스러운 꿈과 야망이 하나님께 미안은 한지 영향력 있는 인생이 되고자 하는 자기의 이기적 목적을 하나님께 영광을 돌리기 위함이라고 포장하며 자신의 꿈을 신앙의 비전으로 정당화시켜서 포장하고 교묘하게 자기를 부인하는 십자가를 벗어던져 버린다.

그런데 모세 선지자는 이스라엘 민족의 머나먼 미래를 내다보면서 그들에게 진학 문제, 취직 문제, 결혼 문제, 물질 문제, 사업 문제를 예언했던 것이 아니다. 그리고 언제쯤 그들의 삶이 평안해지고 형통해질까를 예언했던 것이 아니다. 그들이 하나님의 뜻을 행해서 축복과 생명의 길 천국을 갈 것인가, 아니면 하나님의 뜻을 행하지 않아서 저주와 사망의 길 지옥을 갈 것인가를 예언했다.

여기서 우리가 명심해야 하는 한 가지는 우리에게 가장 절박하고 필요한 예언은 내 인생 잠시 잠깐 후의 합격과 불합격, 성공과 실패의 문제가 아니라 내가 영원한 천국을 가는가 아니면 영원한 지옥을 가는가 하는 것이다. 좋은 대학에 가고도, 좋은 배필을 만나고도, 좋은 직장을 들어가고도, 부자 되고도, 성공하고도 지옥을 간다면 이생에서의 그 모든 좋은 것이 무슨 소용이 있겠는가?

성경이 말하고자 하는 예언은 당면한 인생 문제의 잠시 잠깐 후의 미래가 아니라 영원히 살 것인가 영원히 죽을 것인가와 관련되어 있다. 즉 성경 예언의 본질은 오로지 하나님의 뜻을 행해서 천국을 갈 것인가, 하나님의 뜻을 행하지 않아서 지옥을 갈 것인가와 관련이 있다.

모세 선지자는 이스라엘 민족의 머나먼 미래를 바라보며 그들이 여호와 하나님의 모든 명령을 지켜 행하지 않으면(신 28:15), 기쁨과 즐거움으로 하나님 여호와를 섬기지 않으면(신 28:47), 여호와라 하는 하나님의 영화롭고 두려운 이름을 경외하지 않고 율법의 모든 말씀을 지켜 행하지 않으면(신 28:58) 대적의 세력에 의해 그들의 성읍이 에워싸이고 그날에 자기 소생의 고기를 먹고 유순하고 연약한 부녀라 할지라도 자기 다리 사이에서 나온 태와 자기가 낳은 어린 자식을 가만히 먹는 비극의 날이 올 것을 예언했다(신 28:48~57). 그리고 비록 그들이 하늘의 별과 같이 많을지라도 남는 자가 얼마 되지 못하고 가나안 땅에서 뽑히고 만민 중에 흩어질 것이라고 예언했다(신 28:62~64).

결국, 이스라엘 백성이 아무리 세상 만민 중에 선택된 민족이라 할지라도, 하나님의 거룩한 제사장 나라가 되었다 할지라도, 하나님의 거룩한 백성이 되었다 할지라도 그들이 하나님의 말씀을 준행하지 않아서 심판을 받았다면 심판을 받은 그들이 어떻게 천국을 갈 수 있겠는가?

모세 선지자가 선포한 심판 예언의 절정은 신명기 32장 32~36절이다. "이는 그들의 포도나무는 소돔의 포도나무요 고모라의 밭의 소산이라 그들의 포도는 독이 든 포도이니 그 송이는 쓰며 그들의 포도주는 뱀의 독이요 독사의 맹독이라 이것이 내게 쌓여 있고 내 곳간에 봉하여 있지 아니한가 그들이 실족할 그때에 내가 보복하리라 그들의 환난날이 가까우니 그들에게 닥칠 그 일이 속히 오리로다 참으로 여호와께서 자기 백성을 판단하시고 그 종들을 불쌍히 여기시리니 곧 그들의 무력함과 갇힌 자나 놓인 자가 없음을 보시는 때에로다"

모세 선지자는 하나님께서 주신 영감으로 이스라엘 백성의 결국이 소돔의 포도나무가 되고 고모라 밭의 소산이 될 것을 예언하고 있다. 그리고 그 죄악의 독이 하나님의 곳간에 쌓여 가는데 그들 죄악의 독이 하나님의 곳간에 차게 되는 날, 바로 그날이 하나님의 심판의 날이고, 바로 그날에 하나님께서는 당신의 백성을 판단하시고, 당신의 종들을 인해 후회하시며 그들의 죄악에 대해 보수하실 것임을 예언했다.

결국, 이스라엘 백성의 죄악이 소돔의 포도나무가 되고, 고모라 밭의 소산이 되어 하나님의 곳간에 봉해져 간다는 것은 그들의 죄악이 하나님의 진노의 포도주 틀에 밟히기 위해 저장되어 간다는 것이다.

모압 평지에서 모세 선지자의 최후의 예언이 있은 후, 700여 년의 세월이 흐르고 나서 이사야 선지자는 모세 선지자가 예언했던 심판받을 이스라엘 백성의 결국에 대한 예언의 길을 따라 소돔의 포도나무가 되어 버린 이스라엘 백성의 지도자들을 소돔의 관원들이라고 정죄하고, 고모라 밭의 소산이 되어 버린 이스라엘 백성을 고모라의 백성이라고 정죄하며 위대한 예언의 사역을 시작한다. "너희 소돔의 관원들아 여호와의 말씀을 들을지어다 너희 고모라의 백성아 우리 하나님의 법에 귀를 기울일지어다"(사 1:10).

계속해서 이사야 선지자는 포도원의 노래를 통해 이방의 들포도가 되어 버린 이스라엘 백성의 죄악과 하나님의 슬픔을 노래한다. "나는 내가 사랑하는 자를 위하여 노래하되 내가 사랑하는 자의 포도원을 노래하리라 내가 사랑하는 자에게 포도원이 있음이여 심히 기름진 산에로다 땅을 파서 돌을 제하고 극상품 포도나무를 심었도다 그중에 망대를 세웠고 또 그 안에 술틀을 팠도다 좋은 포도 맺기를 바랐더니 들포도를 맺었도다 예루살렘 주민과 유다 사람들아 구하노니 이제 나와 내 포도원 사이에서 사리를 판단하라 내가 내 포도원을 위하여 행한 것 외에 무엇을 더할 것이 있으랴 내가 좋은 포도 맺기를 기다렸거늘 들포도를 맺음은 어찌 됨인고 이제 내가 내 포도원에 어떻게 행할지를 너희에게 이르리라 내가 그 울타리를 걷어 먹힘을 당하게 하며 그 담을 헐어 짓밟히게 할 것이요 내가 그것을 황폐하게 하리니 다시는 가지를 자름이나 북을 돋우지 못하여 찔레와 가시가 날 것이며 내가 또 구름에게 명하여 그 위에 비를 내리지 못하게 하리라 하셨으니 무릇 만군의 여호와의 포도원은 이스라엘 족속이요 그가 기뻐하시는 나무는 유다 사람이라 그들에게 정의를 바라셨더니 도리어 포학이요 그들에게 공의를 바라셨더니 도리어 부르짖음이었도다"(사 5:1~7).

하나님께서는 좋은 포도 맺기를 바라고 극상품의 포도나무를 심었건만, 그래서 이스라엘 백성에게서 아름다운 선행의 열매를 수확하시기를 염원하시며 땅을 파서 돌을 제하고 망대를 세우고 술틀을 팠건만 그들에게서는 하나님께서 보기 원하시는 합당한 열매가 없었다. 이방의 들포도를 맺은 그들은 결국 진노의 포도주 틀에 밟히는 신세가 되어 피할 수 없는 하나님의 철저한 심판 앞에 서고 말았다.

주님께서는 당신을 가리켜 포도나무라고 비유하셨다(요 15:5). 그리고 우리는 그분 안에서 열매 맺기 위한 목적을 따라 접붙임이 된 포도나무 가지가 되고 감람나무 가지가 되었다(요 15:5; 롬 11:17). 그러므로 과실을 맺지 못한다면 꺾이고 잘려서 밖에 던져 불사름이 될 것이다(롬 11:21; 요 15:6).

그 옛날 소돔의 포도나무가 되고 고모라 밭의 소산이 된 백성이 바로 이스라엘 백성이었듯이 요한계시록에서 진노의 포도주 틀에 밟히는 악한 포도송이는(계 14:17~20) 열매 맺지 못한 영적 이스라엘 백성인 교회 세대의 "주여! 주여!" 하는 교인들이다.

목회자가 아무리 주의 이름으로 선지자 노릇 했다 할지라도 종이 종답지 못하고, 교인이 아무리 "주여! 주여!" 했다 할지라도 백성이 백성답지 못하면 소돔의 포도나무이고 고모라 밭의 소산이고, 소돔의 관원들이고 고모라의 백성이다.

아무리 "주여! 주여!" 하고 아무리 주의 이름으로 선지자 노릇 했다 할지라도 하나님의 뜻대로 행하지 않는 사람은 열매 맺지 못한 자이고, 열매 맺지 못한 자는 하나님의 포도원에서 이방의 들포도가 되어 악한 포도송이가 되었다는 것이며, 그 결국은 진노의 포도주 틀에서 밝힐 뿐이다. "또 다른 천사가 하늘에 있는 성전에서 나오는데 역시 예리한 낫을 가졌더라 또 불을 다스리는 다른 천사가 제단으로부터 나와 예리한 낫 가진 자를 향하여 큰 음성으로 불러 이르되 네 예리한 낫을 휘둘러 땅의 포도송이를 거두라 그 포도가 익었느니라 하더라 천사가 낫을 땅에 휘둘러 땅의 포도를 거두어 하나님의 진노의 큰 포도주 틀에 던지매 성 밖에서 그 틀이 밟히니 틀에서 피가 나서 말 굴레에까지 닿았고 천육백 스다디온에 퍼졌더라"(계 14:17~20).

진노의 포도주 틀에 밟히는 악한 포도송이는 예수를 믿지 않은 세상 사람이라고 흔히들 생각한다. 그러나 진노의 포도주 틀에 밟히는 악한 포도송이는 소돔의 포도나무가 되고 고모라 밭의 소산이 된 열매 맺지 못한 신앙인이고, 이방의 들포도가 된 세속화된 신앙인이다. 바로 이 사실이 두렵고 떨림으로 구원을 이루어 가야 하는 이유이다 (빌 2:12).

지금은 인생의 꿈을 디자인할 때가 아니라 회개에 합당한 열매를 맺어야 할 때이다. 인생의 꿈을 디자인하는 사람에게 필요한 것은 긍정적 사고와 긍정적 입술의 시인이겠지만, 회개에 합당한 열매를 맺어야 하는 사람에게 필요한 것은 잃어버린 '처음 사랑의 행위'(행 4:32~35; 계 2:5)를 회복하는 것이다.

'긍정의 힘'은 입으로만 하나님을 가까이하게 하고 입술로만 하나님을 사랑하게 하는 사람의 계명이다(사 29:13). 그러나 잃어버린 처음 사랑의 행위를 회복하라는 책망의 말씀은 백성으로 회개에 합당한 열매를 맺게 하는 생명의 말씀이다.

25.
과부의 신원과 예수님의 재림

하나님께서는 이스라엘 백성이 가나안 땅에 들어가기 이미 오래 전 모세의 고별 설교를 통해 이스라엘 백성의 결국이 심판과 멸망이 될 것이라고 예언하셨다. "여호와께서 모세에게 이르시되 네가 죽을 기한이 가웠으니 여호수아를 불러서 함께 회막으로 나아오라 내가 그에게 명령을 내리리라 모세와 여호수아가 나아가서 회막에 서니 여호와께서 구름 기둥 가운데에서 장막에 나타나시고 구름 기둥은 장막 문 위에 머물러 있더라 또 여호와께서 모세에게 이르시되 너는 네 조상과 함께 누우려니와 이 백성은 그 땅으로 들어가 음란히 그 땅의 이방 신들을 따르며 일어날 것이요 나를 버리고 내가 그들과 맺은 언약을 어길 것이라 내가 그들에게 진노하여 그들을 버리며 내 얼굴을 숨겨 그들에게 보이지 않게 할 것인즉 그들이 삼킴을 당하여 허다한 재앙과 환난이 그들에게 임할 그때에 그들이 말하기를 이 재앙이 우리에게 내림은 우리 하나님이 우리 가운데에 계시지 않은 까닭이 아니냐 할 것이라 또 그들이 돌이켜 다른 신들을 따르는 모든 악행으로 말미암아 내가 그때에 반드시 내 얼굴을 숨기리라 그러므로 이제 너희는 이 노래를 써서 이스라엘 자손들에게 가르쳐 그들의 입으로 부르게 하여 이 노래로 나를 위하여 이스라엘 자손들에게 증거가 되게 하라 내가 그들의 조상들에게 맹세한바 젖과 꿀이 흐르는 땅으로 그들을 인도하여 들인 후에 그들이 먹어 배부르고 살찌면 돌이켜 다른 신들을 섬기며 나를 멸시하여 내 언약을 어기리니 그들이 수많은 재앙과 환난을 당할 때에 그들의 자손이 부르기를 잊지 아니한 이 노래가 그들 앞에 증인처럼 되리라 나는 내가 맹세한 땅으로 그들을 인도하여 들이기 전 오늘 나는 그들이 생각하는 바를 아노라"(신 31:14~22).

하나님께서는 당신의 백성이 상상하는 바를 미리 아신다(신 31:21). 그들이 비록 가나안 땅은 들어가지만, 들어간 이후에 다른 신들을 섬김으로 하나님의 언약을 어기게 될 것을 미리 아셨고(신 31:16, 20), 그들의 결국이 재앙과 환난이 될 것이라고 미리 말씀하셨다(신 31:17). 그리고 이스라엘 백성을 향한 멸망의 예언이 증거의 노래가 되게 하라고 모세에게 명령하셨다(신 31:19).

왜 하나님께서는 당신의 백성의 파멸을 이처럼 증거의 노래로 부르게 하시면서도 그들로 멸망으로 가지 않도록 미리 막지 않으셨는지 의문이 생기지만, 우리는 그것이 하나님의 깊으시고 선하신 주권의 뜻과 하나님의 구속의 경륜임을 믿을 뿐이다.

분명한 것은 하나님께서 이스라엘 백성을 가나안 땅에 인도해 들이시기 전부터 먼저 모세를 통해 이스라엘의 파국과 멸망을 미리 예언하게 하시면서 증거의 노래로 부르게 하셨다는 것이다. 이와 같은 불길한 예언의 길을 따라 주님께서도 인자가 올 때 세상에서 믿음을 보겠느냐고 예언하셨다(눅 18:8).

하나님께서는 우리의 상상하는 바를 미리 아신다. 우리의 결국을 먼저 예언하신다. 그리고 그 결국을 증거의 노래로 부르게 하신다. 결국, 그 예언대로 주님께서 다시 오실 때 믿음 없는 교회 세대는 심판을 받게 될 것이다.

그런데 주님께서는 이 예언에 앞서서 과부의 신원 사건을 말씀하셨다. "예수께서 그들에게 항상 기도하고 낙심하지 말아야 할 것을 비유로 말씀하여 이르시되 어떤 도시에 하나님을 두려워하지 않고 사람을 무시하는 한 재판장이 있는데 그 도시에 한 과부가 있어 자주 그에게 가서 내 원수에 대한 나의 원한을 풀어 주소서 하되 그가 얼마 동안 듣지 아니하다가 후에 속으로 생각하되 내가 하나님을 두려워하지 않고 사람을 무시하나 이 과부가 나를 번거롭게 하니 내가 그 원한을 풀어 주리라 그렇지 않으면 늘 와서 나를 괴롭게 하리라 하였느니라 주께서 또 이르시되 불의한 재판장이 말한 것을 들으라 하물며 하나님께서 그 밤낮 부르짖는 택하신 자들의 원한을 풀어 주지 아니하시겠느냐 그들에게 오래 참으시겠느냐"(눅 18:1~7).

이 본문에서 우리는 밤낮 부르짖는 택하신 자들의 원한을(눅 18:7) 인생 문제로 생각한다. 그래서 세상에서 어려운 문제를 만나면 "하나님 아버지! 나의 원한을 풀어 주시옵소서!"라고 기도해야 한다고 배우는데, 과연 하나님께서 인생의 문제인 가난과 실패를 해결 받아야 할 원한으로 가르치셨겠는가?

이 땅을 살아가면서 남보다 잘살지 못하고 성공하지 못한 것은 신앙인에게 있어서 해결 받아야 할 원한이 아니다. 즉, 진학 문제, 결혼 문제, 물질 문제, 사업 문제는 하나님께 부르짖어 해결 받아야 할 원한이 아니다. 그런데도 우리가 이 땅에서의 부요와 형통을 위해 기도한다면 그것이야말로 가난하고 실패한 사람의 한풀이 기도일 것이다.

주님께서 말씀하신 '택하신 자의 원한'은 그런 인생 문제의 원한이 아니라 '죽임당한 자들의 신원'이다. "다섯째 인을 떼실 때에 내가 보니 하나님의 말씀과 그들이 가진 증거로 말미암아 죽임을 당한 영혼들이 제단 아래에 있어 큰 소리로 불러 이르되 거룩하고 참되신 대주재여 땅에 거하는 자들을 심판하여 우리 피를 갚아 주지 아니하시기를 어느 때까지 하시려 하나이까 하니"(계 6:9~10).

지금 제단 아래 목 베임 받은 사람의 영혼들(계 20:4)은 자신들의 피 값을 신원해 줄 것을 천지의 대주재이신 하나님께 호소하고 있다. 그들의 신원의 기도는 종국에 동무 종들의 수가 채워지고 예수 그리스도께서 심판의 주로 이 땅에 임하실 때 응답될 것이다(계 6:11). 그러므로 누가복음 18장 1~7절의 과부의 호소는 이 땅에서 고난받는 신앙인들의 예수 그리스도의 재림에 대한 열망이고 마라나타의 소망이다.

우리는 이 열망을 극한 고난 가운데서도 다시 오실 주님의 재림을 대망하며 이 땅의 고통을 힘써 참고 신원의 날을 기다렸던 히브리 교회의 삶에서 찾아볼 수 있다. "전날에 너희가 빛을 받은 후에 고난의 큰 싸움을 견디어 낸 것을 생각하라 혹은 비방과 환난으로써 사람에게 구경거리가 되고 혹은 이런 형편에 있는 자들과 사귀는 자가 되었으니 너희가 갇힌 자를 동정하고 너희 소유를 빼앗기는 것도 기쁘게 당한 것은 더 낫고 영구한 소유가 있는 줄 앎이라 그러므로 너희 담대함을 버리지 말라 이것이 큰 상을 얻게 하느니라 너희에게 인내가 필요함은 너희가 하나님의 뜻을 행한 후에 약속하신 것을 받기 위함이라 잠시 잠깐 후면 오실 이가 오시리니 지체하지 아니하시리라"(히 10:32~37).

히브리 교회는 고난 가운데서 예수 그리스도의 도를 기쁨으로 받았지만(살전 1:6) 그 말씀대로 살아간다는 이유 하나 때문에 그들의 산업을 빼앗기기까지 했다. 그들에게 있어서 예수 그리스도를 믿는다는 것은 물질 문제, 인생 문제를 해결 받는 것이 아니라, 예수 그리스도를 믿는다는 이유 하나 때문에 인생은 더 고달파지고, 재산은 몰수를 당했다. 그러나 그들은 오히려 저 하늘의 영구한 산업을 바라보며 잠시 잠깐 후면 오실 예수 그리스도의 재림을 대망했다. 결국, 이들은 마라나타의 소망을 불태우는 가운데 그들의 신원의 날을 기다렸다.

오늘날 복술의 신앙인들은 과부의 호소를 이 땅에서의 축복과 보상으로 생각하며 밤낮 생떼를 쓰는 데 인용하고 있지만, 신령한 신앙인들은 자기들의 고난에 대한 보상의 날을 이 땅에서가 아니라 예수 그리스도의 재림으로 나타날 하나님 나라에서 이루어질 보상으로 생각하고 기대하기 때문에 이 땅에서의 문제 해결을 위해 기도하지 않는다.

신령한 신앙인들의 소망은 언제 이 문제가 해결될 것인가가 아니고 '주님이 언제 다시 오시려나?' 하는 것이다. '그분이 언제 다시 오셔서 우리의 눈물을 씻겨 주시고, 우리의 애통을 위로해 주시고, 우리의 아픈 것을 치료해 주시고, 우리를 다시 살리시고, 영원히 살게 하실까?' 하는 것이다. 그러므로 과부가 하나님께 드리는 신원의 기도는 예수 그리스도의 재림에 대한 소망이고 기다림이고 기도이다.

그 날에 이 땅에서 과부 된 자와 같이 오로지 한 분 예수 그리스도만을 소망으로 삼고 신랑 되신 예수 그리스도의 다시 오심을 열망한 신실한 신앙인들의 원한은 보상받을 것인데, 먼저는 제단 아래 목 베임을 받은 영혼들의 피 값에 대한 신원일 것이며, 다음으로 우리의 아픔과 상처와 눈물과 고난에 대한 보상일 것이다. 그 날에 우리의 원한은 영원히 보상을 받을 것이기에 우리는 과부의 열망으로 주의 다시 오심을 소망한다.

예수 그리스도의 재림에 대한 소망이 없는 사람이 어떻게 이 땅에서 자기를 부인하는 십자가를 지고 행함의 열매를 결실하고 사랑의 열매를 결실할 수 있겠는가?

오늘 우리는 '주님의 다시 오심'보다는 내 자녀가 좋은 대학 들어가는 것이 더 큰 소망이고 되었고, 좋은 직장 들어가는 것이 더 큰 소망이고, 좋은 배필 만나는 것이 더 큰 소망이고, 내 남편 사업 잘되고 돈 잘 버는 것이 더 큰 소망이다. 그러므로 오늘 우리는 이 밤에 도둑 같이 다시 오시는 주님을 열망하며 신앙하고 있는 것이 아니라, 자기 인생 1년, 2년, 3년, 10년 후의 꿈을 이루기 위해 신앙하고 있다. 그러므로 자기 인생의 부요와 성공의 꿈은 꾸어도, 주님의 나라와 그의 의를 위해 죽도록 헌신하지 않고, 내 것을 내 것이라 하지 않는 아낌없는 사랑을 실천하지 않는 것이다. 주님의 나라와 의를 위해 죽도록 헌신하기 위해서는, 아낌없는 사랑을 실천하기 위해서는 우리의 정과 욕심을 십자가에 못 박아야 한다(갈 5:24).

마라나타의 소망이 없는 자는 지금도 자기 인생의 집을 짓기 위해 인생의 꿈을 먹지만 예수 그리스도 다시 오시는 신원의 날을 고대하는 심령이 가난한 자는 지금 이 시간도 마음의 허리를 동이고 근신하며, 영혼을 거스려 싸우는 육체의 정욕을 제어하며 우리의 영원한 본향을 향해 나그네와 행인의 길을 재촉한다. "너희 마음의 허리를 동이고 근신하여 예수 그리스도께서 나타나실 때에 너희에게 가져다

주실 은혜를 온전히 바랄지어다 너희가 순종하는 자식처럼 전에 알지 못할 때 따르던 너희 사욕을 본받지 말고 오직 너희를 부르신 거룩한 이처럼 너희도 모든 행실에 거룩한 자가 되라 기록되었으되 내가 거룩하니 너희도 거룩할지어다 하셨느니라 외모로 보시지 않고 각 사람의 행위대로 심판하시는 이를 너희가 아버지라 부른즉 너희가 나그네로 있을 때를 두려움으로 지내라"(벧전 1:13~17). "사랑하는 자들아 거류민과 나그네 같은 너희를 권하노니 영혼을 거슬러 싸우는 육체의 정욕을 제어하라"(벧전 2:11).

주님께서 다시 오실 때 보고자 하시는 믿음은 인생 문제 해결을 위해 생떼 쓰는 이방인과 같은 부르짖음이 아니라, 비록 이 땅에서는 힘들고, 가난하고, 성공하지 못하고, 영향력을 소유하지 못해도, 그래서 이 땅에서는 과부와 같은 신세가 되었다 할지라도, 히브리 교회처럼 더 낫고 영구한 산업(히 10:34)을 바라보며, 잠시 잠깐 후면 지체하지 않고 오실 예수 그리스도의 날을 열망하는 믿음이다(히 10:37).

신령한 믿음의 빛이 사라진 오늘의 어두움 가운데서, 그래서 예수 그리스도께서 예언하신 대로 "인자가 올 때에 세상에서 믿음을 보겠느냐?" 하는 세대 가운데서 두 렙돈으로 이 땅에서 가장 위대한 헌신의 봉헌과 사랑의 수고를 아끼지 않는 심령이 가난한 과부가 되어 주의 날을 소망하며 온전한 믿음의 빛을 발해야 한다. 바로 그 날은 주님의 재림을 대망하는 우리에게 여호와의 신원의 날이 될 것이다.

26.
신앙의 두루마기를 빨아야만 천국 갑니다

우리 신앙의 목적이 인생의 꿈을 통해 부요의 문을 들어가고 성공의 문을 들어가는 것이라면 자동차 판매왕을 꿈꾸는 자동차 영업 사원들처럼, 보험왕을 꿈꾸는 보험 영업 사원들처럼 "나는 할 수 있다! 나는 할 수 있다!"라는 긍정적 사고와 긍정적 입술이 우리에게 필요하겠지만, 우리는 천국 문을 꿈꾸는 신앙인들이기에 지금 이 시간도 인생의 꿈을 디자인하는 것이 아니라 신앙의 두루마기를 깨끗하게 한다. 성경은 꿈이 있는 자와 긍정적인 사고를 가진 자가 복이 있다고 말씀하시는 것이 아니라, 신앙의 두루마기를 깨끗이 빠는 자가 복이 있다고 하신다. "자기 두루마기를 빠는 자들은 복이 있으니 이는 그들이 생명나무에 나아가며 문들을 통하여 성에 들어갈 권세를 받으려 함이로다"(계 22:14).

우리에게 필요한 것은 인생의 성취가 아니라 신앙의 두루마리를 깨끗하게 빨아서 예수 그리스도의 정결한 신부가 되는 것이다. 그러므로 시온산으로 상징된 최후의 구원의 정점에서 어린 양과 함께 새 노래를 부르는 축복에 동참하는 14만 4천(실제 숫자가 아님)으로 상징된 신실한 신앙인들은 긍정적 사고와 긍정적 입술로 인생의 꿈을 이룬 영향력 있는 사람들이 아니라 오로지 신앙의 정절을 지킨 자들로서 어린 양이 어디로 인도하든지 따라가는 자들이라고 요한계시록은 증언하고 있다. "또 내가 보니 보라 어린 양이 시온산에 섰고 그와 함께 십사만 사천이 서 있는데 그들의 이마에는 어린 양의 이름과 그 아버지의 이름을 쓴 것이 있더라 내가 하늘에서 나는 소리를 들으니 많은 물소리와도 같고 큰 우렛소리와도 같은데 내가 들은 소리는 거문고 타는 자들이 그 거문고를 타는 것 같더라 그들이 보좌 앞과 네 생물과 장로들 앞에서 새 노래를 부르니 땅에서 속량함을 받은 십사만 사천 밖에는 능히 이 노래를 배울 자가 없더라 이 사람들은 여자와 더불어 더럽히지 아니하고 순결한 자라 어린 양이 어디로 인도하든지 따라가는 자며 사람 가운데에서 속량함을 받아 처음 익은 열매로 하나님과 어린 양에게 속한 자들이니 그 입에 거짓말이 없고 흠이 없는 자들이더라"(계 14:1~5).

어린 양이신 예수 그리스도와 함께 시온산에서 새 노래를 부르는 14만 4천으로 상징된 신실한 신앙의 사람들! 바로 이들이 신앙의 두루마리를 깨끗이 씻고 거룩한 성 예루살렘의 문을 출입하는 권세를 가진 사람들이다.

긍정의 힘을 가지고 꾸는 꿈은 기껏해야 높은 산에 올라가서 멋있는 별장을 바라보며 그것을 소유하기를 소원하는 것이다. 그리고 땅에 내려가서는 자기가 꿈꾸었던 자동차를 36개월 할부로 구매해서 타고 천하만국 영광의 끝자락에 자기 신앙의 목적지를 두고 거침없이 질주하는 것이다. 바로 이것이 주님께서 높은 산에서 마귀에게 받으셨던 천하만국 영광의 시험이다. 그러므로 조엘 오스틴의 '긍정의 힘'은 하늘 십자가의 영광을 바라보지 못하게 하고 땅에 있는 천하만국의 영광을 바라보게 하는 사탄의 미혹이다.

부요와 성공의 문을 들어가기 위해서가 아니라, 천국 문인 거룩한 성 새 예루살렘의 문을 들어가기 위해 신앙의 두루마기를 빨래하는 것은 신앙의 흰옷을 입고 주님과 함께 영원히 거하기 위함이다. "그러나 사데에 그 옷을 더럽히지 아니한 자 몇 명이 네게 있어 흰옷을 입고 나와 함께 다니리니 그들은 합당한 자인 연고라 이기는 자는 이와 같이 흰옷을 입을 것이요 내가 그 이름을 생명책에서 결코 지우지 아니하고 그 이름을 내 아버지 앞과 그의 천사들 앞에서 시인하리라"(계 3:4~5).

그런데 주님께서는 사데 교회에 편지하시면서 그들이 살았다 하는 이름은 가졌지만 실상은 죽은 자들이라고 책망하신다. 사데 교회가 하나님 보시기에 죽은 자들인 것은 그들에게 행위의 온전한 열매가 없었기 때문이다. "사데 교회의 사자에게 편지하라 하나님의 일곱 영과 일곱 별을 가지신 이가 이르시되 내가 네 행위를 아노니 네가 살았다 하는 이름은 가졌으나 죽은 자로다 너는 일깨어 그 남은바 죽게 된 것을 굳건하게 하라 내 하나님 앞에 네 행위의 온전한 것을 찾지 못하였노니"(계 3:1~2). 그들은 입술로 "주여! 주여!" 하며 예수를 믿고 있지만 행함의 열매가 없기에 그들의 믿음은 죽은 믿음이다. 우리가 아무리 기독교인이라는 살았다 하는 이름은 가졌다 할지라도 행위의 온전한 열매가 없으면 주님 보시기에 죽은 자들이다.

사데 교회가 주님께 죽은 자들로 책망을 받았던 것은 그들이 흰옷을 입고 있지 않았기 때문이며(계 3:4) 흰옷을 입지 않고 있다는 것은 그들이 신앙의 두루마기를 빨지 않았기 때문이다. 그러므로 흰옷을 입지 않았다는 것, 즉 신앙의 두루마기를 빨지 않았다는 것은 행위의 온전한 열매가 없음을 의미한다. 행위의 온전한 열매가 없는 신앙인들은 입술로만 "주여! 주여!" 하면서 하나님의 뜻을 행하지 않는 자들이다. 하나님의 뜻을 행하지 않으면서 입술로만 "주여! 주여!" 하는 신앙인들은 결단코 천국에 들어갈 수 없다(마 7:21).

신앙의 두루마기를 빨지 않았다는 것은 신앙의 옷이 더러워져서 흰색이 아니라는 것이며, 신앙의 옷이 흰색이 아니라는 것은 사데 교회처럼 살았다는 이름, 즉 입술로 "주여! 주여!" 하는 믿음은 가졌어도 행위의 온전한 열매가 없다는 것이며, 결국 구원을 받지 못한다. 그래서 야고보서는 행함이 없는 믿음은 죽은 믿음이고, 그 믿음으로는 결단코 구원받을 수 없음을 단언한 것이다(약 2:14, 17).

그런데 오늘날 교회 안에는 "주여! 주여" 하며 살았다 하는 이름을 가진 기독교인들은 많지만 행위의 온전한 열매를 결실하는 흰옷을 입은 정결한 신부들은 많지 않다. 입술로만 "주여! 주여!" 하는 신앙인들, 바로 이들이 주님의 비유에 의하면 사거리 길에서 닥치는 대로 혼인 잔치에 초청을 받아 온 사람들이다. "예수께서 다시 비유로 대답하여 이르시되 천국은 마치 자기 아들을 위하여 혼인 잔치를 베푼 어떤 임금과 같으니 그 종들을 보내어 그 청한 사람들을 혼인 잔치에 오라 하였더니 오기를 싫어하거늘 다시 다른 종들을 보내며 이르되 청한 사람들에게 이르기를 내가 오찬을 준비하되 나의 소와 살진 짐승을 잡고 모든 것을 갖추었으니 혼인 잔치에 오소서 하라 하였더니 그들이 돌아보지도 않고 한 사람은 자기 밭으로, 한 사람은 자기 사업하러 가고 그 남은 자들은 종들을 잡아 모욕하고 죽이니 임금이 노하여 군대를 보내어 그 살인한 자들을 진멸하고 그 동네를 불사르고 이에 종들에게 이르되 혼인 잔치는 준비되었으나 청한 사람들은 합당하지 아니하니 네거리 길에 가서 사람을 만나는 대로 혼인 잔치에 청하여 오라 한대 종들이 길에 나가 악한 자나 선한 자나 만나는 대로 모두 데려오니 혼인 잔치에 손님들이 가득한지라"(마 22:1~10).

오늘날 이방인 교회 시대는 먼저 청함을 받았던 구약 이스라엘 백성이 예수 그리스도를 믿지 않으므로 꺾이고 한때 하나님의 구속사에서 '개'로 취급받았던 이방인들인 우리가 닥치는 대로 혼인 잔치에 초정되어 온 시대이다. 이제 이방인 교회 시대는 심판의 주가 되시는 왕이신 예수 그리스도의 입장을 기다리고 있다.

하나님께서는 모든 심판의 전권을 아들에게 맡기셨고(요 5:22) 이제 그 아들이신 예수 그리스도는 심판의 권세를 가지신 왕으로서 다시 오실 것이다. 그런데 문제는 왕이신 예수 그리스도께서 혼인 잔치에 입장하실 때 예복을 입지 않은 자는 바깥 어두운 데로 던져져 이를 갈게 된다는 사실이다. "임금이 손님들을 보러 들어올새 거기서 예복을 입지 않은 한 사람을 보고 이르되 친구여 어찌하여 예복을 입지 않고 여기 들어왔느냐 하니 그가 아무 말도 못 하거늘 임금이 사환들에게 말하되 그 손발을 묶어 바깥 어두운 데에 내던지라 거기서 슬피 울며 이를 갈게 되리라 하니라 청함을 받은 자는 많되 택함을 입은 자는 적으니라"(마 22:11~14). 여기서 예복을 입지 않은 한 사람은 왕의 혼인 잔치에 닥치는 대로 청함만을 받은 많은 사람을 예표한다.

예수 그리스도의 재림과 함께 완성될 왕의 혼인 잔치에 입술로 "주여! 주여!" 하는 청함을 받은 손님은 많지만, 행위의 온전한 열매를 결실해서 신앙의 예복을 준비한 참된 믿음을 가진 택함을 받은 자는 적을 것이다. 그러므로 주님께서는 인자가 올 때에 세상에서 믿음을 보겠느냐고 하셨던 것이다.

신앙의 예복은 오로지 깨끗한 흰색이어야 한다. 더러운 옷은 결코 예복이 될 수 없다. 우리가 신앙의 두루마기를 깨끗하게 해서 신앙의 흰옷을 입는다는 것은 행위의 온전한 열매를 결실한다는 것이고 신앙의 예복을 준비함을 의미한다. 그러므로 신앙의 예복은 행함으로 온전해진 믿음이다.

그런데 그 옛날 사데 교회에 살았다 하는 이름을 가진 교인들은 많았지만, 주님과 함께 다니는 흰옷 입은 자가 몇 명에 불과했듯이 오늘날도 교회 안에 "주여! 주여!" 하는 청함 받은 자는 많지만 예복을 입어 택함을 입은 자는 몇 명 되지 않는다.

오늘날 교회 안에 인생의 꿈을 가지고 "주여! 주여!" 하며 긍정적 사고와 긍정적 입술을 가진 교인은 많지만, 자기가 가진 전부로 헌신했던 과부와 같은 신앙인은 많지 않다.

하나님께서 가장 기뻐하셨던 헌금은 많은 십일조 헌금, 많은 건축 헌금이 아니라 자기가 가진 모든 것으로 헌신한 사랑의 헌금이었다. 그런데 오늘날 교인들은 자기들의 욕심을 하나님의 영광을 위한다는 명목으로 포장을 하며 더 큰 인생의 꿈을 꾸느라 정신이 없다. 그러나 하나님이 명하신 참된 사랑의 새 계명은 꿈을 이루어야만 행할 수 있는 것이 아니라 내게 있는 과부의 두 렙돈으로도 충분히 행할 수 있다.

지금은 더 큰 부요와 성공의 꿈을 디자인할 때가 아니라 비록 내가 가진 것이 과부의 두 렙돈에 불과하다 할지라도 이 모든 것을 내 것이라 하지 않고 하나님의 계명인 사랑을 실천해야 할 때이다. 바로 이와 같은 사랑의 헌신이 행위의 온전한 열매이고 신앙의 예복이다.

우리는 지금 행위의 온전한 열매를 맺고 있는가? 신앙의 두루마기를 깨끗이 빨고 있는가? 지금 우리 신앙의 옷은 흰색인가? 과연 우리는 신앙의 예복을 준비하고 있는가?

지금은 인생의 꿈을 디자인할 때가 아니라 행위의 온전한 열매를 결실해야 할 때이다. 행위의 온전한 열매를 결실하기 위해서는 더 큰 인생의 꿈이 필요한 것이 아니라, 과부의 두 렙돈으로도 충분하다.

더 가져서 충성할 것이라고, 더 가져서 사랑할 것이라고, 더 가져서 헌신할 것이라고 하면서 지금 당장 행해야 하는 충성과 사랑과 헌신을 미루지 말자. 더 올라가면, 더 가지게 되면, 더 많은 영향력을 갖게 되면, 더 많이 성공하면, 더 많이 부자 되면, 그리고 당면한 인생 문제 해결을 받고 나면 사랑하고 헌신하고 충성할 것이라고 서원하지도 말자. 이러한 서원 속에는 더 올라가고 싶고, 더 갖고 싶고, 더 성공하고 싶고, 더 부자 되고 싶고, 더 영향력 있는 자가 되고 싶은 탐심이 숨어 있다. 그러므로 비록 작지만 지금 있는 것으로 가장 귀한 헌신을 실천해야 한다.

27.
무엇을 구해야 할까

사도 요한은 우리가 무엇이든지 구하는 바를 하나님으로부터 받을 수 있다고 했다. 그러나 사도 요한은 무엇이든지 구하는 바를 받을 수 있는 사람이 누구인가에 대해서 분명히 말하기를 그의 계명들을 지키고 그의 기뻐하시는 것을 행하는 사람이라고 했다. "무엇이든지 구하는 바를 그에게서 받나니 이는 우리가 그의 계명을 지키고 그 앞에서 기뻐하시는 것을 행함이라"(요일 3:22).

그러면 우리가 지켜야 하는 계명이 무엇인가? 하나님께서는 우리가 무엇을 행할 때 기뻐하시는가? 바로 그것은 사랑이다. 그러므로 무엇이든지 구하는 바를 받는 사람은 작정기도와 금식기도를 열심히 하는 사람이 아니라 사랑을 실천하는 사람이다.

또한 사도 요한은 우리가 구하는 것을 하나님께서 들으신다고 했다. 그러나 우리가 어떻게 구해야 하는 것인가에 대해서 교훈하고 있는데 바로 그것은 하나님의 뜻대로 구해야 한다는 것이다. "그를 향하여 우리가 가진 바 담대함이 이것이니 그의 뜻대로 무엇을 구하면 들으심이라"(요일 5:14). 그러므로 우리 기도의 목적은 내가 원하는 것을 받고자 하는 것이 아니라, 내가 가지고 싶은 것을 얻고자 하는 것이 아니라, 내가 하고 싶은 것을 하고자 하는 것이 아니라 하나님의 뜻을 이루는 것이어야 한다.

무엇이든지 구할 수 있지만 구할 때 반드시 하나님의 뜻대로 구해야 함을 교훈한 사도 요한은 하나님의 뜻대로 우리가 구해야 하는 그 무엇에 대한 기도의 예를 다음과 같이 예시한다. "누구든지 형제가 사망에 이르지 아니하는 죄 범하는 것을 보거든 구하라 그리하면 사망에 이르지 아니하는 범죄자들을 위하여 그에게 생명을 주시리라 사망에 이르는 죄가 있으니 이에 관하여 나는 구하라 하지 않노라 모든 불의가 죄로되 사망에 이르지 아니하는 죄도 있도다"(요일 5:16~17).

결국 사도 요한이 명한 성도들의 기도 제목은 사망에 이르지 않는 죄를 범한 형제의 나머지 모든 죄를 위한 중보의 기도이다. 무엇이든지 기도할 수 있고 무엇이든지 받을 수 있는 기도 제목은 내 인생 문제가 아니라 사망에 이르지 않는 죄를 범한 형제의 모든 죄를 위한 중보이다. 그러므로 형제의 사망에 이르지 않는 죄를 위해 기도하면 하나님께서 우리의 기도를 들으시고 그 형제의 죄를 용서해 주시고 그에게 생명을 주신다.

이처럼 사도 요한이 성도들에게 제시했던 하나님의 뜻대로 무엇을 구해야 하는 기도는 내 인생의 문제 해결, 내 인생의 꿈의 성취, 내 인생의 미래의 영향력을 소유하기 위한 기도가 아니고 형제의 영혼 구원이다. 그러므로 중요한 것은 '얼마나 열심히 기도하는가'가 아니라 '무엇을 기도하는가'이다. 우리의 기도는 하나님의 뜻을 구하는, 곧 하나님의 뜻 대로 구하는 기도여야 한다.

사도 요한의 가르침대로 하나의 뜻 대로 드리는 신령한 기도를 하기 위해서는 계속해서 야고보서가 가르치는 기도에 관한 교훈을 유념해야 한다. "너희 중에 누구든지 지혜가 부족하거든 모든 사람에게 후히 주시고 꾸짖지 아니하시는 하나님께 구하라 그리하면 주시리라 오직 믿음으로 구하고 조금도 의심하지 말라 의심하는 자는 마치 바람에 밀려 요동하는 바다 물결 같으니 이런 사람은 무엇이든지 주께 얻기를 생각하지 말라 두 마음을 품어 모든 일에 정함이 없는 자로다 낮은 형제는 자기의 높음을 자랑하고 부한 자는 자기의 낮아짐을 자랑할지니 이는 그가 풀의 꽃과 같이 지나감이라 해가 돋고 뜨거운 바람이 불어 풀을 말리면 꽃이 떨어져 그 모양의 아름다움이 없어지나니 부한 자도 그 행하는 일에 이와 같이 쇠잔하리라"(약 1:5~11).

흔히 위의 말씀 1장 5절을 잘못 해석해서 지혜를 구하라는 말씀의 본질은 빼 버리고, 후히 주시고 꾸짖지 않으시는 하나님에만 초점을 맞추어 조금도 의심하지 않고 구하기만 하면 무엇이든지 구한 대로 다 응답받을 수 있다고 한다. 그러나 바로 이런 것이 주님께서 구하지 말라고 하신 이방인 기도의 첩경이다.

야고보서 1장 1~8절 말씀에서 야고보 선생이 가르친 기도의 의미를 바로 알기 위해서는 지혜를 구하라고 교훈한 야고보 선생이 교훈하는 인생의 의미를 알아야 한다. 그래야만 바른 기도를 할 수 있다. 하나님께서는 우리에게 후히 주시고 꾸짖지 않으시는 하나님이시다. 이 넉넉하신 은혜의 하나님께 우리가 믿음으로 구하면 응답을 받는데, 응답받을 기도 제목은 '인생의 부(富)'가 아니라 '하나님의 지혜'이다. 야고보서는 인생을 떨어지는 꽃의 아름다움이라고 했다. 그러므로 우리가 구하는 기도 제목이 떨어지는 풀의 꽃처럼 쇠해지고 영원할 수 없는 것이라면 우리의 기도는 어리석은 기도이다.

하나님 앞에서는 이 땅에서의 부와 가난이 아무 의미가 없다. 그러므로 낮은 형제, 즉 가난한 사람도 자랑해야 하는 것이 있는데 그것은 하나님의 자녀가 된 높아짐과 하나님의 제사장이 된 높음이다. 이처럼 인생의 부와 가난은 아무 의미가 없기에 부한 형제가 자랑하고 간증해야 하는 것도 넓은 평수 아파트가 아니라 예수 그리스도를 믿고 겸손해짐으로 자기의 가진 것으로 사랑을 실천하는 순종이다.

이 땅의 부가 아무리 꽃의 아름다움과 같다 할지라도 그 꽃의 아름다움은 해가 돋고 뜨거운 바람이 불어 풀을 말리면 이내 떨어지는 쇠잔함이다. 우리의 구하는 것이 이와 같이 떨어지는 꽃의 영광이라면 우리의 기도는 어리석게도 정욕을 따라 구한 잘못된 기도이다.

후히 주시고 꾸짖지 않으시는 하나님께 구해야 하는 것은 하나님의 지혜이다. 그리고 이 하나님의 지혜는 하나님의 뜻을 의미한다. "이는 그가 모든 지혜와 총명을 우리에게 넘치게 하사"(엡 1:8). "그런즉 너희가 어떻게 행할지를 자세히 주의하여 지혜 없는 자같이 하지 말고 오직 지혜 있는 자같이 하여 세월을 아끼라 때가 악하니라 그러므로 어리석은 자가 되지 말고 오직 주의 뜻이 무엇인가 이해하라"(엡 5:15~17).

하나님의 지혜는 하나님의 뜻이다. 그러므로 사도 바울이 성도들을 위해 드렸던 기도 제목은 장사 잘되게 해 달라는 것도, 자녀 대학 합격시켜 달라는 것도, 사업 잘되게 해 달라는 것도, 좋은 배필 만나게 해 달라는 것도 아니고 하나님의 뜻을 아는 신령한 지혜와 총명을 가지게 해 달라는 것이었다. "이로써 우리도 듣던 날부터 너희를 위하여 기도하기를 그치지 아니하고 구하노니 너희로 하여금 모든 신령한 지혜와 총명에 하나님의 뜻을 아는 것으로 채우게 하시고"(골 1:9).

결국 야고보 선생이 '후히 주시고 꾸짖지 않으시는 하나님께 지혜를 구하라'고 했던 것은(약 1:5) 사도 요한이 '무엇이든지 구하는 바를 하나님에게 받을 수 있기에(요일 3:22) 무엇이든지 구할 수 있는데 구해야 하는 그 무엇은 하나님의 뜻'이라고(요일 5:14) 했던 교훈과 동일한 의미이다. 그것은 야보고 선생이 기도 제목으로 제시한 지혜가 곧 하나님의 뜻이기 때문이다. 그러므로 우리 기도의 제목과 목적은 하나님의 뜻을 행하고 하나님의 뜻을 이루는 것이어야 한다.

그러면 한번 생각해 보자. 우리를 향하신 하나님의 뜻이 자녀가 바라는 대학에 들어가고, 좋은 배필을 만나 염려 걱정 없이 살고, 좀 더 큰 평수 아파트 분양받아 이사 가고, 사업 잘되어 돈 많이 버는 것이겠는가? 아니다. 우리를 향하신 하나님의 분명한 뜻은 두 벌 옷만 있어도 사랑하라는 것이다(눅 3:11).

이제 예수 믿는 우리가 사는 것은 내가 사는 것이 아니고 내 안에 예수 그리스도가 사시는 것이다. "내가 그리스도와 함께 십자가에 못 박혔나니 그런즉 이제는 내가 사는 것이 아니요 오직 내 안에 그리스도께서 사시는 것이라 이제 내가 육체 가운데 사는 것은 나를 사랑하사 나를 위하여 자기 자신을 버리신 하나님의 아들을 믿는 믿음 안에서 사는 것이라"(갈 2:20). 그런데 지금 내 안에 계시는 예수 그리스도께서 과연 내 자녀가 좋은 대학 들어가지 못할까 봐 조바심을 내시는가? 과연 내 자녀가 남들에게 부러움을 사는 결혼을 하지 못할까 봐 안달하시는가? 과연 우리에게 돈 없이는 살 수 없는 세상이니 돈이 필요하다고 재촉하시는가? 과연 내가 살고 있는 집이 너무나 좁아서 답답하니 넓은 집으로 이사 가라고 닦달하시는가?

이 땅에 오신 만왕의 왕이신 주님께서는 이 세상에 우리를 위해

단 한 평의 땅도 남겨 놓지 않으셨다. 그리고 이 땅에 오신 만왕의 왕이신 주님께서는 여우도 굴이 있고 참새도 보금자리가 있었지만 머리 둘 곳도 없이 사셨다. 사도 바울은 우리가 세상에 아무것도 가지고 온 것이 없으매 아무것도 가지고 가지 못하리니 먹을 것과 입을 것이 있은즉 족한 줄로 알고 부하려 하지 말라고 당부했다. "우리가 세상에 아무것도 가지고 온 것이 없으매 또한 아무것도 가지고 가지 못하리니 우리가 먹을 것과 입을 것이 있은즉 족한 줄로 알 것이니라 부하려 하는 자들은 시험과 올무와 여러 가지 어리석고 해로운 욕심에 떨어지나니 곧 사람으로 파멸과 멸망에 빠지게 하는 것이라"(딤전 6:7~9).

우리가 먹을 것과 입을 것이 있은즉 족한 줄을 알고 아무것도 가지고 가지 못한다는 분명한 인생의 결국을 안다면 우리의 기도 제목과 목적은 하나님의 나라와 의가 될 것이다. 하나님의 나라와 의는 하나님의 뜻이다. 하나님의 뜻은 사랑이다. 지금 우리에게 있는 문제는 가난과 실패가 아니라 예수 그리스도의 새 계명이 요구하는 만큼의 풍성한 사랑의 열매를 결실하지 못하는 죄악 가운데 있다는 것이다. 그러므로 우리의 가장 절박한 기도 제목과 목적은 내 배와 내 가정만 위하는 이기적인 정과 욕심을 십자가에 못 박고 하나님의 말씀대로 풍성한 사랑의 열매를 결실할 수 있는 성령의 능력을 구하는 것이 되어야 한다.

우리는 예수 그리스도를 주인으로 왕으로 섬기는 하나님 나라의 백성 된 신분을 망각하지 않고 기도해야 한다. 그런데 오늘 우리는 마치 우리 자신이 주인인 것처럼 자기의 뜻을 하나님께 관철시키려 한다. 이것은 하나님을 모독하는 기도이다. 내가 좋아하는 소원을 가지

고 하나님을 좌지우지하려 해서는 안 된다. 오히려 하나님의 종으로
서 우리의 삶을 그의 명하신 말씀대로 순종하며 복종시키기 위해 기
도해야 한다.

28.
잃어버린 신앙의 포도원

　열왕기상 21장 1~16절의 말씀에서 아합과 이세벨이라는 무소불위의 권력에 맞서서 조상 대대로 물려받은 포도원을 목숨 바쳐 지켜내는 나봇의 위대한 신앙을 목도하게 된다.

　아합왕은 왕궁 가까이에 있는 나봇의 포도원이 탐이 났다. 그래서 그는 나봇의 포도원을 취하는 대가로 더 좋은 포도원을 주든지, 아니면 후한 값으로 정산해 주겠노라고 나봇을 회유했다(왕상 21:1~2). 그러나 나봇은 "내 열조의 유업을 왕에게 주기를 여호와께서 금하실 것이다."라고 너무나도 간결하고 단호하게 왕의 제의를 거절했다.

　나봇이 아합왕의 달콤한 제의를 한마디로 거절했던 것은, 여호수아 장군이 가나안 땅을 정복하고 12지파에 속한 이스라엘의 모든 가족에게 가나안 땅을 분배해 준 후, 모든 이스라엘 백성은 분배받은 토지를 자기의 필요와 이익을 위해서 매매해서는 안 된다는 것이 하나님의 명령이었기 때문이다. "토지를 영구히 팔지 말 것은 토지는 다 내 것임이니라 너희는 거류민이요 동거하는 자로서 나와 함께 있느니라"(레 25:23).

　나봇의 완강한 거절에 직면한 아합왕은 식사를 거를 정도로 번민했다. 이를 눈치챈 왕후 이세벨은 사람을 죽이기 위해서는 두세 사람의 증인이 필요하다는 하나님의 율법을 자기 편리대로 이용해 불량배 두 사람을 시켜서 나봇이 하나님과 아합왕을 저주했다고 위증을 하게 해 나봇을 성 밖으로 끌고 가서 돌로 쳐 죽였다(왕상 21:4~10). 바로 이것이 하나님의 말씀대로 조상의 포도원을 지키기 위해 왕의 회유와 협박을 단호하게 거절했던 믿음의 사람 나봇의 최후였다. 나봇이 자신의 포도원 대신에 더 좋은 포도원을 주겠다는 아합왕의 달콤한 제의와 자신의 포도원을 후한 값으로 정산해 주겠다는 아합왕의 거절하기 힘든 제의를 일언지하에 거절했던 것은 하나님의 말씀의 법을 지키기 위한 신앙의 결단이었다.

아합왕이 누구인가? 그는 이세벨을 왕비로 맞아들인 북이스라엘의 7대 왕으로서 30년 동안 북이스라엘을 철권 통치했던 무소불위의 제왕이었다. 그의 말 한마디로 이스라엘 전역의 선지자들이 수도 없이 죽임을 당했다. 그러므로 아합왕의 달콤한 제의를 거절한다는 것은 죽음을 불사하는 신앙의 결단이 없이는 불가능했다.

나봇에게 그 포도원은 좋든지 나쁘든지 하나님의 말씀대로 절대로 매매해서는 안 되는 신앙의 유업이었다. 그러므로 나봇은 신앙의 유업인 포도원을 하나님의 말씀대로 지켜 내기 위해 더 큰 삶의 혜택과 부를 가져다주는 금전적 이익을 포기했던 것이다.

오늘날 약간의 경제적 이익을 위해서도 믿음생활을 내팽개치는 우리, 그러나 돈 버는 일을 위해서는 거리가 상관이 없고 시간이 상관이 없다. 소자본 창업 박람회 참석을 위해서는 몇 시간도 아깝지 않다. 자녀 입시 설명회를 듣기 위해서는 거리가 먼 것이 상관이 없고 몇 시간을 앉아 있어도 지겹지 않다. 세상 친구 만나서 회식하고 수다 떨기 위해서는 거리와 시간이 상관없다. 그러면서 예배 한 시간 하나님께 드리는 것을 감당 못 하는 오늘 우리와 비교하면 조상의 포도원을 지키기 위해 어떤 세상적 경제적 유혹에도 굴하지 않고 죽음마저 불사한 나봇의 신앙의 고집은 감히 상상하기 힘든 신앙의 헌신과 결단이다.

나봇에게 있어서 그 포도원은 하나님의 약속의 말씀이 있는 곳이기에 교환의 대상이 될 수 없었고 매매의 대상이 될 수 없었다. 그러므로 나봇은 차라리 죽음으로써 믿음의 포도원을, 신앙의 포도원을, 소망의 포도원을, 말씀의 포도원을 사수했던 것이다. 나봇은 비록 자신의 포도원이 자신의 생업의 터전임에는 틀림이 없었지만 이 포도원의 영원한 주인은 자신이 아니라 하나님이라고 생각했던 것이다. 그러므로 나봇은 하나님의 것을 자신의 이익과 편리를 위해 매매할 수가 없었다. 그런 의미에서 나봇은 신실한 청지기의 본이다.

오늘 우리는 우리의 모든 것이 내 것이 아니라 하나님의 것이라고 말들은 하지만 얼마나 많은 부분에 있어서 약간의 유익과 편리를 위해 하나님의 것을 임의로 관리하고 있는지 모른다. 하나님의 것을 하나님의 뜻대로 사용하지 않고 내 마음에 좋은 대로, 내가 하고 싶은 대로. 내가 가지고 싶은 대로 사용하고 매매하고 처분하고 교환할 때가 얼마나 많이 있는가? 그러면서 하나님의 것을 얼마나 많이 도적질하고 있는가? 그런 의미에서 우리는 주인의 것을 탕진하는 불의한 청지기들이다. 나아가서 우리는 신령한 하나님의 말씀을 내 인생의 유익과 내 인생의 편리와 내 인생의 형통을 위해서 임의대로 사용하고 적용하며 하나님의 복음을 변질시킬 때가 얼마나 많은가?

오늘 우리는 약간의 유익과 약간의 명예와 약간의 형통을 위해 신앙의 포도원을, 말씀의 포도원을 잃어버렸다. 오늘 우리는 신실한 초대 교회 믿음의 선조들이 물려준 신앙의 포도원을 지켜 내지 못하고 불의의 삯을 받고 세상의 좋은 것과 매매했다. 오늘 우리는 내 인생의 좋은 것을 꿈꾸며, 세상의 좋은 것을 보고 즐기고 소유하고 누리기 위해 신앙의 포도원을 세상의 유혹 앞에 매매했다. 오늘 우리는 부드러운 말을 듣기 좋아하는 백성의 요구에 아부하기 위해 말씀의 포도원을 세속의 말 잔치와 매매했다.

지금 우리에게 필요한 것은 더 기름진 포도원도 아니며, 더 넓은 포도원도 아니며, 더 값비싼 포도원도 아니며, 오로지 선지자와 사도들이 물려 주었던 신실한 믿음의 포도원과 초대 교회 성도들이 물려 주었던 순결한 신앙의 포도원을 지켜 내고 생명 바쳐 사수하는 것이다.

변질된 신앙과 세속화된 신앙을 결코 용납해서는 안 된다. 변질된 복음과 세속화된 복음을 결코 용납해서도 안 된다. 세상의 금은보화가 아무리 값비싸고 세상의 만국 영광이 아무리 대단하다 할지라도 순수한 십자가 신앙의 포도원을, 순수한 십자가 복음의 포도원을 세상의 금은보화와 천하만국 영광과 매매해서는 안 된다.

29.
본향을 향한 신앙의 여정에서

모세에 의해 원방의 한 이족으로 예언되었던 바벨론은 이스라엘 백성을 향한 하나님의 징계의 막대기가 되어 이스라엘과 성전을 폐허로 만들고 이스라엘 백성을 포로로 끌고 갔다. 그러나 하나님께서는 예레미야의 예언대로 70년을 채우신 후 이스라엘 백성을 바벨론으로부터 해방하시고 고국 땅으로 돌려보내셨다.

이스라엘 백성은 3차에 걸쳐 BC 606년, BC 597년, BC 586년에 바벨론으로 포로로 끌려갔다. 그리고 바벨론에서 해방되어 자신들의 땅으로 돌아올 때 BC 538년 스룹바벨의 지도 아래 1차 귀환이 있었고, BC 457년 에스라의 지도 아래 2차 귀환이 이루어졌고, 3차 귀환은 BC 444년 느헤미야의 지도 아래 이루어졌다.

이스라엘이 바벨론에서 해방될 시기에 활약했던 선지자들이 스룹바벨, 여호수아, 학개, 스가랴, 에스라, 느헤미야이다. 스룹바벨의 지도 아래 1차 포로귀환이 있은 후, 에스라의 지도 아래 2차 포로귀환이 이루어졌다(스 7:1~8:36). 그래도 1차 귀환 때의 이스라엘 백성은 열정을 가지고 고국으로 돌아가기를 자원하는 무리가 중심이었지만, 세월이 흐른 후 에스라에 의해서 이루어졌던 2차 포로귀환 때는 바벨론에서 생활의 터전을 잡은 사람들이었기 때문에 그들을 예루살렘으로 귀환시키는 데에는 상당한 어려움이 있었을 것이다.

세월이 흐를수록 포로 2세대들은 바벨론에서의 생활에 적응이 되어 있었기 때문에 1차포로 귀환 때에 고국으로 돌아갔던 선조들에 비해서는 신앙도 기도도 귀환의 열정도 목표도 훨씬 부족한 사람들이었다. 그들은 세월이 흐를수록 고향으로 돌아갈 필요를 느끼지 못했을 것이다. 그런 사람들을 데리고 고향으로 귀환한다는 것은 에스라 선지자에게 너무나 무거운 십자가의 길임에 틀림이 없었다. 오랜 세월 동안 바벨론에서 살던 이스라엘 백성의 대부분은 이제 그들의 삶의 터전이 되고 그들 가족의 보금자리가 되어 버린 바벨론 땅, 그래서 고향으로 돌아가지 않아도 얼마든지 정착해 잘 살 수 있는 정이 든 그 땅을 버리고 황폐한 예루살렘으로 돌아가고 싶지 않았을 것이다. 사람들은 말하기를 타향도 정이 들면 고향이라고 하지 않는가? 이제 바벨론 땅에서도 얼마든지 예루살렘 성을 바라보며 신앙생활을 할 수 있는데, 굳이 신앙 때문이라는 이유로 고향에 돌아갈 필요가 없었던 것이다. 오랜 세월 바벨론에서 살아오다 보니 그곳 문화에 젖어 바벨론이 살맛 나는 곳이 되었고, 그곳에서도 얼마든지 하나님의 말씀을 배우고, 야훼 신앙을 배우고, 아브라함 자손으로 남아 있을 수 있는데 굳이 돌아갈 이유가 그들에게는 없었을 것이다.

당시 바벨론 지역은 세계 문명의 중심지였다. 비록 노예의 신분이었지만 그래도 바벨론에서 사는 것이 고국으로 돌아가는 것보다 훨씬 편리한 삶을 누릴 수 있었다. 그리고 왕조가 바뀌어 억압적이던 바벨론이 몰락하고 피정복민에게 관대한 정책을 폈던 페르시아 왕조가 들어서서 이스라엘에 호의적이었기 때문에 그들에게 어떤 속박도 강요하지 않았다. 그래서 이스라엘 백성은 바벨론 땅에서도 신앙할 수 있고, 그곳에서도 아브라함의 자손일 수 있는데 무엇 때문에 굳이 땅도, 집도, 질서도, 안정도, 외양간도, 희망도 없는 고향으로 돌아가려 했겠는가? 70년간 바벨론에서 살아오면서 유대인 특유의 상술로 많은 재물을 쌓았고 기반을 다졌다. 그리고 그곳에 살던 2, 3세들 중에는 바벨론의 여자와 결혼한 사람들이 많았다. 한 번도 가 보지 못한 미지의 땅이 아무리 고향이고 가야 할 곳이라지만 누군들 가고 싶었겠는가? 바로 그러한 사람들을 이끌고 가야 하는 에스라의 심정이 오죽했겠는가? 그런데도 가야만 하는 것이, 떠나야만 하는 것이, 포기해야만 하는 것이 신앙인의 숙명이요 신앙인의 본분이다.

본향을 찾아가야 하고 그것을 위해 떠나야 하고 포기해야 하는 바로 그것이 신앙인의 또 다른 소망의 시작이다. 결국, 본향을 향해 떠나가는 그들은 세상적으로는 손해를 감수해야 했다. 그러나 그들은 본향을 향한 하나의 소망으로 응집될 수 있었고, 하나의 소망으로 매진할 수 있었고, 하나의 소망을 향해 그들의 삶을 헌신할 수 있었다. 이제 그들은 약속의 남은 자들이 되어 성전을 재건하고 위대한 여호와 신앙의 기틀을 다지는 하나님의 축복된 백성이 될 수 있었다.

천하만국의 영광과 하늘의 영광은 겸하여 추구할 수 없고, 겸하여 사랑할 수 없고, 겸하여 섬길 수 없다. 하나님은 우리의 삶에서 두 주인 중 하나로서가 아니라 오직 하나이신 하나님으로 섬겨지기를 원하신다. 포기해야 하는 숙명, 떠나야 하는 숙명, 바로 그것이 본향을 향한 신앙의 여정이요 신앙의 전통이다. 그래서 복의 근원인 믿음의 조상 아브라함은 그의 본토 친척 아비 집을 떠나 하나님께서 지시하신 땅으로 갈 바를 알지 못한 채 떠나야 했다.

신앙인이 신앙인다워질 때는 이 땅에서 누리고 향유할 때가 아니라 끝없이 우리의 본향을 소망하고 달려갈 때이다. 그러므로 본향을 향한 소망의 상실은 신앙인의 자격 상실을 의미한다. 이제 우리도 죄악의 세계에서, 탐욕의 세계에서, 자랑하고픈 이 세계에서 날마다 참된 신앙의 세계로, 참된 말씀의 세계로, 참된 믿음의 세계로, 참된 헌신의 세계로 발걸음을 옮기자. 바로 이것이 나그네의 본분, 나그네 신앙의 전통, 나그네 신앙의 계승이다. 구약의 나그네 신앙이 가고자 하는 최후의 정착지 거룩한 성 새 예루살렘(히 11:8~10), 그 이상의 세계를 향해 날마다 정과 욕심을 십자가에 못 박고 포기할 줄 아는 결단의 삶, 머무름이 없는 순례자의 삶을 살아야 한다.

이스라엘 백성이 고향에 돌아가지 않고 바벨론에 정착해 그곳에서 계속 살았더라면 물론 향유할 수는 있고, 편안할 수는 있고, 누릴 수는 있었을지라도 결국 그들은 이방의 노예로 남아 있을 수밖에 없는 삶이다. 그러나 그러한 삶은 하나님이 열망하시는 선민의 지위가 아니며, 선민의 자유가 아니다. 따라서 우리도 향유할 수 있다고, 편안할 수 있다고, 즐기고 누릴 수 있다고 해서 우리의 심령을 계속해서 죄악의 세상에 머물게 한다면 우리는 죄악 세상의 노예가 되는 것이다. 그러한 삶은 예수 그리스도가 꿈꾸시고 열망하시는 성도의 지위가 아니며 성도의 자유가 아니다. 우리는 육신의 정욕과 안목의 정욕과 이생의 자랑을 떠나서 위대한 믿음의 세계, 신앙의 세계로 떠나가야 한다.

그 옛날 이스라엘 백성이 바벨론에 뿌리내린 생활을 청산하고 예루살렘을 향한 귀환길에 오르는 것이 어려웠던 것처럼 우리가 육의 세계를 떠나 신앙의 세계로 믿음의 발걸음을 옮긴다는 것은 참으로 어렵다. 토착화되고 체질화된 죄악의 환경과 죄악의 삶을 떠난다는 것은 쉬운 일이 아니다. 그러나 떠나야만 한다.

이제 에스라의 소명은 그러한 백성을 이끌고 직선거리 850km, 실제거리 1,440km를 4개월이나 걸려 가야 하는 대장정의 귀환길이었다. 얼마나 힘든 여정이었겠는가? 우리가 1주일에 한 번, 교회 버스를 타고 교회를 오가는 그런 여정이 아니다. 이렇게 힘든 여정을 통해 본토로 돌아가는 이들이 바로 구약의 멸망의 세대, 심판의 세대에서 구속받은 남은 자의 무리이며 남은 자의 계보이다.

이사야 선지자는 신실한 약속의 자녀들이 바벨론에서 사람의 도움이 아니라 하나님의 인도하심으로 해방되어 돌아올 것을 예언했다. "너희는 바벨론에서 나와서 갈대아인을 피하고 즐거운 소리로 이를 알게 하여 들려주며 땅끝까지 반포하여 이르기를 여호와께서 그의 종 야곱을 구속하셨다 하라 여호와께서 그들을 사막으로 통과하게 하시던 때에 그들이 목마르지 아니하게 하시되 그들을 위하여 바위에서 물이 흘러나게 하시며 바위를 쪼개사 물이 솟아나게 하셨느니라"(사 48:20 ~21). 그래서 에스라와 같은 신실한 종들은 이 약속의 말씀을 의지하여 믿음의 소망으로 귀환민들을 이끌고 고향 땅으로 돌아올 수 있었다.

아무나 구속받을 남은 자가 되는 것이 아니다. 하나님의 약속의 말씀을 의지하고 믿음으로 인내하며 굳건한 기다림의 소망을 가진 자들만이 약속의 남은 자가 될 수 있다. 하나님의 약속의 남은 자들인 귀향민들은 그들 삶의 일체를 포기했고, 그들 삶의 전부를 하나님의 약속에 걸었고, 그들 삶의 전부를 하나님께 소망을 두었다. 그들은 머나먼 여정을 믿음의 소망 가운데 떠날 수 있었다.

그런데 에스라 7장 11~26절에 보면 그들에게는 바사 제국의 아닥사스다 왕으로부터 성전 건축비로 하사받은 많은 금은보화가 있었다. 그래서 그 보화들을 낙타에 싣고 험난한 광야 길을 통과해야 했다. 그러다 보니 사막의 도적 떼와 이방의 부족들이 무기도 변변치 않고 군사 훈련도 제대로 되지 않은 귀환민들의 보화를 강탈하려고 호시탐탐 기회를 엿보고 있었다. 아닥사스다왕이 이 사실을 알고 보병과 마병 수천 명을 보내어 이스라엘 귀환민들을 보호하려 했지만 에스라는 이를 거절했다(스 8:21~23). 이는 에스라가 물정을 몰라서도 아니고 인간적인 무모한 신념으로 만용을 부린 것도 아니다. 오로지 이유는 한 가지. 만약 이방 군대의 호위로 광야 길과 협곡을 통과하면 가뜩이나 믿음 없는 귀환민들이 하나님보다 이방 군대의 힘에 더 의존할 것이고, 그래서 결국은 그들을 구원한 자가 하나님이 아니라 아닥사스다왕이라고 말할 것이기 때문이다.

만약 아닥사스다왕의 호위로 귀환민들이 무사히 본국에 이르렀다면 이사야 선지자를 통한 하나님의 약속의 말씀이 어떻게 온전히 성취될 수 있었겠는가? 에스라는, 이사야 선지자를 통해 선포되었던 하나님의 약속의 말씀(사 48:20~21)이 그들의 포로 해방 귀환 여정 속에서 이루어질 것이고, 그들이 그 약속의 말씀에 믿음으로 순종해야만 그 하나님의 말씀이 온전히 성취될 수 있있을 것이라고 에스라는 확신했다. 따라서 그가 아닥사스다왕의 제안을 거절한 것은, 하나님의 약속의 말씀을 온전히 이루기 위한 헌신의 결단이었다.

합리적으로 생각한다면 하나님의 성전 재건을 위한 보화들을 안전히 운반하기 위해서는 이방 군대의 호위를 받는 것이 훨씬 실리적인 결정이다. 내가 좋아지자고 하는 것도 아니고, 내가 잘살자고 하는 것도 아니고, 하나님을 위해 하는 일이고, 하나님 나라 잘되자고 하는 일인데 그 좋은 호의를 거절할 필요가 없지 않겠는가? 그러나 그것은 전적으로 하나님의 약속의 말씀을 신뢰하지 못하는 데서 비롯된 나약한 우리의 생각이다. 그런데 오늘 우리는 꿈을 이루어야 주의 일을 할 수 있다고 생각한다. 형편이 나아져야 주의 일을 할 수 있다고 생각한다. 영향력 있는 인생이 되어야 주의 일을 할 수 있다고 생각한다. 그러나 이러한 생각은 하늘에 계신 높으신 하나님의 생각이 아니라 땅에 있는 우리 인간들의 욕심이다.

에스라에게는 일이 잘되고 안 되고가 중요한 것이 아니다. 일이 크게 이루어지고 작게 이루어지고가 중요한 것이 아니다. 일이 쉬워지고 어려워지고가 중요한 것도 아니다. 하나님을 신앙함을 잃어버린다면 일이 잘되어도 소용없고, 일이 크게 되어도 소용없고, 일이 형통해도 소용없다는 신앙의 심지가 그의 믿음 중심에 자리잡고 있었기 때문에 아닥사스다왕의 호의를 거절할 수 있었다. 그는 사람의 일과 하나님의 일을 구분했고, 사람의 생각과 하나님의 생각을 구분했고, 사람의 계획과 하나님의 계획을 구분했다. 일이 잘되어야만 하고, 일이 크게 되어야만 하고, 일이 쉽게 되어야만 한다는 것은 사람의 생각이고, 사람의 계획일 뿐이다. 하나님의 일은, 하나님의 생각은, 하나님의 계획은 바다 가운데 길을 내시고 물 가운데 첩경을 예비하시는 것이다. 그래서 맹인 된 우리를 알지 못하던 길로 인도하시는 하나님이시다.

우리 신앙에도 항상 이와 같은 기로가 닥쳐온다. 사람의 방법이냐 하나님의 방법이냐, 사람의 생각이냐 하나님의 생각이냐, 사람의 뜻이냐 하나님의 뜻이냐……. 이제 우리가 그 갈림길에서 명심해야 할 것이 있다. 우리가 그 한계 상황의 기로에서 하나님을 만날 수 있는 오로지 한 가지의 길은 사람의 방법을 포기하는 것이며, 사람의 생각을 못 박는 것이며, 사람의 뜻을 꺾어 버리는 것이다.

　물론 에스라도 인간적으로는 아닥사스다왕의 호의를 받아들이고 싶었을 것이다. 그래서 보물들을 이족들에게 빼앗기지 않고 고국으로 가져갈 수 있는 더욱 안전한 길을 택하는 것이 실리가 있어 보였을 것이다. 그러나 에스라는 신앙적인 결단을 했다. 차라리 신앙을 잃느니 죽음을 택한다는……. 그리고 그는 아하와 강변에서 백성을 향해 금식을 선포하고 기도하기를 촉구했다. "이 성읍 주민이 저 성읍에 가서 이르기를 우리가 속히 가서 만군의 여호와를 찾고 여호와께 은혜를 구하자 하면 나도 가겠노라 하겠으며 많은 백성과 강대한 나라들이 예루살렘으로 와서 만군의 여호와를 찾고 여호와께 은혜를 구하리라"(스 8:21~22). 그리고 그 결단에 놀라운 기적이 일어났다. 자기와 자기 백성과 어린 생명과 모든 소유를 오직 하나님께 맡긴 아하와 강변의 기도가 있은 후, 그들의 귀환 여정에는 그렇게 두려워하던 이방의 침략자와 광야의 도적떼가 나타나지 않았고, 귀환민들은 무사히 예루살렘에 입성했던 것이다. "첫째 달 십이 일에 우리가 아하와 강을 떠나 예루살렘으로 갈새 우리 하나님의 손이 우리를 도우사 대적과 길에 매복한 자의 손에서 건지신지라 이에 예루살렘에 이르러 거기서 삼 일 간 머물고"(에 8:31~32).

　이제 천성을 향해 가는 우리 나그네 인생의 여정에서 에스라와 같은 신앙적 결단과 그 결단을 인해 하나님께 드려졌던 아하와 강변의 기도가 우리의 삶의 기로 속에서 하나님께서 하신 약속의 말씀을 이루는 통로가 되어야 한다.

30.
예수 그리스도와 사도 요한이 가르치신
기도의 교훈

사도 요한은 우리가 가진 담대함으로 무엇을 구하면 하나님께서 들으신다고 하면서 구한 것을 또한 얻은 줄로 확신하라고 했다. 그러나 구한 것을 얻은 줄로 확신할 정도로 담대함을 가지고 기도할 때 잊지 말아야 할 것은 그의 뜻대로 구해야 하는 것이라고 했다. "그를 향하여 우리가 가진 바 담대함이 이것이니 그의 뜻대로 무엇을 구하면 들으심이라 우리가 무엇이든지 구하는 바를 들으시는 줄을 안즉 우리가 그에게 구한 그것을 얻은 줄을 또한 아느니라"(요일 5:14~15). 그러므로 사도 요한이 우리에게 가르친 기도의 교훈에서 중요한 초점은 기도해서 구한 것을 받기 전에 받은 줄로 담대하게 확신해야 한다는 것이 아니다. 무엇이든지 구하면 응답받는다는 것은 더더욱 아니다. 가장 중요한 초점은 우리가 받은 줄로 확신하고 구해야 하는 기도의 목적이 하나님의 뜻에서 벗어나서는 안 된다는 것이다.

그런데 문제는 기도의 초점을 하나님의 뜻에 두지 않고 무엇이든지 구하고 받은 줄로 확신하면 받게 된다는 것에 초점을 두기 때문에 긍정적 사고나 긍정적 입술과 같은 염불이 나오고 헛소리가 나온다.

요한일서 5장 14~15절에서 하나님의 뜻대로 무엇이든지 구하면 하나님께서 우리의 구하는 것을 들으신다고 했던 사도 요한은 5장 16절에서 무엇이든지 구해서 응답받을 수 있는 하나님의 뜻에 합당한 기도의 예를 들고 있는데, 그것은 가난했다가 꿈을 이루어 부자 되고 성공하고 영향력을 발휘하게 된 사람의 기도가 아니다. 무엇이든지 하나님의 뜻대로 구하면 응답받을 수 있는 기도는 사망에 이르지 않는 죄를 범한 형제가 하나님의 생명의 축복을 받을 수 있도록 형제의 모든 죄 사함을 위한 신령한 목적의 중보기도이다(요일 5:16).

이처럼 사도 요한이 우리에게 무엇이든지 하나님의 뜻대로 구하면 응답받을 수 있다고 가르친 기도 제목은 내 배고픔을 해결하기 위한 사적인 기도가 아니라 형제의 생명 구원을 위한 신령한 목적의 기도였다. 그러므로 오늘 우리가 하나님께 응답받을 수 있다고 확신하면서 구하고 찾고 두드리는 먹고 마시고 입고의 문제와 관련된 생떼 쓰는 기도는 사도 요한이 가르치고자 했던 신령한 목적의 기도와는 전혀 상관이 없는 기도이다. 그런 기도는 성경이 교훈하는 기도 제목 축에도 들지 못하는 사사로운 목적으로 이방인들 곧 세상 사람들이 하는 기도이다. 오늘 우리가 배우는 수없이 많은 기도법은 사도들이 교훈한 기도의 내용과 전혀 일치하지 않는다.

사도 요한이 우리에게 가르친 기도의 교훈은 예수 그리스도께서 우리에게 가르치신 기도의 교훈과 그 맥락을 같이한다. 누가복음 11장 9~10절에서 우리에게 담대한 확신으로 구하고 찾고 두드리면 구하는 자가 받게 되고, 찾는 자가 찾게 되고, 두드리는 자에게 열린다고 말씀하시면서 가르치셨던 기도의 예는 여행 중에 찾아온 배고픈 벗의 떡을 구하기 위해 밤중에 친구의 집 문을 두드리는 어떤 사람에 관한 이야기다. "또 이르시되 너희 중에 누가 벗이 있는데 밤중에 그에게 가서 말하기를 벗이여 떡 세 덩이를 내게 꾸어 달라 내 벗이 여행 중에 내게 왔으나 내가 먹일 것이 없노라 하면 그가 안에서 대답하여 이르되 나를 괴롭게 하지 말라 문이 이미 닫혔고 아이들이 나와 함께 침실에 누웠으니 일어나 네게 줄 수가 없노라 하겠느냐 내가 너희에게 말하노니 비록 벗 됨으로 인하여서는 일어나서 주지 아니할지라도 그 간청함을 인하여 일어나 그 요구대로 주리라"(눅 11:5~8).

이 예화에는 한밤중에 찾아온 허기진 벗이 등장하고, 허기진 그 벗의 필요를 위해 한밤중에 같은 마을에 사는 친구를 찾아가 떡을 간청하는 사랑 많은 친구가 주인공으로 등장하고, 마지막으로 한밤중에 일어나 친구의 간청함에 못 이겨 필요한 떡을 소용대로 내어 주는 친구가 등장한다. 문제는, 이 본문의 예가 구하고 찾고 두드리면 받을 수 있고, 찾을 수 있고, 열린다고 가르치신 누가복음 11장 9~13절의 주님의 기도의 교훈 바로 앞에 등장하기 때문에 많은 사람이 이 본문의 말씀을 배우면서 누가복음 11장 8절의 '간청함'이라는 단어에만 관심을 집중한다. 그러다 보니 악착같이 생떼를 쓰며 기도하면 반드시 응답받을 수 있는 기도법으로만 이해한다. 떡을 가진 친구는 밤중에 침소에서 일어나 떡을 주기 싫었지만 찾아온 친구가 하도 귀찮게 간청하므로 할 수 없이 일어나 떡을 주는 것으로 잘못 해석한다. 따라서 기도 제목이 하나님의 뜻에 합당한 것인가에 대해서는 전혀 생각하지 않고 내 소원을 위해 하나님께 사생결단으로 부르짖고 생떼를 쓰면 하나님께 기도 응답받는다는 의미로 이 본문의 의미를 해석해서 적용한다.

본문의 말씀을 인생 문제 해결에 꿰맞춰 악착같이 부르짖는 기도법으로 가르치는 어리석은 선생들과 그들의 교훈을 철저하게 신뢰하며 신바람 나게 자기 인생의 목적을 위해 적용하기를 좋아하는 미련한 신앙인들에 의해서 이 말씀이 인생 모든 문제를 해결하는 마스터키 기도법으로 인용된다. 그래서 오늘날 잘못 해석된 이 기도법을 따라 어리석은 신앙인들이 믿음대로 될지어다를 외치며 천하만국 영광의 문을 두드리고 있다.

우리는 무엇이든지 구하면 받고, 무엇이든지 찾으면 찾고, 무엇이든지 두드리면 열린다는 간청함의 기도의 예를 주님께서 드시기 전에 제자들에게 어떻게 기도해야 할 것인가를 가르치시면서 하나님의 뜻에 합당한 기도의 방향을 설정했다는 사실에 주의를 기울여야 한다. "예수께서 한 곳에서 기도하시고 마치시매 제자 중 하나가 여짜오되 주여 요한이 자기 제자들에게 기도를 가르친 것과 같이 우리에게도 가르쳐 주옵소서 예수께서 이르시되 너희는 기도할 때에 이렇게 하라 아버지여 이름이 거룩히 여김을 받으시오며 나라가 임하시오며 우리에게 날마다 일용할 양식을 주시옵고 우리가 우리에게 죄지은 모든 사람을 용서하오니 우리 죄도 사하여 주시옵고 우리를 시험에 들게 하지 마시옵소서 하라"(눅 11:1~4).

이 본문에서 주님께서 가르쳐 주신 기도가 설정하고 있는 개인 문제의 한계는 일용할 양식이다. "우리에게 날마다 일용할 양식을 주옵시고" 다시 강조하면 우리가 먹고 마시고 입고와 관련해서 기도할 수 있는 한계는 '일용할 양식'이라는 것이다. 그러므로 우리에게 일용할 양식이 주어져 있다면 이후에는 하나님의 나라와 의를 구해야 하는 것이 우리가 가져야 하는 마땅한 기도의 본분이다.

일용할 양식을 구하는 것 이상의 그 무엇을 구하는 기도는 나라와 의를 구해야 하는 하나님의 뜻에 합당한 기도가 아니라 먹고 마시고 입고의 탐욕을 따라 구하는 이방인의 기도임을 명심하고 누가복음 11장 8절의 '간청함'이라는 의미가 무엇인가를 유념해야 한다.

주님께서 우리에게 요구하시는 참된 믿음의 삶은 먹을 것과 입을 것이 있은즉 족한 줄을 아는 것이다(딤전 6:6~8). 따라서 먹을 것과 입을 것이 있음에도, 일용할 양식이 있음에도, 우리의 기도가 먹을 문제와 관련되고, 마실 문제와 관련되고, 입을 문제와 관련된다면, 즉 육적인 인생의 문제와 관련된다면 그 기도 제목은 헛된 것이다.

누가복음 11장 5~8절에서 허기진 벗을 위해 한밤중에 마을 친구의 문을 두드리며 떡을 구했던 사랑 많은 친구의 간청함의 기도를 욕심을 따라 필요 이상의 인생 목적을 위한 기도방법으로 적용해서는 안 된다. 본문의 예는 먹을 것과 입을 것이 있으므로 족한 줄을 알아야 하는 신앙인의 본분을 망각하고 생떼 쓰며 기도하면 일용할 양식 이상의 배부름, 즉 우리가 꿈꾸고 소망하는 모든 것을 얻을 수 있다는 소원 성취의 억지 기도법을 가르치는 데 목적이 있는 것이 아니다.

사도 요한은 무엇이든지 얻은 줄을 확신하고 기도할 수 있지만 우리의 기도 제목이 하나님의 뜻 안에 있어야 함을 강조하면서 하나님의 뜻에 합당한 기도의 예로 내 생명이 아닌 형제의 생명 구원을 위한 기도를 예로 들었고, 주님께서도 구하고 찾고 두드리면 받게 되고, 찾게 되고, 열리지만 우리의 기도 제목이 주님의 기도문에서처럼 하나님의 뜻 안에 있어야 함을 강조하시면서 하나님의 뜻에 합당한 기도의 예로 내 배고픔이 아닌 형제의 배고픔을 위해 한밤중에 친구의 집 대문을 두드리면서 떡을 간청하는 사랑 많은 친구의 예를 드셨다. 바로 여기에 이 본문이 간직하고 있는 기도의 비밀이 있다.

다시 말하자면 사도 요한은 하나님의 뜻대로가 아니라 내 뜻대로 무엇이든지 구하고 구한 것을 얻은 줄로 확신하라고 가르친 것이 아니라, 하나님의 뜻대로 무엇이든지 구하고 그 구한 것을 얻은 줄로 확신하라고 가르치기 위해서 사망에 이르지 않은 죄를 범한 형제의 구원을 위한 중보기도를 하나님의 뜻에 합당한 기도의 예로 들었던 것이다.

마찬가지로 주님께서 기도의 예로 드셨던 누가복음 11장 5~8절에서 우리가 유념해야 하는 것은 간청하는 주인공 친구는 자기의 배고픔 때문이 아니라 형제의 배고픔을 위해 한밤중에 실례를 무릅쓰고 한마을 친구의 집 대문을 두드렸다는 사실이다. 만약 떡을 간청하는 친구가 자기의 허기진 배를 채우기 위한 것이었다면 감히 밤중에 잠든 친구를 깨우고 떡을 달라고 소동할 수 없었을 것이다. 그리고 주님께서도 그렇게 염치없는 사람을 신령한 기도의 주인공으로 예화에 등장시키지 않으셨을 것이다.

결국, 우리의 간청함의 기도는 허기진 나의 배를 채우기 위한 이기적 목적이 아니라 허기진 형제의 배를 채우기 위한 신령한 목적의 기도가 되어야 한다. 그러므로 사도 요한은 죄를 범한 형제의 생명을 구하기 위한 중보의 기도를 하나님의 뜻대로 무엇이든지 구해서 받을 수 있는 신령한 기도의 예로 들었던 것이다. 그러므로 무엇이든지 구할 수 있는 기도는 하나님의 뜻 안에 있어야 하고, 하나님의 뜻대로 무엇이든지 구할 수 있는 기도 제목은 일용할 양식 이상의 나의 배부름을 위한 것이 되어서도 안 되고, 먹을 것과 입을 것이 있은즉 족한 줄 알아야 하는 그리스도인의 생활 규모를 넘어서는 인생 문제 해결을 위한 것이 되어서도 안 된다.

우리도 하나님께 간청함의 기도를 올릴 때, 기본적인 예의가 있어야 한다. 누가복음 11장 5~8절에서 주인공이 잠든 친구를 깨워서 간청함으로 떡을 구하는 담대함을 가질 수 있었던 것은 떡으로 허기를 면해야 할 대상이 자기가 아니라 배고픈 친구였기 때문이다. 그러므로 우리가 기도할 때 반드시 배격해야 하는 것은 기도 제목이 어떤 요구가 되었든지 간에 계속 매달리면 하나님께서 그 간청함을 인해 마지못해 들어 주신다는 복술적 기도이다.

주인공이 밤중에 친구 집을 찾아가서 문을 두드릴 수 있었던 것은 "내 벗이 여행 중에 내게 왔으나 내가 먹일 것이 없다."라는 합당한 목적이 있었기 때문이다. 결국, 주님의 기도의 교훈은 우리 자신의 필요를 채우기 위한 악착같은 기도방법을 가르치는 데 목적이 있는 것이 아니라 허기진 형제의 배부름을 위해, 즉 형제 사랑이라는 하나님의 뜻을 실천하기 위해서이고, 사도 요한의 경우에서는 사망에 이르지 않는 죄를 범한 형제의 구원을 위한 합당한 목적을 가지고 구하고 찾고 두드리는 간청함의 기도는 반드시 응답받는다는 데 교훈의 목적이 있다.

하나님께서 원하시는 기도는 먹을 것과 입을 것이 있음에도 만족할 줄 모르고, 일용할 양식의 범위를 넘어 하나님의 뜻이 아닌 물질 문제, 취직 문제, 승진 문제, 진학 문제, 결혼 문제, 사업 문제를 위해 생떼를 쓰며 악착같이 간청하는 기도가 아니다. 오늘 우리가 드려야 할 확신에 찬 담대함의 기도는 내 욕심의 배고픔을 채우기 위한 떡을 구하는 기도가 아니라 허기진 형제의 주린 배를 채우기 위한 사랑의 기도이다.

주님께서는 구하고 찾고 두드리면 하나님께서 주시는 가장 좋은 선물인 성령을 받는다고 하셨다(눅 11:9~13). 그러므로 제자들을 향해 숨을 내쉬시면서 성령을 받으라고 당부하시고 성령의 능력을 통한 죄 사함의 권세를 약속하셨던 것이다. "이 말씀을 하시고 그들을 향하사 숨을 내쉬며 이르시되 성령을 받으라 너희가 누구의 죄든지 사하면 사하여질 것이요 누구의 죄든지 그대로 두면 그대로 있으리라 하시니라"(요 20:22~23). 그러므로 사도 요한도 구하고 찾고 두드려서 성령을 받은 성도들이 사망에 이르지 않는 죄를 범한 형제의 모든 죄 사함과 생명 구원을 위해 기도하면 그들에게 하나님의 생명이 주어질 것을 교훈했던 것이다(요일 5:14~16).

오늘날 일용할 양식으로 만족하지 못하는 욕심 많은 신앙인들이 신령한 성령의 사역을 단지 자신들의 인생 문제 해결을 위한 도깨비 방망이로 생각한다. 그러나 성령의 사역은 내 인생을 장식하는 무화과 이파리를 무성하게 하기 위해서가 아니라 지나가는 길손의 허기진 배를 채우기 위한 무화과 열매를 공급하게 하기 위함이다.

오늘날 자기를 장식하기 위한 잎만 무성하게 하는 기도는 범람하고 있지만 형제에게 풍성한 배부름과 풍성한 생명의 열매를 제공하기 위한 사랑의 기도는 전혀 들려지지 않는다. 오늘날 자기 인생 문제 해결을 받았다는 간증들은 넘쳐나지만 자기의 두 벌 옷 가운데 한 벌을 벗어서 가난한 형제를 입혔다는 내어 줌의 사랑 이야기는 전혀 들리지 않는다. 오늘날 인생 문제 해결 받기 위한 축복 응답 집회는 넘쳐나고, 이파리 신앙을 색칠하기 위한 한심한 영성 은사 집회는 넘쳐나지만 내 것을 내 것이라 하지 않고 핍절한 형제 교인과 핍절한 형제 교회와 핍절한 형제 선교사를 아낌없이 구제하기 위한 사랑의 집회는 전무하다.

오순절 마가 다락방의 120여 문도들이 마음을 같이 해서 힘써 기도함으로 구하고 찾고 두드렸던 것은 인생 문제가 아니라 하나님의 생명의 능력인 성령이었다. 성령을 받았던 그들은 세상의 물불을 두려워하지 않는 무적의 신앙인들이 되었고, 세상의 가난과 실패를 잠시 잠깐의 경한 것으로 여기는 소망의 신앙인들이 되었고, 약한 육의 사람이 변해 능력의 영의 사람들이 되었다. 구하고 찾고 두드려서 성령을 받았던 그들의 삶을 성경은 내 것을 내 것이라 하지 않고 내어주는 실천적 사랑의 삶(행 2:42~47; 4:32~35)이라고 증언하고 있다.

오늘날 많은 신앙인이 기도는 많이 하지만 형제의 배고픔을 구제하는 사랑의 실천적 열매가 없음을 보면서, 나그네와 고아와 과부를 향한 실천적 사랑은 없이 성전에서 손을 들고 드리는 많은 기도가 손에 피가 가득한 죄악으로 하나님께 정죄 받았던(사 1:15~17) 이사야 선지자 당시의 이스라엘의 신앙 상태를 생각하게 된다.

이제 우리는 내 문제에 집착하는 이기적 기도에서 벗어나 하나님의 나라와 의인 사랑의 능력을 구하고 사랑의 열매를 결실하는 참된 기도의 사람이 되어야 한다

31

광야의 여정과 세상에서의 인생살이

민수기 16장 1~35절에는 고라를 중심으로 다단, 아비람, 온이 당을 짓고 족장 250명을 규합해서 모세와 아론을 대적하는 장면이 기록되어 있다. 그 대적의 내용인즉 자신들에게 제사장의 직임을 달라는 것이었다. "그들이 모여서 모세와 아론을 거슬러 그들에게 이르되 너희가 분수에 지나도다 회중이 다 각각 거룩하고 여호와께서도 그들 중에 계시거늘 너희가 어찌하여 여호와의 총회 위에 스스로 높이느냐"(민 16:3). "모세가 또 고라에게 이르되 너희 레위 자손들아 들으라 이스라엘의 하나님이 이스라엘 회중에서 너희를 구별하여 자기에게 가까이하게 하사 여호와의 성막에서 봉사하게 하시며 회중 앞에 서서 그들을 대신하여 섬기게 하심이 너희에게 작은 일이겠느냐 하나님이 너와 네 모든 형제 레위 자손으로 너와 함께 가까이 오게 하셨거늘 너희가 오히려 제사장의 직분을 구하느냐 이를 위하여 너와 너의 무리가 다 모여서 여호와를 거스르는도다 아론이 어떠한 사람이기에 너희가 그를 원망하느냐"(민 16:8~11).

물론 표면적인 이유는 그들이 이스라엘 총회 위에 서고 싶은 교만이 배경이었지만 이보다 더 깊은 내면적 이유는 모세와 아론에 대한 불신이었다. "모세가 엘리압의 아들 다단과 아비람을 부르러 사람을 보냈더니 그들이 이르되 우리는 올라가지 않겠노라 네가 우리를 젖과 꿀이 흐르는 땅에서 이끌어 내어 광야에서 죽이려 함이 어찌 작은 일이기에 오히려 스스로 우리 위에 왕이 되려 하느냐 이뿐 아니라 네가 우리를 젖과 꿀이 흐르는 땅으로 인도하여 들이지도 아니하고 밭도 포도원도 우리에게 기업으로 주지 아니하니 네가 이 사람들의 눈을 빼려느냐 우리는 올라가지 아니하겠노라"(민 16:12~14). 이 원망은 또한 당을 지은 고라와 다단과 아비람과 온 자손만의 불만이 아니라 당시 이스라엘 백성 대다수의 불만이기도 했다.

만약, 고라 일당이 모세와 아론에게 품었던 불만이 대다수 백성을 제외한 그들 소수 만의 불만이었다면, 감히 그들이 그런 불만으로 모세와 아론을 대적할 수 없었을 것이다. 결국, 이들이 당을 지어 모세를 대적했던 것은 그들을 포함한 대다수의 이스라엘 백성이 젖과 꿀이 흐르는 땅으로 하루속히 들어가지 못하는 것에 대한 불만과 하루빨리 자신들에게 밭과 포도원이 주어지지 않는 것에 대한 생의 불만이 증폭되어 폭발했기 때문이다. 그러나 여기서 유념할 것은 이 반역의 무리가 430년간의 종살이 했던 애굽을 오히려 젖과 꿀이 흐르는 땅이라고 표현했다는 점이다(민 16:13). 그만큼 그들의 광야 여정이 애굽에서의 고통스러운 종살이의 삶보다도 더 힘들고 고달팠음을 반증하는 것이다.

오늘 우리는 그저 이스라엘 백성이 어떻게 그토록 불평과 불만이 가득한 사람들이었냐고 의아해하지만 광야에서의 삶이 얼마나 고달팠는가를 상상해 본다면 우리도 그들과 다를 바가 없다. 구약 이스라엘 백성이나 오늘의 우리나 하나님의 선택받은 백성이 된 것은 사실이지만 만약 우리도 그들과 같은 삶의 환경에 처했다면 그들처럼 불평불만 했을 것이다.

비록 출애굽의 기적과 홍해가 갈라지는 기적을 목도하고 하늘에서 내리는 양식인 만나와 반석에서 솟아 나는 생수의 기적을 체험했다 할지라도 실상 그들의 삶은 자기 집도 없고, 자기 포도원도 없고, 자기 밭도 없고, 자기 외양간도 없이 아침에 눈을 뜨면 보이는 것은 모래바람이 부는 황량한 들판이고, 해가 지면 추위에 떨어야 하는 고달픈 삶이 연속되는 열악한 환경이었다. 광야에서 그들의 삶의 수준은 애굽에서 벽돌을 굽고 흙을 이기고 농사의 여러 일로 고역의 나날을 보내던 시절보다도 조금도 나을 것이 없는 삶이었다. 이처럼 광야에서의 삶보다 애굽에서 노예로 고통받는 삶이 더 나을 지경이었다면 과연 우리도 그들과 같은 삶의 자리에 있었다면 항상 기뻐하고 범사에 감사해야 하는 신앙의 덕목을 실천할 수 있었을까?

물론 그들이 반석에서 생수를 마셨던 것은 하나님의 은혜요 하나님의 기적임에 틀림이 없다. 그러나 인생의 삶이 어떻게 광야의 반석에서 솟아난 물만을 마시면서 살아갈 수 있겠는가? 물론 그들이 반석에서 솟아난 물을 마신 것은 기적적인 체험이었지만 하나님에게 선택되지 않은 애굽 족속들, 에돔 족속들, 모압 족속들은 그런 기적이 없이도 이스라엘 백성이 마시던 똑같은 물을 동네 우물가에서 언제든지 얻을 수 있었다.

그들은 하나님의 선택된 백성이었지만 목이 말라서 기진맥진한 채 불평 불만을 쏟아낼 때쯤 되어야 솟아나는 물이 자기들의 인생살이에 어떤 경제적 도움이 되었겠는가? 하나님을 믿지 않는 애굽 사람들도 자기 밭에서 생산한 각종 신선한 채소를 다양하게 먹을 수 있고, 나일강에서 잡은 다양한 생선을 요리해 먹을 수 있고, 다양한 각종 가축의 고기를 마음껏 요리해 먹을 수 있었건만 이스라엘 백성, 그들은 선택된 백성이었음에도 다양한 음식을 먹을 수가 없었다. 물론 그들에게 하늘에서 떨어지는 기적의 양식인 만나가 제공되었지만, 그것도 하루 이틀이지 계속해서 만나만을 일용할 양식으로 먹는다면 우린들 어떻게 견딜 수 있었겠는가?

아무리 삼겹살을 좋아한다고 해도 6개월 동안 신선한 채소 없이 삼겹살 고기만 먹는다면 삼겹살 그림만 보아도 속이 니글거릴 것이다. 아무리 김치가 맛있다 할지라도 한 달만 보리밥에 김치 반찬만 먹는다면 질리지 않을 사람이 누가 있겠는가? 이스라엘 백성도 예외는 아니었다. 아무리 하나님의 기적으로 만나를 먹는다고 하더라도 만나 외에는 그들에게 양식이 없고, 계속해서 만나만을 먹는다면 얼마나 질리겠는가? 그래도 애굽에서 종살이할 때는 먹는 반찬만큼은 다양한 생선과 오이와 참외와 부추와 파와 마늘들을 먹을 수 있었건만 이제는 하나님의 백성이 되었다는 이유 하나로 만나만을 기쁨으로 먹고 만나만을 감사함으로 먹어야 하는 자신들의 생의 멍에를 견디기가 쉽지 않았을 것이다.

그러나 하나님께서는 이스라엘 백성이 만나만을 기쁨과 감사함으로 먹지 않는 것에 대해서 진노하셨다. 그래서 애굽에서 먹었던 다양한 몇 가지의 양념과 다양한 채소와 생선을 먹고 싶어 하는 이스라엘 백성의 소박한 욕구를 탐욕의 죄악으로 다스리셨다. "그들 중에 섞여 사는 다른 인종들이 탐욕을 품으매 이스라엘 자손도 다시 울며 이르되 누가 우리에게 고기를 주어 먹게 하랴 우리가 애굽에 있을 때에는 값없이 생선과 오이와 참외와 부추와 파와 마늘들을 먹은 것이 생각나거늘"(민 11:4~6).

그들이 큰 집에 살고 싶다는 것도 아니고, 큰 차를 타고 싶다는 것도 아니고, 좋은 대학에 들어가고 싶다는 것도 아니고, 좋은 배필을 만나고 싶다는 것도 아니고, 좋은 직급으로 승진하고 싶다는 것도 아니고, 단지 만나만을 먹어야 하는 삶이 너무나 지겨워 애굽의 종살이 시절에도 실컷 먹을 수 있었던 생선과 오이와 참외와 부추와 파와 마늘을 먹고 싶다는 소박한 그들의 욕구가 이처럼 탐욕의 죄악으로 다스려졌다면 오늘 우리에게도 물리쳐야 할 탐욕의 죄악이 얼마나 많은가를 알 수 있다. 그러므로 사도 바울은 하나님의 생명의 말씀을 먹고 살아야 하는 오늘 우리를 향해 탐욕의 이름조차도 부르지 않는 근신의 삶을 살아갈 것을 명령했던 것이다(엡 5:3).

그러므로 예수 그리스도를 소유한 우리가 남이 큰 차 타고 다니는 것을 보고, 남이 큰 아파트에 사는 것을 보고, 남이 좋은 대학 들어갔다고, 남이 좋은 배필 만났다고, 남이 좋은 직장 들어갔다고, 남이 승진했다고, 남이 부자 되었다고, 남이 성공했다고 부러워한다면 그것조차도 탐욕의 이름을 부르는 것이다.

더더욱 놀라운 것은 모세 선지자가 이스라엘 백성을 모압 평지에 불러 놓고 광야 40년의 삶을 회고하면서 '하나님 여호와께서 그들이 하는 모든 일에 복을 주었고 그들의 광야 여정을 알고 하나님 여호와께서 그들과 함께하므로 40년 동안 부족함이 없었다.'라고 광야 40년의 삶을 결산했다는 사실이다. "네 하나님 여호와께서 네가 하는 모든 일에 네게 복을 주시고 네가 이 큰 광야에 두루 다님을 알고 네 하나님 여호와께서 이 사십 년 동안을 너와 함께하셨으므로 네게 부족함이 없었느니라 하시기로"(신 2:7).

한번 생각해 보자. 광야 40년의 이스라엘 백성의 삶이 인간적으로 얼마나 힘들고 고달팠겠는가? 하나님을 믿지 않는 저주받은 백성도 자기 집을 가지고, 자기 밭을 가지고, 자기 포도원을 가지고, 자기 외양간을 가지고, 자기 우리를 가지고 살아갈 수 있었건만 정작 이스라엘 백성은 그 광야 40년만큼은 세상 사람의 기준에서 볼 때, 가장 힘든 인생의 여정을 걸어가는 민족이었고, 가장 고달픈 삶을 영위해야 하는 민족이었고, 집도 외양간도 우리도 밭도 포도원도 없이 유랑하는 백성이었다. 결국, 그들은 그 40년의 인생 여정을 세상에서 가장 힘들고 고달프고 가난한 삶으로 살아갔던 사람들이다.

사람의 관점에서 보면, 광야 40년 동안 이스라엘 백성의 삶은 가장 불행한 인생살이였지만 하나님의 생각은 인간의 생각과 달랐다. 그들이 비록 육적으로는 가장 힘들고 고달프고 가난했음에도 하나님께서는 그들을 향해 너의 하는 모든 일에 복을 주었고 너희에게 부족함이 없었다고 말씀하신다. 바로 이것이 오늘 신앙인들이 항상 기뻐하고 범사에 감사해야 할 삶의 환경이고 조건이다.

비록 우리가 이 세상에서 가장 고달픈 삶을 살아가는 인생이라 할지라도, 비록 우리가 이 세상에서 가장 가난한 삶을 살아가는 인생이라 할지라도 예수 그리스도가 나와 함께 계신다면 우리는 이미 우리의 하는 모든 일에 복을 받은 사람들이고, 부족함이 없는 삶을 살아가는 사람들이다. 그러므로 참된 믿음의 삶은 꿈을 이루는 삶이 아니라 무화과나무에 무화과가 없고, 포도나무에 열매가 없고, 밭에 소산이 없고, 외양간에 소가 없고, 우리에 양이 없어도 구원의 한 분 하나님만을 인해 기뻐하는 삶이다(합 3:17~18).

오늘 이 시간도 여호와 하나님께서는 우리 신앙인들이 이 세상에서 부자 되고 성공하고 영향력을 발휘해서 당신께 영광을 돌리기를 원하시는 것이 아니라 이 세상에서 가난해도, 이 세상에서 실패해도, 이 세상에서 영향력을 발휘하지 못한다고 하더라도 지금 있는 삶의 환경과 조건 속에서 구원의 한 분 하나님만으로 기뻐하고 감사하는 삶을 통해 영광을 돌리시기를 원하신다. 바로 이것이 세상에서 하나님에게 선택되어 사랑받았기에 세상으로부터는 미움을 받을 수밖에 없는 믿음의 길이고, 자기를 부인하는 십자가를 지는 참된 영광의 길이다.

가나안 이전에 광야가 있었고, 천국 이전에 세상이 있다. 그러므로 구약 이스라엘 백성의 광야에서의 삶은 신약에서 오늘 우리 신앙인의 인생살이이고 세상살이이다. 그래서 광야 같은 이 세상이라고 말하지 않는가. 그런데 우리는 광야에서 자기를 부인하는 십자가를 지려고 생각하지 않고, 편한 것만 생각하고, 돈 되는 것만 생각하고, 넓은 집만 생각하고, 높은 자리만 생각하고, 문제 해결 받는 것만 생각하고, 꿈을 이루는 것만 생각하고, 영향력 있는 인생이 되는 것만 생각한다. 그 이유는 많은 거짓 선지자가 그런 것이 믿음의 꿈이고 하나님의 축복이라고 어리석은 백성을 미혹하며 가르쳤기 때문이다.

허다한 무리가 주님을 좇을 때, 주님께서는 그들을 향해 자기를 부인하는 십자가를 지지 않는 자는 능히 나의 제자가 될 수 없다고 말씀하셨다. "허다한 무리가 함께 갈새 예수께서 돌이키사 이르시되 무릇 내게 오는 자가 자기 부모와 처자와 형제와 자매와 및 자기 목숨까지 미워하지 아니하면 능히 나의 제자가 되지 못하고 누구든지 자기 십자가를 지고 나를 좇지 않는 자도 능히 나의 제자가 되지 못하리라"(눅 14:25~27). "이와 같이 너희 중의 누구든지 자기의 모든 소유를 버리지 아니하면 능히 내 제자가 되지 못하리라"(눅 14:33).

오늘날도 허다한 무리가 주님을 따르고 있지만 참된 주님의 제자, 그래서 주님과 함께 영원한 생명의 축복을 향유할 사람은 자기 부모와 처자와 형제와 자매와 및 자기 목숨까지 미워할 정도로 주를 사랑하고, 자기 십자가를 지고 모든 소유를 버리기까지 주를 따르는 소수의 사람이다. 그런데 오늘날 이상한 것은 예수께서 인정할 수 없는 많은 사람이 몇 개월 제자 양육 코스만 마치고 나면 대한민국 제일의 제자가 된 것인 양 자랑스러운 제자 명찰을 달고 다닌다는 것이다.

오늘 우리는 광야에서 가나안을 향한 천국 인내, 천국 믿음, 천국 소망은 배우려 하지 않으면서 인생에서 끝장 보고, 인생에서 결판내려고 야단들이며 인생 역전의 꿈을 꾼다고 야단들이다.

구약의 광야는 하나님의 백성에게 빨리 벗어나고픈 장소였지만 신약의 세상은 좀 더 머무르고 누리고 향유하고 싶은 장소가 되었다. 바로 여기에 미혹이 역사한다. 그러므로 참된 선지자는 백성에게 이 광야 같은 세상을 빨리 벗어나고픈 나그네의 마음을 가지게 하지만 미혹하는 거짓 선지자들은 하나님의 백성에게 이 광야 같은 세상을 빨리 벗어나고픈 마음을 가지게 가르치는 것이 아니라 좀 더 꿈을 이루고, 좀 더 잘되고, 좀 더 영향력을 발휘해서 1년이라도 좀 더 머물러야 하는 장소로 가르치고 있다. 그러므로 그들의 가르침은 거짓 선지자의 미혹이다.

하나님께서 이스라엘 백성에게 명하신 영원한 유월절의 규례는 허리에 띠를 띠고 발에 신을 신고 손에 지팡이를 집고 급히 유월절의 고기를 먹는 것이었다. "너희는 그것을 이렇게 먹을지니 허리에 띠를 띠고 발에 신을 신고 손에 지팡이를 잡고 급히 먹으라 이것이 여호와의 유월절이니라"(출 12:11). 그러므로 사도 베드로는 교회를 향해 마음의 허리를 동이고 근신하면서 인생의 꿈을 그리라고 했던 것이 아니라 예수 그리스도의 나타나실 때를 소망하라고 했다. 그리고 오로지 광야 같은 이 세상에서 꿈을 디자인하고 이루는 것이 아니라 사욕을 본 삼지 말고 오로지 거룩한 자가 되기 위한 신앙의 목적을 가지고 근신함으로 달려갈 것을 권면했다. "그러므로 너희 마음의 허리를 동이고 근신하여 예수 그리스도께서 나타나실 때에 너희에게 가져다주실 은혜를 온전히 바랄지어다 너희가 순종하는 자식처럼 전에 알지 못할 때에 따르던 너희 사욕을 본받지 말고 오직 너희를 부르신 거룩한 이처럼 너희도 모든 행실에 거룩한 자가 되라"(벧전 1:13~15). 그리고 계속해서 나그네와 행인 같아야 할 신앙인들을 향해 영혼을 거슬러 싸우는 육체의 정욕을 제어하라고 명령했다. "사랑하는 자들아 거류민과 나그네 같은 너희를 권하노니 영혼을 거슬러 싸우는 육체의 정욕을 제어하라"(벧전 2:11).

헛된 인생의 꿈은 사욕이고 육체의 정욕이다. 오늘 우리는 광야 같은 이 세상에서 인생의 꿈을 먹고살 것이 아니라, 광야 여정이 아무리 힘들고 고달파도 철저하게 순종만 해야 했던 이스라엘 백성이 불순종으로 광야에서 멸망 받은 것을 교훈 삼아 오로지 순종하는 것만 배우면서 무화과나무에 무화과가 없어도, 포도나무에 열매가 없어도, 감람나무에 소출이 없어도, 밭에 식물이 없어도, 우리에 양이 없어도, 외양간에 소가 없어도, 구원의 하나님께서 우리 가운데 계시는 것만으로도 기뻐하고 감사하는 순종의 신앙을 가지고 본향을 향해 달려가야 한다.

광야의 구름 기둥과 불기둥은 이스라엘 백성에게 부와 성공을 가져다주기 위해 필요했던 것이 아니라 오로지 그들을 광야에서 가나안까지 인도하기 위해 그들의 진 가운데 있었다. 마찬가지로 오늘 우리 가운데 있는 하나님의 말씀과 성령은 우리에게 꿈을 심어 주고, 꿈을 이루어 주기 위해 있는 것이 아니라 오로지 우리를 천국까지 인도하시기 위해 계심을 명심하고, 말씀과 성령이 인도하시는 대로 우리의 몸을 쳐서 복종시켜 두렵고 떨림으로 구원을 이루어 가야 한다(빌 2:12).

32.
아무리 급해도 우선되어야 하는 하나님의 일

이스라엘 백성은 생명의 위협을 무릅쓴 절박한 전쟁의 입구에 서 있었다. 앞에는 가나안의 관문인 거대한 철옹의 도성 여리고가 우뚝 솟아 있었다. 그들은 지금 어떻게 전쟁을 해야 하는지 전쟁 준비에 골몰하고 박차를 가해도 도저히 승산이 없는 두려운 대적 앞에 직면해 있었다. 인간적인 안목으로는 너무나 두려운 현실이었고, 그러면서도 너무나 서둘러야 하는 현실이었다. 이처럼 급하게 전쟁 준비를 해도 모자랄 시간에 하나님께서는 그들을 향해 할례를 명령했다. "요단 서쪽의 아모리 사람의 모든 왕들과 해변의 가나안 사람의 모든 왕들이 여호와께서 요단 물을 이스라엘 자손들 앞에서 말리시고 우리를 건너게 하셨음을 듣고 마음이 녹았고 이스라엘 자손들 때문에 정신을 잃었더라 그때에 여호와께서 여호수아에게 이르시되 너는 부싯돌로 칼을 만들어 이스라엘 자손들에게 다시 할례를 행하라 하시매 여호수아가 부싯돌로 칼을 만들어 할례 산에서 이스라엘 자손들에게 할례를 행하니라 여호수아가 할례를 시행한 까닭은 이것이니 애굽에서 나온 모든 백성 중 남자 곧 모든 군사는 애굽에서 나온 후 광야 길에서 죽었는데 그 나온 백성은 다 할례를 받았으나 다만 애굽에서 나온 후 광야 길에서 난 자는 할례를 받지 못하였음이라 이스라엘 자손들이 여호와의 음성을 청종하지 아니하므로 여호와께서 그들에게 대하여 맹세하사 그들의 조상들에게 맹세하여 우리에게 주리라고 하신 땅 곧 젖과 꿀이 흐르는 땅을 그들이 보지 못하게 하리라 하시매 애굽에서 나온 족속 곧 군사들이 다 멸절하기까지 사십 년 동안을 광야에서 헤매었더니 그들의 대를 잇게 하신 이 자손에게 여호수아가 할례를 행하였으니 길에서는 그들에게 할례를 행하지 못하였으므로 할례 없는 자가 되었음이었더라 또 그 모든 백성에게 할례 행하기를 마치매 백성이 진중 각 처소에 머물며 낫기를 기다릴 때에 여호와께서 여호수아에게 이르시되 내가 오늘 애굽의 수치를 너희에게서 떠나가게 하였다 하셨으므로 그곳 이름을 오늘까지 길갈이라 하느니라"(수 5:1~9).

할례 의식을 치른 이스라엘 백성의 고통을 어떻게 말로 다 할 수 있겠는가? 오늘날 마취 주사를 맞고 진통제를 먹으면서도 일주일간 고통의 시간을 보내야 거동할 수 있는 것이 할례인데, 마취 주사도 없이 진통제도 없이 할례 의식을 치른 그들의 고통은 극심했을 것이다. 일주일이 아니라 최소한 보름 정도는 극한의 고통 가운데서 씨름했을 뿐만 아니라 만약 그들이 할례의 고통 가운데 있는 것을 알고 적군이 쳐들어오면 힘 한번 써보지 못하고 속수무책으로 멸절할 수밖에 없는 절박한 순간이었다.

그러나 아무리 중요한 일이 앞에 있고, 아무리 긴급한 일이 앞에 있고, 아무리 절박한 일이 앞에 있고, 아무리 서둘러야 하는 일이 앞에 있고, 아무리 철저하게 준비를 해야 하는 일이 앞에 있다 할지라도 그들에게 있어 최우선의 일은 할례 의식을 통과해야 하는 것이다. 이것이 신앙의 길이다.

지금 강력한 대적이 목전에서 그들을 바라보고 있고, 따라서 그들에게 전쟁 준비보다도 더 중요한 것이 없다고 할지라도 가장 중요하고, 가장 긴급하고, 가장 우선해야 하는 것은 하나님 앞에서 육체의 정결 의식을 실천하는 것이다.

그런데 이처럼 절체절명의 전쟁의 한 가운데서도 이스라엘 백성에게 그토록 육적인 할례 의식을 철저하게 명하셨던 하나님께서 먼 훗날 회개에 합당한 열매를 맺지 못한 이스라엘 백성을 당신의 심판의 도끼인 바벨론을 통해 징벌하려고 하실 때, 이스라엘 백성이 그토록 자랑하며 엄숙하게 지켰던 육체의 할례를 돌아보시지 않고 그들을 진멸했다는 사실이다. "여호와의 말씀이니라 보라 날이 이르면 할례받은 자와 할례받지 못한 자를 내가 다 벌하리니 곧 애굽과 유다와 에돔과 암몬 자손과 모압과 및 광야에 살면서 살쩍을 깎은 자들에게라 무릇 모든 민족은 할례를 받지 못하였고 이스라엘은 마음에 할례를 받지 못하였느니라 하셨느니라"(렘 9:25~26).

비록 이스라엘 백성이 육체의 할례를 철저하게 행했고 그것을 자랑하고 있었지만 종국에 하나님께서 그들에게 원하셨던 것은 마음의 할례였다. 그러므로 그들이 마음의 할례를 이루는 참된 신앙의 길을 걸어가지 못할 때 하나님께서는 그들이 맹신했던 육체의 할례를 무시하시고 그들을 심판하셨다. 절체절명의 전쟁 앞에서도 치르게 하셨던 할례 의식이었건만 그 고통스러운 할례 의식의 표가 이스라엘 백성을 구원하는 조건이 되지 못했다.

결국, 참된 구원의 조건은 잠시 잠깐의 육체의 고통을 수반하는 육체의 할례에 있지 않고 마음의 할례에 있다. 마음의 할례는 죄악 된

'나' 중심의 삶을 청산하고 '하나님' 중심으로 하나님의 뜻을 따라 하나님의 말씀대로 사는 삶이다. 그러므로 '나' 중심의 삶을 청산하기 위해서는 죄악 된 마음의 가죽을 잘라내야 하는데 바로 이것이 정과 욕심을 십자가에 못 박는 과정이다. 그래도 육체의 할례 의식은 아프기라도 했지만 오늘날 아무런 육체적 고통도 없이 입술로만 예수 그리스도를 영접하겠다고 결심하는 사람이 과연 반드시 천국 백성이 되고 반드시 구원을 받을 수 있을까? 결코 아니다.

의식적인 세례를 받고 "주여! 주여!" 하는 사람들은 구약적인 의미에서 육체의 할례를 받은 것이다. 하지만 날마다 말씀과 성령 안에서 과거의 구습을 따르는 죄악 된 삶을 청산하고 의의 열매를 맺어 가는 사람은 마음의 할례를 받은 것이다. 우리는 마음의 할례를 통해서만 즉, 정과 욕심을 십자가에 못 박음으로써만 죄악 된 삶의 껍질을 벗겨내고 말씀과 성령 안에서 살고 행하며 하나님 나라의 열매 맺는 백성이 될 수 있다.

주님께서는 이스라엘 백성의 심판을 예언하시면서 너희는 하나님의 나라를 빼앗기고, 장차 그 나라의 열매 맺는 백성이 하나님의 나라를 받을 것이라고 말씀했다. "그러므로 내가 너희에게 이르노니 하나님의 나라를 너희는 빼앗기고 그 나라의 열매 맺는 백성이 받으리라"(마 21:43).

오늘 우리는 이스라엘 백성이 잘려 나간 자리에 접붙임 되어 하나님 나라의 백성이 되었다. 그러나 주님의 예언은 우리가 하나님 나라의 열매 맺는 백성이 되어야 할 것을 분명히 말씀하고 있다. 오늘 우리에게도 마음 가죽을 벗겨 내는 참되고도 고통스러운 신앙의 싸움 즉, 말씀과 성령 안에서 살고 행하며 열매 맺기 위한 신앙의 싸움이 없이 결단코 구원은 주어지지 않는다.

믿음의 족장 아브라함과 이삭과 야곱은 그 옛날 약속의 땅 가나안에서 단 한 평의 땅도 생전에 자기 소유로 등기하지 못하고 그저 미래의 유업을 바라보며 가나안을 밟기만 하면서 장막에 거하는 나그네로 살아갔다. 그것은 하나님께서 그들에게 과거와의 철저한 단절을 명령하셨기 때문이다. 그래서 아브람(아브라함)은 하나님의 명령을 따라 믿음으로 결단하고 정든 고향을 떠났다. 그리고 이후 두 번 다시 고향으로 돌아가지 않았다. "여호와께서 아브람에게 이르시되 너는 너의 고향과 친척과 아버지의 집을 떠나 내가 네게 보여 줄 땅으로 가라"(창 12:1). "이에 아브람이 여호와의 말씀을 따라갔고 롯도 그와 함께 갔으며 아브람이 하란을 떠날 때에 칠십오 세였더라"(창 12:4).

이 믿음의 결단에 대해 히브리서 기자는 다음과 같이 증언하고 있다. "믿음으로 그가 이방의 땅에 있는 것같이 약속의 땅에 거류하여 동일한 약속을 유업으로 함께 받은 이삭 및 야곱과 더불어 장막에 거하였으니 이는 그가 하나님이 계획하시고 지으실 터가 있는 성을 바랐음이라"(히 11:9~10). "이 사람들은 다 믿음을 따라 죽었으며 약속을 받지 못하였으되 그것들을 멀리서 보고 환영하며 또 땅에서는 외국인과 나그네임을 증언하였으니 그들이 이같이 말하는 것은 자기들이 본향 찾는 자임을 나타냄이라 그들이 나온바 본향을 생각하였더라면 돌아갈 기회가 있었으려니와 그들이 이제는 더 나은 본향을 사모하니 곧 하늘에 있는 것이라 이러므로 하나님이 그들의 하나님이라 일컬음 받으심을 부끄러워하지 아니하시고 그들을 위하여 한 성을 예비하셨느니라"(히 11:13~16). 이처럼 보이는 가나안 땅을 잠시 잠깐 밟아 보기만 할 뿐인 장래의 소망을 위해서도 족장들은 보이는 것과 철저한 단절을 했건만, 가나안 땅을 잠시 잠깐 밟아 보는 정도가 아니라 영원한 기업인 천국을 소유하고, 영원한 생명의 축복을 소유한 우리가 잠시 잠깐의 보이는 이 세상과의 단절을 결단하지 않고 어떻게 영원한 천국 본향에 이를 수가 있겠는가?

그 옛날 믿음의 족장들이 보이는 잠시 잠깐의 가나안 땅을 밟아 보기만 하기 위해서도 본토 친척 아비 집을 떠나고, 죄악 된 고향으로 돌아갈 수 있어도 결단코 돌아가지 않았던 것처럼 오늘 우리는 영원한 생명의 축복을 누리기 위해 반드시 죄악 된 삶과의 철저한 단절을 결단하고 과거의 구습을 쫓는 옛사람의 모습을 벗어 버리고 다시는 죄악 된 삶으로 돌아가지 말아야 한다. "우리가 알거니와 우리의 옛사람이 예수와 함께 십자가에 못 박힌 것은 죄의 몸이 죽어 다시는 우리가 죄에게 종노릇 하지 아니하려 함이니 이는 죽은 자가 죄에서 벗어나 의롭다 하심을 얻었음이라"(롬 6:6~7). "그가 죽으심은 죄에 대하여 단번에 죽으심이요 그가 살아 계심은 하나님께 대하여 살아 계심이니 이와 같이 너희도 너희 자신을 죄에 대하여는 죽은 자요 그리스도 예수 안에서 하나님께 대하여는 살아 있는 자로 여길지어다 그러므로 너희는 죄가 너희 죽을 몸을 지배하지 못하게 하여 몸의 사욕에 순종하지 말고 또한 너희 지체를 불의의 무기로 죄에게 내주지 말고 오직 너희 자신을 죽은 자 가운데서 다시 살아난 자같이 하나님께 드리며 너희 지체를 의의 무기로 하나님께 드리라 죄가 너희를 주장하지 못하리니 이는 너희가 법 아래에 있지 아니하고 은혜 아래에 있음이라 그런즉 어찌하리요 우리가 법 아래에 있지 아니하고 은혜 아래에 있으니 죄를 지으리요 그럴 수 없느니라"(롬 6:10~15). 우리는 은혜 아래 있다. 그러므로 더욱 죄악 된 삶을 청산해야 한다. 그것이 하나님이 주신 은혜를 영원히 간직하는 비결이다.

가나안 진격을 앞두고 요단강 앞에 진을 쳤던 이스라엘 백성에게 가장 필요하고 가장 긴요한 것은 할례 의식이다. 그러므로 지금 우리 신앙인에게도 가장 필요하고 가장 긴요한 것은 구약 이스라엘 백성의 육적 할례 의식이 예표하는 육적 몸을 벗는 그리스도의 할례이다. 바로 이것이 이스라엘이 종국적으로 받아야 했던 마음의 할례이다. "또 그 안에서 너희가 손으로 하지 아니한 할례를 받았으니 곧 육의 몸을 벗는 것이요 그리스도의 할례니라 너희가 세례로 그리스도와 함께 장사되고 또 죽은 자들 가운데서 그를 일으키신 하나님의 역사를 믿음으로 말미암아 그 안에서 함께 일으키심을 받았느니라"(골 2:11~12). 그리스도와 함께 우리의 옛 사람과 옛 자아는 예수 그리스도의 십자가의 죽으심과 함께 장사한 바 되었다. 바로 이것이 그리스도의 할례의 의미이고 육적 몸을 벗는 것이다.

우리는 믿음으로 말미암아 예수 그리스도 안에서 함께 일으키심을 받았다. 그러므로 우리는 예수 그리스도의 부활에 동참한 자가 되어 죄악 된 삶은 장사한 바 되고, 예수 그리스도로 말미암은 부활의 생명, 새로운 의의 생명을 부여받았다. 이에 대해 사도 바울은 로마서 6장 1~4절에서 그리스도와 함께 장사된 '세례'의 의미를 죄악 된 삶의 청산이라고 힘주어 말하고 있으며 믿음으로 말미암아 예수 그리스도 안에서 함께 일으키심을 받은 성도의 삶은 새 생명 가운데서 행하는 삶이라고 했다. "그런즉 우리가 무슨 말을 하리요 은혜를 더하게 하려고 죄에 거하겠느냐 그럴 수 없느니라 죄에 대하여 죽은 우리가 어찌 그 가운데 더 살리요 무릇 그리스도 예수와 합하여 세례를 받은 우리는 그의 죽으심과 합하여 세례를 받은 줄을 알지 못하느냐 그러므로 우리가 그의 죽으심과 합하여 세례를 받음으로 그와 함께 장사되었나니 이는 아버지의 영광으로 말미암아 그리스도를 죽은 자 가운데서 살리심과 같이 우리로 또한 새 생명 가운데서 행하게 하려 함이라"(롬 6:1~4).

사도 바울의 신학은 '믿기만 하면 구원'이 아니라 믿음으로 구원을 받았으므로 죄악 된 삶을 청산하고 새 생명 가운데서 행하며 죄짓지 않는 삶을 요구하는 '그러므로'의 신학이다. 사도 바울에 의하면 우리는 예수 그리스도로 말미암아 죄와 사망에서 구원받았기 때문에, '그러므로' 생명의 의가 삶 속에서 반드시 결실되어야 한다.

참된 믿음의 세례는 교회 출석 년 수를 따라 성례 의식에 참여하는 것을 말하는 것이 아니라 육적 몸을 벗는 그리스도의 할례를 의미하며, 육적 몸을 벗는 그리스도의 할례는 곧 죄짓지 않는 삶, 새 생명 가운데서 행하는 삶을 의미한다. 그러므로 사도 바울은 계속해서 이 믿음의 삶을 썩어져 가는 구습을 좇는 옛 사람을 벗어 버리고 의와 진리와 거룩함으로 지으심을 받은 새 사람을 입는 과정으로 설명하고 있다. "너희는 유혹의 욕심을 따라 썩어져 가는 구습을 따르는 옛 사람을 벗어 버리고 오직 너희의 심령이 새롭게 되어 하나님을 따라 의와 진리의 거룩함으로 지으심을 받은 새 사람을 입으라"(엡 4:22~24).

유혹의 욕심을 따라 썩어져 가는 구습을 좇는 옛 사람을 벗어 버리는 것은 육적 몸을 벗는 그리스도의 할례를 의미하며, 죄악 된 삶을 청산하는 것을 의미한다. 따라서 심령으로 새롭게 되어 의와 진리와 거룩함으로 지으심을 받은 새사람을 입는 것은 예수 그리스도 안에서 부활의 새 생명으로 함께 일으키심을 받은 것을 의미하며, 따라서 새 생명 가운데서 생명에 합당한 삶의 열매를 결실하는 행함의 삶을 의미한다. 이처럼 사도 바울 신학은 계속해서 죄와 관련된 과거와의 단절을 명령하고 있고, 부활과 관련된 새 생명의 삶을 결실해야 할 것을 명령한다.

그런데 오늘 우리는 성경 한 구절 읽어 놓고는 늘 꿈을 이루는 이야기, 영향력 있는 인생이 되는 이야기, 축복 응답받는 이야기, 문제 해결 받는 이야기를 한다. 그러므로 오늘 우리가 성경 말씀이라고 배우고 적용하고 있는 이런 이야기들은 본질적 하나님의 말씀이 아니라 인생 편안하게 살아가기 위한 사람의 교훈들이다. 이러한 사람의 교훈, 이러한 사람의 계명을 배운 자도 입으로는 하나님을 가까이하고, 입술로는 하나님을 존경할 수 있다. 그것은 그들이 생각하는 하나님이 그들의 꿈을 이루어 주기 때문이다. 그러나 그들에게는 마음으로, 신령과 진정으로 하나님을 따르는 것이 없다. 단지 스스로 자신이 세상에서 제일 믿음 좋은 사람 중의 한 사람이라고 착각하고 있을 뿐이다. "주께서 이르시되 이 백성이 입으로는 나를 가까이하며 입술로는 나를 공경하나 그들의 마음은 내게서 멀리 떠났나니 그들이 나를 경외함은 사람의 계명으로 가르침을 받았을 뿐이라"(사 29:13).

처자와 모든 소유를 버리고 주를 좇았던 사도 베드로조차도 대제사장의 뜰에서 예수 그리스도를 세 번이나 부인했건만 처자의 행복과 소유의 번성을 위해서 새벽기도하고 철야기도 좀 한 것을 두고 예수를 사랑한 것으로 착각하고 예수를 따르는 것으로 착각하는 사람들, 그들이 어떻게 자기들의 착각대로 마지막 순간까지 자기를 부인하는 십자가를 지고 주를 좇을 수 있겠는가?

그 옛날 가나안을 차지하기 위한 구약 이스라엘 백성에게 가장 필요하고, 가장 중요하고, 가장 긴급했던 것이, 그리고 모든 일의 최우선이 할례였듯이 천국에서 영원히 살기 위해 우리에게 가장 필요하고, 가장 중요하고, 가장 긴급하고, 모든 일의 최우선은 인생의 꿈과 영향력이 아니라 그리스도의 할례 즉, 마음의 할례이다.

그리스도의 할례는 육적 몸을 벗는 것이고, 죄악 된 삶을 청산하는 것이고, 썩어져 가는 구습을 좇는 옛 사람을 벗어 버리는 것이며 하나님 나라의 열매를 맺는 것이다. 이처럼 우리가 육의 몸을 벗고 죄악 된 삶을 청산하고 썩어져 가는 구습을 좇는 옛 사람을 벗어 버리고 의의 열매를 결실해야 하는 것은 예수 그리스도의 죽으심과 합하여 세례를 받았기 때문이며, 이 세례로 그리스도와 함께 장사한 바 되고 부활의 새 생명으로 다시 일으키심을 받았기 때문이다.

사도 바울이 로마서와 에베소서와 골로새서에서 거듭해서 강조하고 있는 것은 믿음으로 구원받은 참된 성도의 책임 있는 거룩한 삶이지 인생의 꿈과 비전이 아니다. 이제 우리는 다시 일으키심을 받았기 때문에 심령으로 새롭게 되어 새 생명 가운데서 행함으로 하나님의 형상을 따라 의와 진리와 거룩함을 드러내는 새 사람을 입어야 한다.

과거에는 넓은 집에 이사 가서 행복했지만 이제는 내 집에 불우한 자를 들일 수 있어 행복한 것이 부활의 새 생명의 삶이다. 과거에는 메이커 옷을 사 입어서 행복했지만 이제는 이 옷을 벗은 자에게 입혀 줄 수 있어 행복한 것이 부활의 새 생명의 삶이다. 과거에는 좋은 차를 모는 것이 인생의 자랑이었지만 지금은 예수 그리스도를 믿는 것이 최고의 자랑이 되는 것이 부활의 새 생명의 삶이다. 과거에는 커피 마시고, 쇼핑 다니고, 영화 보고, 술 먹고, 놀러 다니는 것이 기뻤지만 이제는 말씀 읽고, 기도하고, 예배를 드리고, 찬송하고, 주를 위해 헌신함이 기쁨이 되는 것이 부활의 새 생명의 삶이다. 과거에는 처자가 원하는 것 다 사 주고 하나도 아깝지 않았던 삶이 이제는 주의 복음을 위해 나의 모든 소유를 다 드리고도 아깝지 않은 것이 참된 부활의 새 생명의 삶이다. 과거에는 처자와 소유를 위해서만 살아왔던 삶이 이제는 정과 욕심을 십자가에 못 박고 자기를 부인하는 십자가를 지고 예수 그리스도의 복음과 하나님의 나라를 위해서 사는 것이 참된 부활의 새 생명의 삶이다. 과거에는 내 자식에게 하나라도 더 사 주고, 하나라도 더 먹이고, 한 벌이라도 더 입히고, 부업을 해서라도 남들 배우는 것 모조리 다 배우게 하고, 남들 가는 학원 악착같이 다 보내는 것이 인생의 유일한 의미였지만 이제는 핍절한 형제 교인과 핍절한 형제 교회와 핍절한 형제 선교사를 위해 내 것을 내 것이라 하지 않고 나누는 삶이 참된 부활의 새 생명의 삶이다.

이제, 우리 모두 풀의 꽃과 같은 인생의 꿈을 꾸지 말고 자기 부인의 십자가를 대적하는 정과 욕심의 삶에 대해 날마다 죽고 죽어서 부활의 새 생명 가운데서 영생의 열매를 결실하기 위해 살아가야 한다.

33.
신앙인이 던져야 하는 다윗의 물맷돌

　다윗이 적장 골리앗에게 던진 물맷돌 이야기는 그때로부터 지금까지 가장 본받을 만한 신앙의 모범으로 회자되는 단골 메뉴 중 하나다. 그 옛날 다윗은 이스라엘 백성 전체가 두려워 떠는 블레셋의 용장 골리앗과의 대결에서 오로지 물맷돌만을 가지고 골리앗을 무너뜨린 위대한 승리의 역사를 오늘 우리에게 남겨 주었다(삼상 17:1~49). 그래서 많은 신앙인이 골리앗과 같은 인생의 큰 문제를 만났을 때 "여호와 하나님의 이름으로 물맷돌을 던져 골리앗을 무너뜨리자"라며 다윗이 던진 물맷돌의 능력과 기적을 '내 삶의 문제', '내 유익의 문제', '내 소원의 문제'에 초점을 맞추어 적용한다.

　그러나 다윗은 그 물맷돌을 인생의 성공적 진로를 위해 던졌던 것도, 인생의 꿈과 소원과 목적을 대상으로 던졌던 것도 아니다. 오로지 다윗은 하나님의 영광의 이름이 할례받지 못한 이방인에 의해 모욕당하는 것이 견딜 수가 없어서(삼상 17:26) 자신의 목숨을 담보로 하나님의 이름으로 믿음의 돌을 던졌던 것이다. "블레셋 사람들의 진영에서 싸움을 돋우는 자가 왔는데 그의 이름은 골리앗이요 가드 사람이라 그의 키는 여섯 규빗 한 뼘이요 머리에는 놋 투구를 썼고 몸에는 비늘 갑옷을 입었으니 그 갑옷의 무게가 놋 오천 세겔이며 그의 다리에는 놋 각반을 쳤고 어깨 사이에는 놋 단창을 메었으니 그 창 자루는 베틀 채 같고 창 날은 철 육백 세겔이며 방패 든 자가 앞서 행하더라 그가 서서 이스라엘 군대를 향하여 외쳐 이르되 너희가 어찌하여 나와서 전열을 벌였느냐 나는 블레셋 사람이 아니며 너희는 사울의 신복이 아니냐 너희는 한 사람을 택하여 내게로 내려보내라 그가 나와 싸워서 나를 죽이면 우리가 너희의 종이 되겠고 만일 내가 이겨 그를 죽이면 너희가 우리의 종이 되어 우리를 섬길 것이니라 그 블레셋 사람이 또 이르되 내가 오늘 이스라엘의 군대를 모욕하였으니 사람을 보내어 나와 더불어 싸우게 하라 한지라"(삼상 17:4~10). "다윗이 곁에 서 있는 사람들에게 말하여 이르되 이 블레셋 사람을 죽여 이스라엘의 치욕을 제거하는 사람에게는 어떠한 대우를 하겠느냐 이 할례받지 않은 블레셋 사람이 누구이기에 살아 계시는 하나님의 군대를 모욕하겠느냐"(삼상 17:26). "다윗이 블레셋 사람에게 이르되 너는 칼과 창과 단창으로 내게 나아 오거니와 나는 만군의 여호와의 이름 곧 네가 모욕하는 이스라엘 군대의 하나님의 이름으로 네게 나아가노라 오늘 여호와께서 너를 내 손에 넘기시리니 내가 너를 쳐서 네 목을 베고 블레셋 군대의 시체를 오늘 공중의 새와 땅의 들짐승에게 주어 온 땅으로 이스라엘에 하나님이 계신 줄 알게 하겠고 또 여호와의 구원하심이 칼과 창에 있지 아니함을 이 무리에게 알게 하리라 전쟁은 여호와께 속한 것인즉 그가 너희를 우리 손에 넘기시리라 블레셋 사람이 일어나 다윗에게로 마주 가까이 올 때에 다윗이 블레셋 사람을 향하여 빨리 달리며 손을 주머니에 넣어 돌을 가지고 물매로 던져 블레셋 사람의 이마를 치매 돌이 그의 이마에 박히니 땅에 엎드러지니라"(삼상 17:45~49).

오늘 우리는 다윗이 던진 기적의 물맷돌을 자신의 인생 문제 해결과 인생 소원 성취를 위해 던진다. 그러나 우리에게는 그 옛날 다윗이 하나님을 향해 가졌던 사랑과 헌신의 마음처럼 하나님의 이름이 모욕당하는 것에 대해 분노하고 죽음을 불사하며 분노의 돌을 던질 수 있는 하나님을 향한 진실한 사랑은 없다.

오늘 우리는 내 인생 문제 꼬이고, 남들보다 잘살지 못하고, 남들보다 형통하지 못한 현실에 대해서 분노하지만, 정작 하나님의 나라와 의, 하나님의 영광, 하나님의 일, 하나님의 진리가 모욕당하는 것에 대해서는 전혀 분노하지는 않는다.

다윗은 사울의 칼날을 피해 굴속에 숨어 지내면서도 자신의 생존이 아니라 하나님의 영광을 소망했던 사람이다. "하나님이여 주는 하늘 위에 높이 들리시며 주의 영광이 온 세계 위에 높아지기를 원하나이다"(시 57:11). 그런 다윗이었기에 블레셋의 적장 골리앗에 의해 하나님의 영광이 모욕당하는 것에 대해 분노하며 대적을 향해 자기의 목숨을 걸고 돌을 물매에 장착했던 것이다. 그러나 오늘 우리는 고작 남들보다 돈 좀 더 벌기 위해, 남들보다 좀 더 영향력을 소유하기 위해 목숨을 건다. 그러면서 하님의 나라와 의에 대해서는 얼마나 소홀히 하고, 회피하고, 귀찮아하는가? 예수님께서 이 땅에 오셔서 가르치셨던 하나님의 나라와 의에 대해서는 아예 신경을 쓰지 않으니 하나님의 영광만을 위한 일로는 분노할 일이 전혀 없다.

다윗은 하나님의 영광의 이름을 모독하는 적장 골리앗을 향한 분노의 물맷돌을 던졌다. 지금 우리에게 필요한 것은 인생의 난관을 향해 던지는 긍정의 힘이라는 헛된 신념의 물맷돌이 아니라, 마음과 뜻과 성품과 힘과 목숨을 다해 하나님을 사랑하지 못하게 하는 생각과 가치관과 마음과 정과 욕심의 우상에 대해, 그리고 하나님이 미워하시는 죄악 된 삶에 대해 던지는 분노의 물맷돌이다.

오늘날 안타깝게도 많은 신앙인이 자신의 인생의 꿈을 위해 던지고 있는 헛된 신념의 돌을 마치 그 옛날 하나님의 영광의 이름을 욕되게 하는 대적 골리앗을 향해 던졌던 다윗의 물맷돌로 착각하고 있다. 그러나 인생의 어려운 문제 해결과 인생에서 이루고 싶은 소원을 위해 믿음의 돌을 던진다고 야단법석인 사람들 가운데서 과연 다윗처럼 하나님의 이름이 모욕당하는 것에 대해 분노하며 자기의 목숨을 던질 수 있는 참된 신앙인이 과연 몇이나 되겠는가?

시편 132편에서 우리는 하나님을 향한 다윗의 간절한 사랑과 헌신의 신앙을 엿볼 수 있다. "여호와여 다윗을 위하여 그의 모든 겸손을 기억하소서 그가 여호와께 맹세하며 야곱의 전능자에게 서원하기를 내가 내 장막 집에 들어가지 아니하며 내 침상에 오르지 아니하고 내 눈으로 잠들게 하지 아니하며 내 눈꺼풀로 졸게 하지 아니하기를 여호와의 처소 곧 야곱의 전능자의 성막을 발견하기까지 하리라 하였나이다 우리가 그것이 에브라다에 있다 함을 들었더니 나무 밭에서 찾았도다 우리가 그의 계신 곳으로 들어가서 그의 발등상 앞에서 엎드려 예배하리로다 여호와여 일어나사 주의 권능의 궤와 함께 평안한 곳으로 들어가소서 주의 제사장들은 의를 옷 입고 주의 성도들은 즐거이 외칠지어다 주의 종 다윗을 위하여 주의 기름 부음 받은 자의 얼굴을 외면하지 마옵소서"(시 132:1~10). 이 말씀에서 다윗의 간절한 소망은 인생의 꿈과 비전이 아니라 잃어버린 하나님의 법궤를 찾아 하나님의 발등상 앞에서 경배하는 것이다. 그 소원이 얼마나 간절하고 절박했든지 다윗은 하나님의 법궤를 찾기 전에는 자기의 거하는 장막에 들어가지 않으며, 자기의 침상에도 오르지 않으며, 자기의 눈으로 잠들게 하지도 않고, 자기의 눈꺼풀로 졸게 하지도 않겠다고 하나님께 서원한다.

오늘날 기껏해야 물질 축복을 주시면, 당면한 인생 문제를 해결해 주시면, 내일 자신에게 세상에서의 영향력을 허락해 주시면 십일조 떼먹지 않겠다고, 선교 사업하겠다고 서원하며 헛된 신념의 돌질을 하는 약삭빠르고 이기적인 우리 신앙과는 너무나 차이가 난다. 오늘 우리 중에 과연 다윗처럼 하나님의 법궤를 찾기 전에는 자기의 장막에 들어가지 않으며, 자기의 침상에도 오르지 않으며, 자기의 눈으로 잠들게도 않게 하며, 자기의 눈꺼풀로 졸게도 않게 하겠다는 사람이 과연 몇 명이나 되겠는가?

하나님의 법궤를 향한 다윗의 사랑의 진심이 얼마나 지극하며 다윗이 얼마나 하나님의 법궤를 사모하여 근심했는가를 옆에서 지켜보았던 한 시인은 하나님을 향해 기도하기를 "주의 종 다윗을 위하여 주의 기름 부음 받은 자의 얼굴을 외면하지 마옵소서."라고 간절히 호소했다. 이처럼 다윗은 하나님을 향해 사랑과 진심을 가졌기에 하나님의 영광의 이름이 모욕당하는 것을 견디지 못하고 죽음을 무릅쓰고 용장 골리앗에게 돌진했던 것이다. 이제 우리 모두, 사람 사이에서 사소한 일로 분노하는 사람이 되지 말고, 아침 안개의 사라짐 같은 인생의 실패와 가난 때문에 분노하는 사람이 되지 말고, 하나님의 나라와 의를 위해, 하나님의 영광의 이름을 위해, 분노할 수 있는 참된 믿음의 사람이 되어야 한다.

34

누가 재림의 주님을 목도할 것인가

　　나사렛 동네의 어느 한 처녀 마리아의 몸을 통해 탄생하신 예수 그리스도의 나심은 모두가 잠든 고요한 정적 속에서 자기들의 본분에 몰두했던 양치는 목자들과(눅 2:8~14) 별을 탐구하던 이방인 동방의 박사들에게(마 2:1~12) 가장 먼저 기쁜 소식으로 전해졌다. 바로 이것이 초림의 예수 그리스도께서 이 땅에 오시는 길이었다. 그러므로 재림의 주님을 소망하는 오늘의 우리는 그 옛날 초림의 주님을 목도했던 그들을 통해서 주님 재림의 길을 우리 심령에 어떻게 예비해야 할 지 통찰해 볼 수 있다.

　　마리아의 신분에 대해서 성경은 단지 다음과 같이 말씀한다. "여섯째 달에 천사 가브리엘이 하나님의 보내심을 받아 갈릴리 나사렛이란 동네에 가서 다윗의 자손 요셉이라 하는 사람과 약혼한 처녀에게 이르니 그 처녀의 이름은 마리아라"(눅 1:26~27). 그리고 누가복음 1장 48절에 보면 마리아는 자신을 가리켜 비천한 계집종이라고 고백한다. 결국, 마리아의 신분과 고향을 종합해 보면 그녀는 나사렛 동네의 어느 비천한 여인이라고 할 수 있다. 보잘것없는 동네 나사렛! 오죽하면 사람들이 예수님을 가리켜 "나사렛에서 무슨 선한 것이 날 수 있느냐?"(요 1:46)라고 빈정거렸겠는가? 이처럼 나사렛은 볼품없는 시골이었다. 그러나 볼품없는 그 곳이 하늘의 하나님께서 이 땅에 작은 자로 오신 곳이었다.

이처럼 작은 자로 오신 하나님의 겸손은 이스라엘의 교만한 신앙과 교만한 특권 의식과 교만한 희망과 교만한 광신을 심판하는 거치는 돌의 역사가 되었다. 그들의 교만한 신앙은 그들만이 유일한 메시아의 백성이라고 자부하게 했다. 그러므로 그들은 하나님의 겸손하심의 비밀을 알 수 없었다. 그러므로 우리도 교만한 신앙에서 떠나야 한다. 교만한 특권 의식을 버려야 한다. 교만한 희망을 꺾어야 한다. 섬김과 겸손의 비밀을 보지 못하게 하는 맹신과 광신에서 떠나야 한다. 그것은 재림의 그날에 지극히 작은 자 하나에게 하지 않은 것이 곧 내게 대해 하지 않은 것이라고 주님께서 우리를 향해 책망하실 것이기 때문이다(마 25:45).

가브리엘 천사가 희망의 메시지를 마리아에게 전했다. "천사가 대답하여 이르되 성령이 네게 임하시고 지극히 높으신 이의 능력이 너를 덮으시리니 이러므로 나실 바 거룩한 이는 하나님의 아들이라 일컬어지리라"(눅 1:35). 이때 마리아는 "주의 여종이오니 말씀대로 내게 이루어지이다"(눅 1:38)라고 순종하며 대답했다. 바로 이것은 신앙의 결단이요, 신앙의 용기이며, 신앙의 순종이다. 그리고 이것은 십자가의 길이다.

유대 사회에서 약혼한 처녀가 아기를 가지게 되면 두 가지의 형벌이 따라온다. 첫째, 파혼이 선포되고 둘째, 돌에 맞는 벌을 받아야 했다. 이것은 파멸과 죽음을 의미한다. 그런 의미에서 "주의 계집종이오니 말씀대로 내게 이루어지이다."라는 대답은 "십자가를 지겠습니다."라는 결단이며 용기이며 순종이다. 바로 이것이 얼굴과 얼굴을 마주 대하여 보는 주님 재림의 영광을 기다리는 우리의 신앙 자세가 되어야 한다. 어린 양 예수 그리스도께서 어디로 인도하시든지 따라가지 않는 자는(계 14:4) 재림의 주님을 결단코 볼 수 없다.

동방 박사들은 별에 대해 연구하는 사람들로서 별을 보고 국가의 운명이나 심지어 개인의 운명까지 예언하는 자들이었다. 그런데 이방인인 이들에게 그리스도의 탄생이 알려졌다는 것은 예수 그리스도께서 만왕의 왕으로 오심을 의미하고 이방인에게도 하나님의 축복이 돌아갈 것을 말해 주는 것이다. 그리고 그들이 만왕의 왕이신 아기 예수께 황금과 유향과 몰약을 드렸다는 것은 이방 백성이 메시아에게 보화를 바친다는 구약 예언이 성취되었음을 의미한다.

이제 그 옛날 시편 기자의 예언의 노래가 성취되었다. "하나님이여 주의 판단력을 왕에게 주시고 주의 공의를 왕의 아들에게 주소서 그가 주의 백성을 공의로 재판하며 주의 가난한 자를 정의로 재판하리니 의로 말미암아 산들이 백성에게 평강을 주며 작은 산들도 그리하리로다 그가 가난한 백성의 억울함을 풀어 주며 궁핍한 자의 자손을 구원하며 압박하는 자를 꺾으리로다 그들이 해가 있을 동안에도 주를 두려워하며 달이 있을 동안에도 대대로 그리하리로다 그는 벤풀 위에 내리는 비같이, 땅을 적시는 소낙비같이 내리리니 그의 날에 의인이 흥왕하여 평강의 풍성함이 달이 다할 때까지 이르리로다 그가 바다에서부터 바다까지와 강에서부터 땅끝까지 다스리리니 광야에 사는 자는 그 앞에 굽히며 그의 원수들은 터끌을 핥을 것이며 다시스와 섬의 왕들이 조공을 바치며 스바와 시바 왕들이 예물을 드리리로다 모든 왕이 그의 앞에 부복하며 모든 민족이 다 그를 섬기리로다 그는 궁핍한 자가 부르짖을 때에 건지며 도움이 없는 가난한 자도 건지며 그는 가난한 자와 궁핍한 자를 불쌍히 여기며 궁핍한 자의 생명을 구원하며 그들의 생명을 압박과 강포에서 구원하리니 그들의 피가 그의 눈앞에서 존귀히 여김을 받으리로다 그들이 생존하여 스바의 금을 그에게 드리며 사람들이 그를 위하여 항상 기도하고 종일 찬송하리로다"(시 72:1~15).

동방 박사들이 황금과 유향과 몰약을 드림으로 그 옛날 선지자들의 꿈이 현실이 되었다. "일어나라 빛을 발하라 이는 네 빛이 이르렀고 여호와의 영광이 네 위에 임하였음이니라 보라 어둠이 땅을 덮을 것이며 캄캄함이 만민을 가리려니와 오직 여호와께서 네 위에 임하실 것이며 그의 영광이 네 위에 나타나리니 나라들은 네 빛으로, 왕들은 비치는 네 광명으로 나아오리라 네 눈을 들어 사방을 보라 무리가 다 모여 네게로 오느니라 네 아들들은 먼 곳에서 오겠고 네 딸들은 안기어 올 것이라 그때에 네가 보고 기쁜 빛을 내며 네 마음이 놀라고 또 화창하리니 이는 바다의 부가 네게로 돌아오며 이방 나라들의 재물이 네게로 옴이라 허다한 낙타, 미디안과 에바의 어린 낙타가 네 가운데에 가득할 것이며 스바 사람들은 다 금과 유향을 가지고 와서 여호와의 찬송을 전파할 것이며 게달의 양 무리는 다 네게로 모일 것이요 느바욧의 숫양은 네게 공급되고 내 제단에 올라 기꺼이 받음이 되리니 내가 내 영광의 집을 영화롭게 하리라 저 구름같이, 비둘기들이 그 보금자리로 날아가는 것같이 날아오는 자들이 누구냐 곧 섬들이 나를 앙망하고 다시스의 배들이 먼저 이르되 먼 곳에서 네 자손과 그들의 은금을 아울러 싣고 와서 네 하나님 여호와의 이름에 드리려 하며 이스라엘의 거룩한 이에게 드리려 하는 자들이라 이는 내가 너를 영화롭게 하였음이라"(사 60:1~9). "또한 모든 나라를 진동시킬 것이며 모든 나라의 보배가 이르리니 내가 이 성전에 영광이 충만하게 하리라 만군의 여호와의 말이니라"(학 2:7).

우리는 동방 박사들의 확신에 찬 행동에서 신앙의 교훈을 받는다. 그들은 큰 별이 나타나자 그 별이 곧 왕이 탄생할 징조로 알고 그 별을 따라서 먼 여행의 길을 떠났다. 여기서 우리는 때를 분별하지 못하고 백성의 심령의 길을 예비하지 못한 이스라엘 종교 지도자들의 무지와 눈먼 신앙을 보게 된다. 이방의 점성술사도 별을 보고 때를 분별하고 왕을 경배하러 그 먼 길을 찾아오는데, 늘 성경을 읽고 연구한다며 성경을 속독하고 백독했던 선생들이 자기들의 메시아가 이 땅에 오심을 알지 못했으니 그들은 바로 어두움 가운데 있는 자들이었다.

이스라엘 민족의 비극은 때를 분별하지 못하는 눈먼 목회자들이 백성을 초림의 주님을 영접할 수 있는 신앙의 길로 예비하지 못하는 것에서부터 시작되었다. 이사야 선지자는 맹인 된 눈먼 목회자들을 가리켜 포도주와 독주에 취해 비틀거리는 자들이라고 책망했다. "너희는 놀라고 놀라라 너희는 맹인이 되고 맹인이 되라 그들의 취함이 포도주로 말미암음이 아니며 그들의 비틀거림이 독주로 말미암음이 아니니라 대저 여호와께서 깊이 잠들게 하는 영을 너희에게 부어 주사 너희의 눈을 감기셨음이니 그가 선지자들과 너희의 지도자인 선견자들을 덮으셨음이라"(사 29:9~10).

종말에도 교회 세대의 비극은 때를 따라 양식을 나누어 주지 못하고 주인이 더디 올 것으로 맘 편하게 생각하고 술친구들로 더불어 먹고 마시는 눈먼 악한 종들로 말미암아 초래될 것이다. "충성되고 지혜 있는 종이 되어 주인에게 그 집 사람들을 맡아 때를 따라 양식을 나눠 줄 자가 누구냐 주인이 올 때에 그 종이 이렇게 하는 것을 보면 그 종이 복이 있으리로다 내가 진실로 너희에게 이르노니 주인이 그의 모든 소유를 그에게 맡기리라 만일 그 악한 종이 마음에 생각하기를 주인이 더디 오리라 하여 동료들을 때리며 술친구들과 더불어 먹고 마시게 되면 생각하지 않은 날 알지 못하는 시각에 그 종의 주인이 이르러 엄히 때리고 외식하는 자가 받는 벌에 처하리니 거기서 슬피 울며 이를 갈리라"(마 24:45~51).

수백 년이 지나도 끄떡없을 화려하고 웅장한 예배당 건물을 짓기 위해 목회 일생을 투자한 사람이 과연 오늘 이 밤이라도 도적같이 임하실 주님을 영접하기 위해 깨어 있는 목회자라고 할 수 있겠는가? 이들이 바로 주인이 더디 오리라 하며 꿈의 술 잔치를 벌이는 게으르고 악한 종들이다.

사도 바울은 2천 년 전이었음에도 에베소에 지성전, 고린도에 지성전, 빌립보에 지성전을 건축하지 않았다. 지금은 때가 더욱 단축해졌다. 그러므로 사도 바울은 "형제들아 내가 이 말을 하노니 그 때가 단축하여진 고로 이후부터 아내 있는 자들은 없는 자같이 하며 우는 자들은 울지 않는 자같이 하며 기쁜 자들은 기쁘지 않은 자같이 하며 매매하는 자들은 없는 자같이 하며 세상 물건을 쓰는 자들은 다 쓰지 못하는 자같이 하라 이 세상의 외형은 지나감이니라"(고전 7:29~31)라고 했던 것이다.

동방 박사들은 당대의 권력자 헤롯 대왕이 통치하는 예루살렘에 이르러 "유대인의 왕으로 나신 이가 어디 계시뇨? 우리가 동방에서 그의 별을 보고, 그에게 경배하러 왔노라."라고 선언했다(마 2:2). 그것은 현 체제의 부정을 의미하며, 현 체제의 심판을 알리는 소리였다. 그리고 새로운 세계, 새로운 체제, 새로운 가치의 새 하늘과 새 땅의 도래를 알리는 여명의 외침이었다.

아기 예수의 탄생 소식은 상식적으로는 이스라엘의 제사장들이나 성서학자들인 서기관들과 바리새인들에게 가장 먼저 알려졌어야 했다. 그러나 그들은 아기 예수의 탄생 소식을 이방인들인 동방의 박사들에게서 듣고 소동하는 데 그쳤다. "헤롯왕 때에 예수께서 유대 베들레헴에서 나시매 동방으로부터 박사들이 예루살렘에 이르러 말하되 유대인의 왕으로 나신 이가 어디 계시냐 우리가 동방에서 그의 별을 보고 그에게 경배하러 왔노라 하니 헤롯왕과 온 예루살렘이 듣고 소동한지라 왕이 모든 대제사장과 백성의 서기관들을 모아 그리스도가 어디서 나겠느냐 물으니 이르되 유대 베들레헴이오니 이는 선지자로 이렇게 기록된바 또 유대 땅 베들레헴아 너는 유대 고을 중에서 가장 작지 아니하도다 네게서 한 다스리는 자가 나와서 내 백성 이스라엘의 목자가 되리라 하였음이니이다"(마 2:1~6). 이처럼 그들은 예수 그리스도께서 유대 땅 베들레헴에 나실 것을 알고는 있었지만 오로지 그들의 관심은 만왕의 왕이신 아기 예수의 탄생이 그들의 지도체제에 어떤 영향을 미칠까 하는 것이 가장 우선의 관심사였기 때문에 당장에라도 그분에게 달려가서 경배할 수 없었다.

그들이 소유했던 메시아 대망 사상은 그저 종교적인 형식에 불과한 위선이었다. 결국 그들의 종교 세계는 밤을 만났던 것이다. 그런 의미에서 예수 그리스도의 오신 소식이 전해진 시간의 의미를 생각해 볼 수 있다. "그 지역에 목자들이 밤에 밖에서 자기 양 떼를 지키더니 주의 사자가 곁에 서고 주의 영광이 그들을 두루 비추매 크게 무서워하는지라"(눅 2:8~9). 이처럼 하늘의 하나님께서 이 땅에 작은 자의 모습으로 오신 기쁜 생명의 소식이 전해진 시간은 바로 밤이었다.

오늘 우리 가운데서도 예수 그리스도의 재림에 관한 지식이 없는 신앙인은 없다. 그런데 사도 바울은 예수 그리스도 재림의 날을 밤에 도적같이 오시는 날이라고 하면서 오직 깨어 근신할 것을 당부했다. "주의 날이 밤에 도둑같이 이를 줄을 너희 자신이 자세히 알기 때문이라 그들이 평안하다, 안전하다 할 그때에 임신한 여자에게 해산의 고통이 이름과 같이 멸망이 갑자기 그들에게 이르리니 결코 피하지 못하리라 형제들아 너희는 어둠에 있지 아니하매 그 날이 도둑같이 너희에게 임하지 못하리니 너희는 다 빛의 아들이요 낮의 아들이라 우리가 밤이나 어둠에 속하지 아니하나니 그러므로 우리는 다른 이들과 같이 자지 말고 오직 깨어 정신을 차릴지라"(살전 5:2~6).

주의 날은 밤에 도둑같이 이른다. 그래서 잉태된 여자에게 해산의 고통이 이름과 같이 "평안하다. 안전하다." 하는 어두움의 자녀에게 멸망이 홀연히 임할 것이다. 그런데 주님께서는 행위의 온전한 열매를 맺지 못하는 사데 교회에게 도둑같이 임하실 것을 경고하셨다. "사데 교회의 사자에게 편지하라 하나님의 일곱 영과 일곱 별을 가지신 이가 이르시되 내가 네 행위를 아노니 네가 살았다 하는 이름은 가졌으나 죽은 자로다 너는 일깨어 그 남은바 죽게 된 것을 굳건하게 하라 내 하나님 앞에 네 행위의 온전한 것을 찾지 못하였노니 그러므로 네가 어떻게 받았으며 어떻게 들었는지 생각하고 지켜 회개하라 만일 일깨지 아니하면 내가 도둑같이 이르리니 어느 때에 네게 이르는지 네가 알지 못하리라"(계 3:1~3).

결국 주님께서 다시 오시는 재림의 그 날에 행위의 온전한 열매를 맺지 못하는 이름뿐인 신앙인들은 어두움의 자녀로 판명될 것이다. 그것은 그들에게 주님께서 도둑같이 임하실 것이기 때문이다. 결국 행위의 온전한 열매를 맺지 못하는 이름뿐인 신앙인들은 성 밖에서 슬피 울며 이를 갈게 될 것이다. 그러므로 목회자들이 백성의 마음에 재림의 주님을 영접할 수 있는 심령의 길을 예비하기 위해서는 그들을 긍정의 입술로 염불하는 사람들, 긍정의 사고로 꿈의 술에 취하고 비틀거리는 사람들이 되게 할 것이 아니라 행위의 온전한 열매를 맺는 백성이 되게 해야 한다.

그런데 비극은 때를 분별하지 못하는 목회자들이 하나님의 말씀 한 구절 읽어 놓고는 사람의 계명인 꿈 타령, 복 타령, 긍정 타령하는 잘못된 교훈의 포도주에 취해 술친구들로 더불어 인생의 꿈을 전파하고 세상의 복을 전파하고 긍정의 신념을 전파하고 있는 것이다. 그들이 동료 목회자들과 더불어 먹고 마시는 교훈이 늘 '꿈'이라는 술이고, '복'이라는 술이고, '긍정'이라는 술이다 보니 그들이 퍼먹이는 세속화된 교훈의 포도주와 독주에 취하고 취한 백성이 하나님 보시기에 올바른 신앙의 길을 떠나서 비틀거리고 있는 것이다.

오늘날 신앙인들은 재림의 주를 대망하며 그 날에 흠도 점도 없이 나타나기 위해 힘을 쓰는 신앙의 길을 걸어가고 있는 것이 아니라(벧후 3:14) 자기 인생 10년, 20년 후의 꿈을 디자인하며 성공 신화, 역전 신화를 만들기 위해 땅에 속한 천하만국 영광의 길을 걸어가고 있다.

그 옛날 이 세상 모두가 잠든 밤에 들에서 양을 지키던 깨어 있는 목자들에게 아기 예수 탄생의 기쁜 소식이 전해졌다. 모두가 잠든 그 밤에 자기 성찰의 시간을 가지던 목자들, 그들에게는 가난과 슬픔과 곤고와 아픔과 압제가 있는 이곳에 하늘의 위로와 기쁨과 구원을 가져다줄 메시아에 대한 기다림이 있었다. 그 기다림의 끝에 "오늘 다윗의 동네에 너희를 위하여 구주가 나셨으니 곧 그리스도 주시니라"(눅 2:11)라는 소식이 들려왔다.

기다림은 나타남을 전제한다. 기다림이 있는 곳에 예수 그리스도는 오신다. 그러므로 우리 모두 하나님의 말씀을 통해 자기 인생 10년, 20년 후의 부자 되고 성공한 모습을 그릴 것이 아니라 샛별이신 예수 그리스도의 다시 오심이 우리 마음에 선명한 환상이 되어 떠오르기까지 하나님의 말씀을 유념해 상고해야 한다. "또 우리에게는 더 확실한 예언이 있어 어두운 데를 비추는 등불과 같으니 날이 새어 샛별이 너희 마음에 떠오르기까지 너희가 이것을 주의하는 것이 옳으니라"(벧후 1:19).

이사야 선지자는 광야 가운데 심령의 대로가 정비되고, 모든 육체가 여호와의 영광을 볼 것이라고 노래했다. "외치는 자의 소리여 이르되 너희는 광야에서 여호와의 길을 예비하라 사막에서 우리 하나님의 대로를 평탄하게 하라 골짜기마다 돋우어지며 산마다, 언덕마다 낮아지며 고르지 아니한 곳이 평탄하게 되며 험한 곳이 평지가 될 것이요 여호와의 영광이 나타나고 모든 육체가 그것을 함께 보리라 이는 여호와의 입이 말씀하셨느니라 말하는 자의 소리여 이르되 외치라 대답하되 내가 무엇이라 외치리이까 하니 이르되 모든 육체는 풀이요 그의 모든 아름다움은 들의 꽃과 같으니"(사 40:3~6).

그러나 이 말씀의 문자적 의미대로 실제로 모든 족속이 이 땅에 임하신 하나님의 영광 예수 그리스도를 목도한 것이 아니라 십자가의 길을 결단했던 마리아와 한밤중에 양을 치는 목자들과 별을 따라 먼길을 떠나온 동방의 박사들이 모든 육체를 대표해 만왕의 왕이신 아기 예수의 영광을 목도했다.

종말에도 주님께서는 땅의 모든 족속들이 구름을 타고 능력과 큰 영광으로 오는 주님을 목도하게 될 것이라고 예언했다. "그 날 환난 후에 즉시 해가 어두워지며 달이 빛을 내지 아니하며 별들이 하늘에서 떨어지며 하늘의 권능들이 흔들리리라 그 때에 인자의 징조가 하늘에서 보이겠고 그 때에 땅의 모든 족속들이 통곡하며 그들이 인자가 구름을 타고 능력과 큰 영광으로 오는 것을 보리라"(마 24:29~30). 그러나 이 땅의 모든 족속이 아니라 예비된 자들만이 모든 육체를 대표해 초림의 주님을 목도했듯이 이제 재림 때도 그러할 것이다.

재림의 주님을 화장실에 용변 보던 사람이 뛰어나와서 볼 수 있는 것이 아니다. 술을 너무 많이 마셔서 응급 수술실에 있던 간암 환자가 벌떡 일어나서 볼 수 있는 것이 아니다. 유흥주점에서 술 마시던 사람들이 술김에 튀어나와 비틀거리며 영광의 주를 볼 수 있는 것도 아니다. 이 땅에 다시 오시는 예수 그리스도의 재림은 이벤트 쇼가 아니기 때문이다. 재림의 주님께서 준비되지 못한 사람들의 호기심을 충족시켜 주기 위해 마술쇼를 하러 오시는가? 결단코 아니다. 예수 그리스도의 영광의 재림은 볼 자격이 있는 준비된 자들만이 모든 육체를 대표해 영광의 주를 목도하고 영광에서 영광으로 화할 것이다(고후 3:18; 빌 3:21). 그러므로 볼 자격이 없는 자들은 영광의 주를 보지 못하므로 심판의 주님을 목도하게 될 것이다.

이제 우리는 예수 그리스도의 재림을 대망하며 준비된 자들로 그분 앞에 흠도 점도 없이 설 수 있도록 세속화된 교훈의 포도주에 취하지 말고, 세속화된 교훈의 독주에 비틀거리지 말며 행위의 온전한 열매 맺는 성도들이 되어야 한다.

35.
돼지우리와 세상, 돼지 쥐엄 열매와 세상의 영광

　누가복음 15장은 잃은 것을 찾으시는 하나님의 사랑에 관한 비유들이 기록되어 있다. 잃은 양 하나를 찾기 위해 아흔아홉 마리를 들에 두고 그 잃은 양 하나를 찾아 나서는 하나님의 사랑(눅 15:4~6)과 잃어버린 한 드라크마를 찾기 위해 등불을 켜고 집을 쓸며 부지런히 찾으시는 하나님의 사랑(눅 15:8~9)과 잃은 아들의 귀향을 반기며 잔치를 베푸시는 하나님의 사랑에(눅 15:11~32) 관한 이야기이다.

　예수 그리스도는 잃은 것을 찾으시는 하나님의 사랑으로 이 땅에 오셨다. 그런 의미에서 돌아온 탕자의 비유는(눅 15:11~32) '하나님 아버지의 아들이라는 막중한 축복의 신분을 가졌으면서도 하나님 아버지께서 예수 그리스도 안에서 베푸신 신령한 축복을 알지 못하고 자신만의 기쁨과 만족을 위해 육신의 정욕과 안목의 정욕과 이생의 자랑을 좇아 아버지의 면전을 떠나간 배도한 신앙인들, 그들이 어떻게 기다리시는 하나님의 사랑으로 돌아갈 수 있는가?'라는 구원의 여징을 우리에게 제시한다.

　아버지께 자기 몫의 상속을 요구한 둘째 아들은 분명 불경의 죄를 범했다(눅 15:12). 그러므로 불경의 죄를 범한 둘째 아들은 하나님 아버지가 베푸신 구원의 좋은 선물을 받고도 세상의 연락을 좇아 하나님의 면전을 떠나간 오늘의 우리를 상징한다. 그러나 불경한 아들은 종국에 돼지 쥐엄 열매를 먹는 비참한 신세로 전락하고 말았다(눅 15:16~17).

오늘 우리가 구원을 회복하기 위해서는 하나님 아버지를 떠난 우리의 처지가 돼지 쥐엄 열매를 먹는 둘째 아들의 결국과 같이 비참하다는 것을 깨달아야 한다. 오늘 우리는 하나님의 구원이라는 위대한 선물을 받고도 이 위대한 은혜를 잠시 잠깐의 육신의 정욕과 안목의 정욕과 이생의 자랑으로 바꾸어 버렸다. 그러면서도 하나님의 은혜를 떠나 세상의 연락 가운데 있는 우리의 처지를 비참하게 생각하지 않는다. 우리가 안주하고 즐거워하고 있는 세상이 하나님 보시기에 돼지우리와 같고, 세상의 재미와 기쁨에 만족하고 있는 우리의 삶이 하나님 보시기에 돼지 쥐엄 열매를 먹는 비참한 신세임에도 불구하고 이 사실을 전혀 느끼지 못한다.

요한계시록 3장 17절에서 "나는 부자라 부요하여 부족한 것이 없다." 하는 라오디게아 교회는 하나님 보시기에 곤고하고, 가련하고, 가난하고, 눈멀고, 벌거벗었음에도 자신들의 비참한 신세를 전혀 알지 못했다. 그런 의미에서 오늘의 우리가 바로 라오디게아 교회이고, 돼지우리를 치며 돼지 쥐엄 열매를 먹는 비참한 탕자이다.

라오디게아 교회가 하나님의 존전으로 다시 돌아가는 유일한 참된 회개의 길이 자신들의 곤고함과 가련함과 가난함과 눈먼 것과 벌거벗은 것을 철저하게 깨닫는 것으로부터 시작되듯이 오늘 우리가 하나님의 존전으로 다시 돌아가는 유일하고 참된 회개의 길도 세상 가운데 희희낙락하며 세상과 짝해 음행하고 있는 우리 자신의 처지가 그 옛날 탕자처럼 돼지우리를 치며 돼지 쥐엄 열매를 먹는 비참한 신세임을 자각하는 것에서부터 시작된다.

하박국 선지자는 무화과나무가 무성하지 못하며, 포도나무에 열매가 없으며, 감람나무에 소출이 없으며, 밭에 식물이 없으며, 외양간에 소가 없으며, 우리에 양이 없어도 구원의 한 분 하나님으로 즐거워하는 신앙을 소유했다(합 3:17~18). 그러나 우리는 구원의 한 분 하나님만으로 기뻐하고 즐거워하기보다는 악착같이 무화과나무 한 그루 더 소유하고, 포도나무 열매 한 송이 더 수확하고, 감람나무 소출을 좀 더 풍성하게 거두고, 밭에 식물 좀 더 수확하고, 외양간에 소 한 마리 더 키워서 아들딸 넉넉하게 시집 장가보내고, 좀 더 큰 집 한 채 분양받고, 우리에 양 한 마리 더 키워서 새 차 바꾸고 명품 옷장 하나 더 장만하는 것에서 기쁨과 만족을 누리려 한다. 그러나 구원의 한 분 하나님만으로 기뻐하고 즐거워하는 신앙이 없다면 세상과 짝한 우리의 육적 삶에 아무리 무화과나무가 무성하고, 포도나무에 열매가 많고, 감람나무에 소출이 풍성하고, 밭에 식물이 넉넉하고, 외양간에 소와 우리에 양이 많아도 우리의 신세는 돼지우리에서 쥐엄 열매를 먹는 비참한 탕자 신세에 불과하다.

오늘 우리는 에베소서 1장 3절~4절의 말씀처럼 하나님으로부터 거룩하고 흠이 없는 삶과 관련한 하늘에 속한 모든 축복을 받았음에도 이 축복을 감사하지 못하고 세속의 축복에 마음이 이끌려 자기를 부인하는 십자가 좁은 길을 버리고 세상의 넓은 길 한 가운데서 세속의 꿈을 먹고 있다. 그러면서도 꿈을 가진 신잉의 부요한 자로 자저하고 있다. 그러나 하나님 보시기에는 곤고하고, 가련하고, 가난하고, 눈멀고, 벌거벗은 비참한 신세로 전락했다(계 3:17).

시편 기자는 자신의 영혼이 쇠약해질 정도로 여호와의 궁정을 사모해서 생존하시는 하나님께 부르짖기를 주의 궁정에서의 한 날이 다른 곳에서 천 날보다 나은즉 악인의 장막에 거함보다 내 하나님 문지기로 있는 것이 좋사오니(시 84:2, 10)라고 노래했건만 오늘 우리는 하나님의 집보다는 분양받은 큰 평수 아파트가 더 안락하니 이것이 어찌 된 일인가? 그리고 그 옛날 시편 기자는 사슴이 시냇물을 찾기에 갈급함같이(시 42:1) 하나님을 사모했건만 오늘 우리가 영혼이 쇠약할 정도로 염려하고 근심하고 꿈꾸고 갈망하는 것은 무엇인가? 헛된 인생의 꿈을 신앙의 비전으로 포장한다고 해서 탐욕이 거룩한 소명이 되겠는가?

사도 요한은 이 땅에 있는 모든 것이 육신의 정욕과 안목의 정욕과 이생의 자랑이라고 하면서 세상을 사랑하는 자에게는 아버지의 사랑이 결단코 있을 수 없다고 단언했다. "이 세상이나 세상에 있는 것들을 사랑하지 말라 누구든지 세상을 사랑하면 아버지의 사랑이 그 안에 있지 아니하니 이는 세상에 있는 모든 것이 육신의 정욕과 안목의 정욕과 이생의 자랑이니 다 아버지께로부터 온 것이 아니요 세상으로부터 온 것이라 이 세상도, 그 정욕도 지나가되 오직 하나님의 뜻을 행하는 자는 영원히 거하느니라"(요일 2:15~17).

돼지는 유대인들에게 불결하고 부정한 짐승이었다. 돼지가 굽이 갈라져 쪽발이고 새김질을 못 하는 불결한 짐승의 하나로 율법이 규정했기 때문이다. "돼지는 굽이 갈라져 쪽발이로되 새김질을 못 하므로 너희에게 부정하니"(레 11:7). 율법의 조문에 철저했던 구약의 종교 지도자들과 백성은 돼지고기를 먹지도 않았을 뿐만 아니라 돼지를 보기만 해도 눈이 부정해졌다고 눈을 씻었다. 율법의 조문은 하나님의 백성이 구별되고 거룩한 삶을 살도록 하는 것이 목적이다. 그러므로 이 율법의 의식 조문은 하나님께서 당신의 백성이 얼마나 구별되고 거룩한 삶을 살아야 하는 것인가에 대한 신앙의 지표를 설정해준다. 그러나 율법의 조문대로 부정한 돼지고기를 전혀 먹지 않는다고 해서 우리가 완벽하게 거룩해지는가? 또한 부정한 돼지를 쳐다보았다고 해서 정말 우리의 삶이 불결해지는가? 그리고 부정한 돼지를 쳐다본 자기 눈을 요란하게 씻었다고 해서 하나님께서 요구하신 참된 거룩함이 우리에게 이루어지는가?

이 율법 조문의 복음적 의미와 목적하는 바는 구약의 율법주의자들이 돼지를 부정한 짐승으로 간주하고 쳐다보지도 않으려고 힘을 다했듯이 육신의 정욕과 안목의 정욕과 이생의 자랑으로 가득한 이세상을 살아가는 신약 교회가 얼마나 땅의 것을 쳐다보지 않고 신령한 하늘의 것만을 사모해야 하는가를 교훈하기 위함이다. 그러므로 구약 이스라엘 백성이 율법의 조문을 의식적으로 철저하게 지키기위해 실수로 부정한 돼지를 쳐다본 자신의 눈을 요란하게 씻었다면오늘 우리도 더러운 세상을 탐스럽게 쳐다본 마음과 영혼의 눈을 말씀의 물로, 성령의 물로 열심히 씻어야 한다.

율법을 복음적인 의미로 해석한 사도 바울은 신약 교회의 구별되고 거룩한 삶을 위해 다음과 같이 명령하고 있다. "음행과 온갖 더러운 것과 탐욕은 너희 중에서 그 이름조차도 부르지 말라 이는 성도에게 마땅한 바니라"(엡 5:3). "그러므로 너희가 그리스도와 함께 다시살리심을 받았으면 위의 것을 찾으라 거기는 그리스도께서 하나님우편에 앉아 계시느니라 위의 것을 생각하고 땅의 것을 생각하지 말라 이는 너희가 죽었고 너희 생명이 그리스도와 함께 하나님 안에 감추어졌음이라 우리 생명이신 그리스도께서 나타나실 그때에 너희도 그와 함께 영광 중에 나타나리라"(골 3:1~4).

예수 그리스도께서 가져오실 영생의 축복을 소망하는 참된 그리스도인들은 이 땅의 것을 쳐다보지 말아야 한다. 땅의 것을 쳐다보지 않는 교회의 구별된 삶 속에서 부정한 짐승인 돼지를 먹지도 않게 하고 심지어 쳐다보지도 않게 함으로써 율법이 구현하고자 했던 참된 거룩한 삶이 완성되고 성취된다. 그러므로 돼지를 부정한 짐승으로 규정한 율법대로 먹지도 않고, 심지어 쳐다보지도 않으면서까지 율법에 헌신하려 했던 구약 이스라엘의 열심은 육신의 정욕과 안목의 정욕과 이생의 자랑으로 가득한 이 땅의 모든 것을 쳐다보지 않는 신약 교회의 거룩한 삶 속에서 굳게 세워지고 온전해진다. 인자가 온 것은 율법을 폐하려 함이 아니라 율법을 굳게 세우려 함(마 5:17~18)이라는 예수 그리스도의 말씀이 우리의 구별된 거룩한 삶 속에서 성취된다.

돼지를 쳐다보지도 않으려고 필사적으로 노력했던 율법적 신앙의 열심은 오늘날 땅에 있는 모든 것을 쳐다보지 않는 신앙의 헌신을 목적으로 한다. 땅의 것을 쳐다보지 않고, 정과 욕심을 십자가에 못 박고, 성령으로 살고 성령으로 행하는 교회의 거룩한 삶의 헌신으로 승화되어야 한다.

율법의 부정한 짐승인 돼지는 죄악 된 세상과 땅을 상징한다. 그러므로 아버지의 집으로 돌아가는 참된 회개는 땅의 것을 쳐다보지 않겠다는 결단으로부터 시작된다.

이제 헛된 인생의 꿈을 디자인하지 말고 하늘을 쳐다보자. 그것은 하나님 안에 감추인 우리의 생명(영생) 예수 그리스도와 함께 하늘로서 나타날 것이기 때문이다(골 3:4). 우리가 바라는 것은 잠시 잠깐의 보이는 영광이 아니라 보이지 않는 영원하고도 중한 영광이다.

지금은 보이지 않지만, 영원하고도 중한 영광은 예수 그리스도와 함께 하나님 안에 감추인 우리의 생명, 곧 영생이다. 그러므로 영생의 영광을 바라보는 교회는 담임목사의 가르침대로 디자인한 인생의 꿈을 이루기 위해 향방 없이 허공을 치는 헛된 싸움을 할 것이 아니라 디모데전서 6장 11~12절의 말씀처럼 영생을 위해 의와 경건과 믿음과 사랑과 인내와 온유를 이루기 위한 신앙의 싸움을 독려해야 한다.

36.
누가 구원받을 제자인가

　　예수 그리스도께 나아오는 것과 예수 그리스도를 따르는 것은 엄청난 차이가 있다. 주님의 곁에는 항상 많은 무리가 나아왔다. 그러나 주님께서는 그들을 향해 모두가 주님의 제자가 될 수 있는 것이 아니라 자기 십자가를 지고 주님을 따르는 자만이 능히 제자가 될 수 있음을 말씀했다. "많은 무리가 함께 갈새 예수께서 돌이키사 이르시되 무릇 내게 오는 자가 자기 부모와 처자와 형제와 자매와 더욱이 자기 목숨까지 미워하지 아니하면 능히 내 제자가 되지 못하고 누구든지 자기 십자가를 지고 나를 따르지 않는 자도 능히 내 제자가 되지 못하리라"(눅 14:25~27). 이 말씀에 이어서 주님께서는 준공까지의 철저한 경비를 계산하지 못해 망대의 기초만 쌓고 완성하지 못하는 어리석은 자가 어디 있겠느냐는 비유와 2만의 군대로 침략해 오는 적군의 숫자를 헤아려보지도 않고 1만의 군대로 전쟁에 임하는 어리석은 임금이 어디에 있겠느냐는 비유를 말씀한다. "너희 중의 누가 망대를 세우고자 할진대 자기의 가진 것이 준공하기까지에 족할는지 먼저 앉아 그 비용을 계산하지 아니하겠느냐 그렇게 아니하여 그 기초만 쌓고 능히 이루지 못하면 보는 자가 다 비웃어 이르되 이 사람이 공사를 시작하고 능히 이루지 못하였다 하리라 또 어떤 임금이 다른 임금과 싸우러 갈 때에 먼저 앉아 일만 명으로써 저 이만 명을 거느리고 오는 자를 대적할 수 있을까 헤아리지 아니하겠느냐 만일 못할 터이면 그가 아직 멀리 있을 때에 사신을 보내어 화친을 청할지니라"(눅 14:28~32). 그리고 다음과 같이 말씀을 끝맺는다. "이와 같이 너희 중의 누구든지 자기의 모든 소유를 버리지 아니하면 능히 내 제자가 되지 못하리라"(눅 14:33).

결국, 망대를 완성하기 위해서는 준공까지의 경비를 잘 계산해야 하고, 전쟁에 승리하기 위해서는 적군의 규모를 먼저 철저하게 헤아려야 하듯이 주님의 제자가 되겠다는 우리가 이처럼 부모와 처자에 집착하고 소유에 집착하고 목숨에 집착한다면 과연 자기를 부인하는 십자가를 지고 주님을 끝까지 따르는 참된 제자가 될 수 있겠는가를 먼저 잘 계산해 보라는 것이다.

주님의 제자가 되기 위해서는 인생의 부와 성취에 대한 큰 꿈이 아니라 모든 소유를 버리기까지 자기를 부인하는 십자가를 져야 하는 우리에게 버리지 못한 생에 대한 애착은 없는가 살펴보고 정과 욕심을 십자가에 못 박는 능력이다.

지금 주님께서는 누구에게 부모와 처자와 소유와 목숨에 대해 자기를 부인하는 십자가를 지라고 말씀하고 있는가? 바로 주님에게 나아온 허다한 무리를 향해서이다. 그러므로 주님께 나아온다고 다 제자가 되는 것이 아니라 자기를 부인하는 십자가를 지고 주님을 따르는 자들만이 주님의 참된 제자들이다.

그런데 오늘날 제자 교육의 문제점은 주님께서 받아 주시지 않았던 부자 청년과 같은 사람들이 일정 기간의 제자 양육 과정을 마치면 대한민국 제일의 제자가 된 것인 양 대단한 자부심으로 천국의 상석에 앉게 하는 데 있다. 그러나 참된 제자는 일정 기간의 제자 양육 과정을 수료한 수료증을 가진 사람이 아니라 언제라도 주님을 위해 부모와 처자와 소유와 자기 목숨을 부인하는 십자가를 질 수 있는 능력을 소유한 사람이다.

비록 허다한 무리가 예수 그리스도께 나아오지만, 그래서 그들의 수가 바닷가의 모래와 같다 할지라도 자기를 부인하는 십자가를 지고 예수 그리스도 곁에 항상 남아 있는 사람은 적다는 것이 '남은 자'와 관련한 하나님의 예언이다. "남은 자 곧 야곱의 남은 자가 능하신 하나님께로 돌아올 것이라 이스라엘이여 네 백성이 바다의 모래 같을지라도 남은 자만 돌아오리니 넘치는 공의로 파멸이 작정되었음이라 이미 작정된 파멸을 주 만군의 여호와께서 온 세계 중에 끝까지 행하시리라"(사 10:21~23).

하나님께로 돌아올 수 있는 사람은 이스라엘이라는 이름을 가진 모든 백성이 아니라 남은 자들이다. 야곱 가운데 남은 자만이 하나님께로 돌아온다는 것은 요한계시록에서 '이긴 자'만이 하나님의 약속된 축복에 동참할 것이라는 예언과 동일한 예언이다.

요한계시록에서는 "주여! 주여!" 하는 일곱 교회 교인 모두가 구원받는 것이 아니라 성령이 교회들에게 하시는 말씀을 듣고 회개하며 지켜 행한 자들만이, 그래서 회개에 합당한 열매를 맺는 자들만이 심판의 도끼에 찍히지 않고 약속된 낙원의 생명나무 과실을 먹게 되고(계 2:7), 둘째 사망의 해를 받지 않으며(계 2:11), 새 이름이 기록된 흰 돌을 받으며(계 2:17), 만국을 다스리는 권세를 받으며(계 2:26), 그 이름이 생명책에서 흐려지지 않으며(계 3:5), 거룩한 성 새 예루살렘의 기둥이 되며(계 3:12), 예수 그리스도와 함께 하나님의 보좌에 함께 앉게 되는(계 3:21) 영생의 축복에 동참하게 된다.

그 옛날 바닷가의 모래와 같은 이스라엘 백성 가운데 하나님께로 돌아오는 남은 자를 제외한 나머지 모든 이스라엘 백성이 하나님의 넘치는 공의로 작정된 훼멸의 심판을 받아야 했듯이 종말에도 "주여! 주여!" 하는 사람들 가운데 성령이 교회들에게 하시는 하나님의 명령대로 지켜 행하지 않은 나머지 모든 교회 세대의 교인들 또한 성 밖에서 슬피 우는 작정된 훼멸의 심판을 경험하게 될 것이다(마 7:21). 그것은 '남은 자'에 대한 작정, 곧 '이긴 자'에 대한 작정이 온 세계 중에 끝까지 행하실 하나님의 계획으로 이미 예언되었기 때문이다(사 10:23).

누구든지 이스라엘 사람이라면 성전 마당은 밟을 수 있고, 누구든지 교인이라면 교회 마당을 밟을 수 있다. 예수 그리스도께 나아오는 것은 아무런 희생도 강요되지 않는다. 그러나 예수 그리스도를 따르고 영원히 그분 곁에 머물러 있으려면 부모와 소유와 처자와 목숨에 대한 자기를 부인하는 십자가를 져야 한다.

그런데 오늘날, 성전 마당만 밟는 사람들의 양적 성장이나, 교회 마당만 밟는 사람들의 양적 부흥이 목회의 패러다임이 되고 있다. 그러나 마태복음 23장 15절의 말씀처럼 바다와 육지를 두루 다녀 교인 하나를 발견하는 전도도 중요하지만 전도된 교인을 배나 더 지옥 자식이 되지 않게 하는 것이 더더욱 중요하다. "화 있을진저 외식하는 서기관들과 바리새인들이여 너희는 교인 한 사람을 얻기 위하여 바다와 육지를 두루 다니다가 생기면 너희보다 배나 더 지옥 자식이 되게 하는도다"(마 23:15). 그러므로 차지도 덥지도 않은 미지근한 신앙인들을 교회에 많이 출석시켜 선지자 노릇 하는 자들에게 화가 있을 것이라고 주님께서는 경고하셨다. "그 날에 많은 사람이 나더러 이르되 주여 주여 우리가 주의 이름으로 선지자 노릇 하며 주의 이름으로 귀신을 쫓아내며 주의 이름으로 많은 권능을 행하지 아니하였나이까 하리니 그때에 내가 그들에게 밝히 말하되 내가 너희를 도무지 알지 못하니 불법을 행하는 자들아 내게서 떠나가라 하리라"(마 7:22~23).

구약 스바냐서는 그 날에 여호와를 찾지도 아니하고 구하지도 아니한 자를 멸절하실 때에 여호와를 배반하고 따르지 않는 자도 반드시 심판할 것이라고 경고하고 있다. "여호와를 배반하고 따르지 아니한 자들과 여호와를 찾지도 아니하며 구하지도 아니한 자들을 멸절하리라"(습 1:6). 여기서 여호와를 배반하고 따르지 않은 자는 입으로만 하나님을 가까이하고 입술로만 하나님을 존경했을 뿐 마음으로는 하나님과 세상, 하나님과 물질을 겸해 사랑하는 사람들이다. 이러한 사람들을 심판하시기 위해 하나님께서는 세상 도시가 아니라 하나님의 도성 예루살렘을 등불로 샅샅이 살피실 것이라고 하셨다. "그 때에 내가 예루살렘에서 찌꺼기같이 가라앉아서 마음속에 스스로 이르기를 여호와께서는 복도 내리지 아니하시며 화도 내리지 아니하시리라 하는 자를 등불로 두루 찾아 벌하리니"(습 1:12). 하나님께서 등불로 그토록 살피시는 대상은 세상 도시, 세상 사람이 아니라 이스라엘 사람이며 예루살렘이며 오늘의 교회이다. 그 날에 무릇 찌끼같이 가라앉아서 나태하고 무감각한 신앙인들은 멸절될 것이다.

지금도 그 눈이 불꽃 같은 주님께서는(계 1:14) 지상의 모든 목회자를 상징하는 일곱 별을 붙잡고, 지상의 모든 교회를 상징하는 일곱 금촛대를 붙잡고(계 1:20) 일곱 금촛대인 교회들 사이를 다니시며 교인들의 심령과 폐부를 살피시고 계신다(계 2:1). 그러므로 주님께서는 교회 가운데 차지도 않고 덥지도 않은 미지근한 신앙의 행위를 아신다(계 3:15). 그리고 미지근한 신앙의 행위자들을 반드시 당신의 입에서 토해 내치실 것이다(계 3:16).

우리는 좋은 의미로 해석할 수 있는 경우에만 구약의 예루살렘은 신약의 교회를 상징하며, 구약의 솔로몬 성전은 신약의 우리 예배당 건물을 상징한다고 말들을 한다. 이처럼 좋은 의미로는 구약의 예루살렘과 성전을 인용하면서도 구약에서 멸망 받고 파괴되어 버린 예루살렘과 솔로몬 성전이 오늘날 우리 교회 세대의 경계가 됨을 전혀 실감하지 못한다. 때가 되면 하나님께서는 교회 세대 가운데서 미지근한 신앙의 죄악을 철저하게 탐색하실 것이고, 그 탐색의 결과 교회 세대 가운데서 찌끼같이 가라앉은 자들은 아무리 "주여! 주여!" 했어도 하나님의 나라에 들어가지 못할 것이다(마 7:21).

이제, 그 옛날 등불로 예루살렘을 탐색하시어 찌끼같이 가라앉은 자를 색출하셔서 심판하셨던 불꽃 같은 눈을 가지신 하나님께서 말씀의 등불로 우리 교회 세대를 살피실 때, 차지도 덥지도 않은 멸망 받을 미지근한 신앙인으로 발견되지 않도록 다시 한번 우리 신앙의 삶을 돌아보고 회개에 합당한 삶의 열매를 결실해야 한다

글을 맺으며

신앙 양심이 깨어 있다는 것은 하나님을 두려워한다는 것이다. 그러나 외식하는 신앙은 절대로 하나님을 두려워하지 않는다. 외식하는 신앙은 세상을 두려워한다. 세상의 눈치를 본다. 세상의 반응에 따라 움직인다.

신앙의 외식이란 흔히 생각하듯 으흠 하고 목에 힘주는 거룩한 모양만을 비난하는 말이 아니라, 살았다 하는 이름을 가졌다고 자부하면서도 합당한 행위가 없는 신앙, 스스로 부요하여 부족한 것이 없다고 하지만 흰옷을 입지 않고 벌거벗고 돌아다니는 신앙이다. 그리고 외식하는 신앙은 입으로만 하나님을 가까이하고 마음은 멀리 떠난 신앙이다.

오늘 우리는 하나님을 향한 첫사랑을 잃어버리고는 살아도 돈 없이는 못 산다. 이미 죽어버린 신앙의 이름을 가지고는 살아도 돈 없이는 못 산다. 미지근한 신앙을 하면서도 얼마든지 살 수 있지만 돈 없이는 절대로 못 산다. 결국, 우리는 세상 사람들만큼이나 천국 가지 못하는 것을 전혀 두려워하지 않는 간 큰 신앙인들이 되었다.

교회가 가장 영광스러울 때는 하나님 외에는 그 무엇도 두려워하지 않을 때였다. 그런데 오늘 우리는 하나님보다 물질을 더 무서워하고, 하나님보다 물질 때문에 더 기뻐하고, 하나님보다 물질 때문에 더 절망하고, 하나님보다 물질 때문에 더 고민하고, 하나님보다 물질 때문에 더 위로받는 존재가 되었다. 그 결과 더 많은 물질을 위해서라면 아무리 많은 시간이 소용되고 아무리 많은 고생이 뒤따르고 다소 과정과 방법이 올바르지 못해도 피와 땀을 쏟아붓는다. 결국 우리는 물질의 노예가 되었고 물질을 섬기는 사람들이 되었다.

바람이 임의로 불기에 우리는 그 소리를 들어도 어디서 오며 어디로 가는지 알지 못하는 것처럼, 성령으로 난 사람은 바람처럼 이 세상의 소욕으로부터 자유로울 수 있어야 한다. 지금 우리에게 필요한 자유는 방종한 신앙의 자유 곧 하나님의 말씀, 하나님의 멍에로부터의 자유가 아니라, 육체의 소욕과 죄의 유혹으로부터의 자유이다.

오늘 우리는, '모두가 다 그렇게 하는데…', '모두가 다 그렇게 가는데…', '모두가 다 그렇게 가지고 있는데…'라고 생각하며 돈 돈 돈, 돈이 필요하다고 한다. 그래서 우리는 돈을 좀 더 벌기 위해서라면 얼마든지 신앙을 양보할 수 있고, 돈을 좀 더 벌기 위해서라면 얼마든지 신앙을 타협할 수 있게 되었다.

오늘 우리는 내 몸에 좋은 것, 내 몸을 위한 것, 내 몸에 필요한 것을 위해서라면 시간과 물질이 아깝지 않다. 월 회비 10만 원 헬스 회원권을 끊고 나서는 그 돈이 아까워 기를 쓰고 다닌다. 거기에 사우나 이용원까지 있다면 공짜라고 죽도록 땀을 빼고 어젯밤 집에서 목욕하고도 또 때를 밀어 댄다. 이처럼 육체의 건강과 미용을 위해서는 시간과 돈이 아깝지 않으면서 흠도 점도 없이 평강 가운데 나타나기를 힘써야 하는 영혼의 건강과 미용을 위해서는 시간도 아깝고 몇 푼의 교통비조차도 아깝다.

종일 접하는 미디어 전체가 먹자 쓰자 놀자 판이다. 이내 곧 똥이 될 그 한 끼의 맛나는 음식을 위해 원근 거리를 마다 않고 얼마나 빨리 달려 왕래하는가. 경치 좋은 한 장면을 보기 위해 얼마나 많은 시간과 비용을 과감하게 지불하는가.

자녀를 둔 부모들, 그들 모두는 자기 자녀를 남들보다 더 좋은 대학 보내기 위해 아버지는 투잡을 마다하지 않고 어머니는 파출부 일을 마다하지 않는다. 그러면서도 자기 자녀를 천국 보내기 위해서는 얼마나 애타게 교육열을 불태웠는가. 자기 자녀가 좋은 배필 만나기를 그토록 간절히 열망했던 만큼 자기 자녀에게 신랑 예수 만나게 하려고 얼마나 간절히 열망했는가.

하나님께서는 이스라엘 백성에게 안식일을 철저히 준수할 것을 명령했다. 그들이 안식일을 잘 지킴으로써 안식년까지 잘 지켜 낼 수 있는 믿음의 사람으로 성장시키려 함이셨다. 그래서 구약 이스라엘 백성은 안식년이 돌아올 때까지 열심히 안식일을 지킨 후, 안식년이 되어서는 부를 증식할 수 있는 많은 기회조차도 일절 포기하고 자신이 그동안 취득했던 소유의 많은 부분을 동족 사랑, 곧 형제 사랑을 위해서 내놓아야 했다. "네 동족 히브리 남자나 히브리 여자가 네게 팔렸다 하자 만일 여섯 해 동안 너를 섬겼거든 일곱째 해에 너는 그를 놓아 자유롭게 할 것이요 그를 놓아 자유하게 할 때에는 빈 손으로 가게 하지 말고 네 양 무리 중에서와 타작마당에서와 포도주 틀에서 그에게 후히 줄지니 곧 네 하나님 여호와께서 네게 복을 주신 대로 그에게 줄지니라 너는 애굽 땅에서 종 되었던 것과 네 하나님 여호와께서 너를 속량하셨음을 기억하라 그것으로 말미암아 내가 오늘 이같이 네게 명령하노라"(신 15:12~15).

하나님께서는 왜 그들에게 안식일 준수의 신앙을 넘어 칠 년마다 안식년을 지켜 행하는 신앙을 명령하셨던 것인가. 그들의 일생에 딱 한 번 경험하게 될 희년을 지켜 행하게 하기 위함이었다. 그래서 이스라엘 백성은 매 안식일을 지킨 후 안식년이 되면 자신의 많은 소유를 하나님의 뜻대로 형제 사랑을 위해서 내놓아야 했고, 희년이 되어서는 여호수아 장군이 가나안 땅을 이스라엘 열두 지파에게 분배한 이

후, 상속된 토지 이외에 일생에 취득했던 모든 땅을 그 어떤 경우에도 자기 자녀에게 상속하지 않고 원주인에게 무조건 돌려줌으로 율법이 지향했던 궁극의 지점인 형제 사랑을 완전하게 실천할 수 있었다. "너는 일곱 안식년을 계수할지니 이는 칠 년이 일곱 번인즉 안식년 일곱 번 동안 곧 사십구 년이라 일곱째 달 열흘날은 속죄일이니 너는 뿔나팔 소리를 내되 전국에서 뿔나팔을 크게 불지며 너희는 오십 년째 해를 거룩하게 하여 그 땅에 있는 모든 주민을 위하여 자유를 공포하라 이 해는 너희에게 희년이니 너희는 각각 자기의 소유지로 돌아가며 각각 자기의 가족에게로 돌아갈지며 그 오십 년째 해는 너희의 희년이니 너희는 파종하지 말며 스스로 난 것을 거두지 말며 가꾸지 아니한 포도를 거두지 말라 이는 희년이니 너희에게 거룩함이니라 너희는 밭의 소출을 먹으리라 이 희년에는 너희가 각기 자기의 소유지로 돌아갈지라"(레 25:8~13).

희년이 지향했던 위대한 신앙의 절정을 시편 기자의 노래에서 가슴 깊이 음미하게 된다. "여호와여 이 세상에 살아 있는 동안 그들의 분깃을 받은 사람들에게서 주의 손으로 나를 구하소서 그들은 주의 재물로 배를 채우고 자녀로 만족하고 그들의 남은 산업을 그들의 어린 아이들에게 물려 주는 자니이다 나는 의로운 중에 주의 얼굴을 뵈

오리니 깰 때에 주의 형상으로 만족하리이다"(시 17:14~15).

그런 의미에서 이스라엘 백성은 일생에 딱 한 번 맞이하는 희년에 즈음해서 율법의 궁극인 사랑을 실천함으로 하나님의 모든 명령을 지켜 행하는 사람이 될 수 있었다. 그러나 구약 이스라엘 백성은 안식일 신앙은 식음을 전폐하며 죽음을 불사하면서까지 지켜 행했으나 그들의 신앙은 안식년을 지켜 행하는 신앙까지 이를 수 없었고, 희년까지 이르는 신앙의 정상까지는 꿈도 꿀 수 없었다. 그래서 이스라엘 나라에는 다른 세상 사람들처럼 전토 위에 전토를 더해 소유를 축적해 가며 그 축적된 소유를 자녀들에게 물려주는 패악, 곧 하나님의 법 기준에서의 패악이 만연해 갔다.

하나님의 백성을 향한 하나님의 영원한 뜻은 이스라엘 동족 개개인 모두가 균등하게 되는 것이다(고후 8:13). 그래서 하나님께서는 출애굽한 광야1세대에게 만나만을 먹이셨던 것이다. 광야1세대는 누구나 만나만을 먹음으로 더 소유하고 누릴 것이 없는 복된 인생을 살 수 있었다. 이 길 끝에서 사도 바울은 신약 교회에게 먹을 것과 입을 것이 있은즉 만족하고 부하려 하지 말라고 명령했던 것이다. 그러므로 이 기준에서 모든 소유를 버리기까지 주님을 따라야 하는 교회가 남들보다 좀 더 잘되려 하고 남들보다 좀 더 안정되려 하는 모든 욕구는 침륜과 멸망에 빠질 탐욕이 되는 것이다. 바로 이것이 구약 이스라엘을 향한 하나님의 기준이고, 더더욱 신약 교회를 향한 하나님의 기준이다.

성도는 모든 소유를 버리기까지 주를 따라야 하는 제자의 길 끝에서 주님이 분부한 모든 명령을 지켜 행하는 믿음의 사람으로 영광 가운데 나타나기를 소망해야 한다. "그러므로 너희는 가서 모든 민족을 제자로 삼아 아버지와 아들과 성령의 이름으로 세례를 베풀고 내가 너희에게 분부한 모든 것을 가르쳐 지키게 하라"(마 28:19~20전). "너희 중의 누구든지 자기의 모든 소유를 버리지 아니하면 능히 내 제자가 되지 못하리라"(눅 14:33). 아멘.

2022년 3월 31일 김나사로 목사